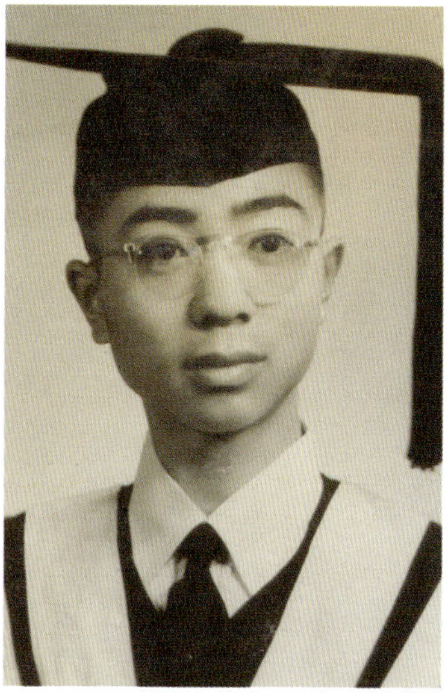

上图 / 1950年，胡海昌浙江大学毕业照
中图 / 1953年8月，胡海昌（右）与妻子陈小蘅（左）合影
下图 / 1957年，胡海昌（右）与父亲胡葆良（左）合影

上图 / 著名力学家钱伟长（中）以及合作者胡海昌（右）、叶开沅（左）在一起（发表于《人民画报》1957年3月刊第4页，专题《科学家的荣誉》，摄影者：钱浩）

中图 / 1960年10月，薄壳讲习班科研二组合影（前排右三为胡海昌）

下图 / 1980年5月，七机部五院首届科学技术委员会委员合影（三排左四为胡海昌）

上图 / 1981 年 12 月，《振动与冲击》编辑委员会第一次工作会议留念（前排左六为胡海昌）

中图 / 1986 年 8 月，胡海昌（右一）等中国力学学会第三届理事会人员游览草原

下图 / 1986 年 10 月，胡海昌在浙江大学留影

上图 / 1987 年 8 月，胡海昌（中）等人在北京大学合影

中图 / 20 世纪 80 年代末，胡海昌在讲课

下图 / 1990 年 11 月，胡海昌（右）在清华大学力学系鉴定会上

上图 / 1991年9月，胡海昌（右）和恩师钱令希（左）在北戴河合影

中图 / 1996年，胡海昌（前排右三）参加501部九六届博士硕士研究生毕业典礼

下图 / 1997年3月，胡海昌（后排左四）在全国政协八届五次会议上

上图 / 1997年8月，北京大学数力系五七年毕业生毕业40周年大聚会（二排左十为胡海昌）

下图 / 1998年10月，第十二届全国振动技术交流会全体成员于清华大学祝胡海昌（前排站立者）七十寿辰

上图 / 20世纪90年代初，胡海昌在紫竹院以新建的北京图书馆（现国家图书馆）为背景留影

下图 / 2000年1月，中国航天科技集团公司领导宴请航天系统两院院士时合影（后排右六为胡海昌）

上图 / 1997 年 12 月，胡海昌夫妇在美国与家人合影

中图 / 1998 年，胡海昌（右）与妻子陈小蘅（左）在美国达拉斯植物园合影

下图 / 2007 年夏，胡海昌夫妇和儿子胡德红一家在北京家中

胡海昌院士传记

Academician Hu Haichang's Biography

《中国航天院士传记丛书》总编委会 组织编写

刘 锋 编著

中国宇航出版社

·北京·

图书在版编目(CIP)数据

胡海昌院士传记 / 刘锋编著 ;《中国航天院士传记丛书》总编委会组织编写. --北京 : 中国宇航出版社, 2018.3

(中国航天院士传记丛书)

ISBN 978-7-5159-1452-7

Ⅰ. ①胡… Ⅱ. ①刘… ②中… Ⅲ. ①胡海昌一传记 Ⅳ. ①K826.16

中国版本图书馆 CIP 数据核字(2018)第 024020 号

责任编辑 黄 莘

责任校对 牟宁宁 刘 凯 **装帧设计** 宇星文化

出 版 发 行 中国宇航出版社

社 址 北京市阜成路 8 号 **邮 编** 100830

(010)60286808 (010)68768548

网 址 www.caphbook.com

发行部 (010)60286888 (010)68371900

(010)60286887 (010)60286804(传真)

零售店 读者服务部

(010)68371105

承 印 三河市君旺印务有限公司

版 次 2018 年 3 月第 1 版

2018 年 3 月第 1 次印刷

规 格 787×960

开 本 1/16

印 张 21.75 **彩 插** 8 面

字 数 300 千字

书 号 ISBN 978-7-5159-1452-7

定 价 68.00 元

本书如有印装质量问题，可与发行部联系调换

《中国航天院士传记丛书》总编委会名单

《胡海昌院士传记》编审委员会名单

编审委员会

主　任　张洪太

副主任　赵小津　李　明

委　员　张廷新　杨孟飞　高耀南　徐福祥　侯深渊

　　　　卢春平　王作为　李　杰　李君三　傅　钢

编审委员会办公室

主　任　卢春平

成　员　张秋梅　魏　强　李　民　陈国宇　刘之辉

　　　　王　硕　王春香

序 一

Preface I

中国航天事业自1956年创建以来，已经走过50多年的发展历程。在党中央、国务院、中央军委的亲切关怀和英明领导下，中国航天人团结一心、顽强拼搏、勇于创新、无私奉献，不仅取得了以“两弹一星”、载人航天工程和月球探测工程为代表的辉煌成就，孕育形成了航天传统精神、“两弹一星”精神和载人航天精神，也造就了一支技术精湛、作风优良的航天人才队伍。

航天系统的中国科学院院士和中国工程院院士就是这支队伍的杰出代表。中国航天科技集团公司和中国航天科工集团公司先后有50多位科学家和航天工程专家当选为两院院士。其中，有7位院士获得过“两弹一星”功勋奖章，2位院士获得过国家最高科学技术奖。他们不仅是航天成就的主要创造者，也是航天精神的重要孕育者和忠实践行者。

中国航天事业是在新中国成立不久，工业实力、科技实力、综合国力都很薄弱，帝国主义严密封锁，苏联撕毁协定、撤走专家的情况下发展起来的。以航天院士为代表的中国航天人，自力更生，艰苦奋斗，奋发图强，顽强拼搏，在一穷二白的基础上，独立自主地创建起了中国的航天事业。

航天型号研制是复杂的系统工程，涉及很多领域，需要众人参与，必须大力协同、集智攻关才能完成。以航天院士为代表的中国航天人，在航天工程研制实践中，齐心协力，密切配合，实现了一次又一次技术突破，铸造了一项又一项辉煌成就。他们为祖国的航天事业作出了巨大贡献，却淡泊名利，不计得失，将个人利益置之度外。

航天事业属于尖端技术领域，难度大、风险高、技术复杂，在发展历程中碰到过很多难题，经历过各种坎坷，甚至遭受过重大失利。以航天院士为代表的中国航天人，在困难和失败面前不动摇、不退缩，树立百折不挠、锲而不舍、脚踏实地、严谨务实的工作作风，不断攻坚克难、勇攀高峰，取得了一个又一个胜利，树立了一座又一座丰碑。

今天，在由航天大国向航天强国迈进的征程中，航天院士的科学思想、创新意识、坚定信念和爱国情怀是全体航天人宝贵的精神财富。中国航天科技集团公司和中国航天科工集团公司决定出版《中国航天院士传记丛书》，不仅是为了宣传航天院士的科研成就，总结航天院士的成长规律，更是为了传承航天院士的宝贵精神，使之生生不息、薪火相传，为“续航天梦、筑强军梦、圆中国梦”的伟大实践提供精神动力和思想源泉。

许达哲

2014 年 1 月

序 二
Preface Ⅱ

中国航天事业创建半个多世纪以来，培养和塑造了一大批功勋卓著、德高望重的中国科学院院士和中国工程院院士。他们具有坚定的理想信念和强烈的爱国情怀，理论功底深厚，技术水平高超，善于引领科学发展和技术创新，在中国航天事业发展的关键时期发挥了重要作用，为中国航天事业取得辉煌成就、孕育航天精神作出了突出贡献。

为了全面、系统地总结航天院士的成长规律，把航天院士的科学思想和创新方法记录下来、传承下去，为中国航天事业积累精神财富，为航天强国建设提供有益借鉴，中国航天科技集团公司和中国航天科工集团公司研究决定，组织编写一套《中国航天院士传记丛书》（以下简称《丛书》）。

党的十八大描绘了坚持中国特色社会主义道路、全面建成小康社会、实现中华民族伟大复兴的宏伟蓝图，同时也为加强国防和军队现代化建设、推进我国由航天大国向航天强国迈进指明了方向。在中国航天事业“续航天梦、筑强军梦、圆中国梦”的新形势下，出版这套《丛书》，具有重大的现实意义和深远的历史意义。

记载航天历史。航天院士是中国航天事业的宝贵财富，他们的成长历程反映了航天事业的发展轨迹。这套《丛书》不仅是航天院士个人的传记，也从不同侧面记载了中国航天从技术到管理、从思想到精神的真实历史。

弘扬航天文化。宣传航天院士，就是站在科学的高度，向社会各界全面宣传航天事业，弘扬航天文化，使其成为中华民族文化宝库的重要组成部分，增强中华民族的自信心、自豪感和凝聚力，提升国家的软实力。

传承航天精神。航天精神是包括航天院士在内的几代航天人，在中国航天事业发展历程中，不断积累、提炼、传承而逐渐形成的，是民族精神、时代精神与航天实践相结合的产物，是中国航天事业之魂。《丛书》全面反映了航天院士的学术成就、科学作风和思想品格，有助于航天精神薪火相传。

培育航天人才。中国航天事业已经完成了新老交替，一代航天新人正在茁壮成长。《丛书》是泽被后世的人才工程，对于培育航天人才、发展航天事业、铸造新的辉煌将产生积极的促进作用。

总之，《丛书》是一套具有航天特色的爱国主义教材，是不可多得的精神食粮。相信这套《丛书》的出版发行，必将吸引更多的年轻人热爱航天、投身航天、奉献航天，以饱满的热情和昂扬的斗志再攀高峰，使中国航天事业后继有人，蓬勃发展，续写辉煌。

高红卫

2014年1月

目　录
Contents

假如中国有一座先贤祠

鲁迅先生在谈到民族自信心时说:“我们从古以来，就有埋头苦干的人，有拼命硬干的人，有为民请命的人，有舍身求法的人…… 这就是中国的脊梁。”

在这样的“中国的脊梁”中，就应该有胡海昌院士，他是中华民族的瑰宝。唐朝有凌烟阁、法国有先贤祠，如果中国有一座先贤祠，胡海昌先生一定名列其中。

“胡先生不仅以他的研究成果泽被世界力学界，而且他也被世界各国同行学者所敬仰。我在麻省理工学院的‘高等有限元’课堂上，聆听到教师在讲胡－鹫津原理时，仔细地介绍胡先生的简历及成就。作为一个中国人，我感到十分自豪。1992年，我应MAP邀请在亚琛应用技术大学讲学时，访问了斯图加特大学Ramm教授，他很亲切地问我:‘胡教授最近身体好吗? 近况如何? 我们都很惦念他。’我告诉他，回国后一定转达他对胡先生的问候，并代胡先生感谢他。1994年在日本千叶召开第三届世界计算力学大会，川井忠彦教授专门告诉我:‘请转告胡教授，我们非常盼望他能来参加大会。’当我告诉他胡先生身体欠佳时，他十分诚恳地说:‘不能作大会报告，和大家见面也好。’我为一位中国学者这样被国际学术界由衷尊重而深深感动。

“巴黎有一座先贤祠，门楣上铭刻着‘献给伟人们，祖国感谢他们’。这里供奉着卢梭、伏尔泰、雨果等文化巨人，也供奉着笛卡尔、拉格朗日、居里夫人等科学巨人，供奉着法兰西的良心与尊严。

“胡先生是一位土生土长的中国伟大学者。他创造了不朽的科学成果，为我国赢得世界学者的尊重。他代表中国的良心与尊严，我们永远铭记与感谢他。我想，如果中国也建一座先贤祠，胡先生一定会在其中。他的一生，值得我们一读再读。那里面蕴藏着人类高尚的精神坚守、向学求知的态度和无坚不摧的意志。随着他的远去，我愈加感到回忆的必要。让记忆潜入人们心底，唤醒沉寂的美好向往，鼓舞一代又一代后人大道前行。”

这是田宗漱在《他像真理一样朴素》一文中结尾的部分。她与美国国家工程科学院院士、麻省理工学院教授卞学鐄博士合作出版了《多变量变分原理与多变量有限元方法》等专著。她的话饱含感情、准确地表达了她对这样一位享誉国内外的力学家的尊重。

人类一点点的科学进步，都是无数智者踩着前人足迹、站在巨人肩上的一场接力赛，正如牛顿所说：“如果说我比别人看得更远些，那是因为我站在了巨人的肩上。”他还说：“我不知道在别人看来，我是什么样的人；但在我自己看来，我不过就像是一个在海滨玩耍的小孩，为不时发现比寻常更为光滑的一块卵石或比寻常更为美丽的一片贝壳而沾沾自喜，而对于展现在我面前的浩瀚的真理的海洋，却全然没有发现。”牛顿是谦虚的，但他说的何尝不是心里话？

窥破宇宙一点点的奥秘，科学家们不仅要焚膏继晷、刻苦钻研，更要和保守力量作斗争——有时这种力量具有摧毁一切的能力。在今天，我们自然而然地享受着一切科技进步带来的便利时，我们应当记住那些伟大的先驱。

胡海昌就是这样一位我们应该记住的科学家。

胡海昌

胡海昌院士传记

Academician Hu Haichang's Biography

第一章

早岁艰难

胡海昌赶上了一个剧变的时代，他的童年经历战争，之后他又经历数次运动，从而饱受生活的挫磨，再加上幼年丧母，从而使他的生活更加艰难。

1. 德清胡氏

本杰明·富兰克林（1706—1790），美国杰出的革命民主主义思想家、政治家、科学家，他曾有言：如果你希望死后仍不被人们遗忘，那么就写一些有价值的东西让后人去读，或者做一些有意义的事情让后人去写。

胡海昌写下了数百篇论文，著述颇丰，尽管他的理论并非一般人能看得懂的，但这不影响他的伟大；胡海昌一生做了很多前无古人的工作，所以他的一生值得去写。他的一生说不上波澜壮阔，但他赶上了一个巨变的时代，在社会的大潮流中，他也不能置身其外。

胡海昌 1928 年 4 月 25 日出生于浙江省德清县新市镇。家庭成员：父亲胡葆良，母亲周罗英，姐姐胡如璋。

德清县，取名于“人有德行，如水至清”。德清素有“名山之胜，鱼米之乡，丝绸之府，竹茶之地，文化之邦”的美誉。在这片富饶的土地上，既出现过南北朝时梁代著名文学家、诗律学家沈约、俞樾，也出现过唐朝史学家姚思廉、诗人孟郊，以及元代著名的女性书法家、画家、诗词创作家管道升和当代红学家、诗人、作家俞平伯。

新市镇是江南著名七大古镇之一，这里人文荟萃，地理条件优越，河道纵横，土地肥沃，交通便利，经济繁荣。古运河与传统街弄、古桥梁、古民居，以及古刹、驳岸等共同构成了古色古香的江南水乡古镇。

新市古称仙潭，因水成市，因水成街，又因水被分割成 18 块，再由架在河面上充满浓郁水乡情调的 72 座桥梁连成一片，36 条各具特色的弄堂贯穿于街市之间，构成典型的“小桥、流水、人家”的诗意画卷。

新市镇东去 30 千米，是乌镇和西塘，往北 30 千米外，有南浔与周庄、同里。相比这些江南古镇，始建于公元 308 年的新市古镇浓郁的民俗文化和商贸文化堪称别具一格。新市的商贸文化从时间可上溯到两晋，从地域能辐射到日本、南洋，尤其是丝绸贸易，是中国古代丝绸之路的发源地之一。

胡海昌对于出生地——这个江南古镇没有太深的印象，因为他在幼年，就跟随在浙江省政府工作的父亲多次搬迁，最终落户浙江杭州，所以胡海昌的籍贯一直填写浙江省杭州市，或许他心中的籍贯就是青少年时代生活时间最长、留下诸多生活轨迹的杭州。

胡姓是一显赫家族，但延至民初，德清胡姓全族一共二三十户，绝大部分务农，只有一家住城里，他们对于家族的历史均不甚了了。据俞樾重建德清县儒学记云：“吾邑大家旧推四姓曰徐曰胡曰谈曰蔡，而沈而许亦右族也，稽其谱牒咸有传。”但胡氏族谱不知什么原因，被弄丢了。

德清胡姓的根源，族人有来自安徽徽州、浙江永康、浙江余姚三种说法，因无家谱可考，只能从史有记载的胡渭家世来上溯下延，再以口传相印证。

蔡剑飞先生的《德清史话》说，“德清徐胡谈蔡旧称四大家族”，胡家“胡渭，精舆地学，所著《禹贡锥指》，考证精密，号称绝学，康熙四十三年南巡，御书‘耆年笃学’四字赐给他。侄会恩，康熙十五年进士，官至刑部尚书”。县志载胡渭墓先在经南圩，后迁葬坞丘圩，其孙彦颖也葬在坞丘圩。1998 年，人们在坞丘圩找到胡渭墓的墓碑、墓志铭及其子奉政大夫方铨的墓碑。县志又载胡会恩墓在武康上柏姚家墩。

到民国初年，胡氏后裔几乎都在乡务农，极少有识字和经商务工者，更无科教、文苑、医务人员。从人丁来说，建祠、建谱的七房，现只有二房、三房和六房人较多，绝大部分住在德清城关乡大友村和钟管乡下塘，少数迁居北京、上海、嘉兴、台湾及南、北美洲和欧洲，全部615人。

德清胡氏由盛转衰的一个重要原因是近代的战乱，还有个原因是迁徙。

根据胡海昌先生留下的一些回忆性资料，胡家历史要从他的祖父谈起。

胡海昌的祖父胡凤池，是个穷苦的乡下医生，替农民看病，没有收取挂号费、诊疗费等固定费用，只是由病人随便送几个钱，或者送些农产品，因此家境很贫苦。胡海昌父亲小时，常常吃杂粮，最常吃的是当地常见的蚕豆之类。胡凤池的原配妻子生了两个孩子，分别是胡海昌的父亲和叔叔——胡葆良和胡葆伦，尽管贫穷，倒也其乐悠悠。但生活是难以预料的，胡凤池中年丧妻，续弦周氏，周氏又生了二子一女。所以胡家算是个不小的家庭，但在那兵荒马乱的时代，人们的命，一言难尽。

胡葆良与大弟胡葆伦是一母同胞，两人感情很好。母亲去世时，胡葆良只有五岁，胡葆伦更年幼。

两个没娘的孩子，备尝生活的艰辛，在磨难中成长。胡葆良后来从事教育事业，胡葆伦在抗日战争时期，在一个汽车公司做职员，后来到云南、贵州一带谋生，长久没有音讯，胡葆良曾多方寻找，一直没有找到。在那样的年月中，泥牛入海般消失的人是普遍的，不足为奇，但是具体到一个家庭、一个人，带来的必是无尽的思念，难以述说的哀思，胡葆伦就这样消失在人海中。

胡葆良后母周氏，生下的二子一女，分别是儿子胡葆初、胡葆中，女儿胡淑华。

胡葆初在抗战初期离开家，在铁路上工作。胡淑华在 1931 年嫁给一位绸缎商潘耀庭，潘耀庭在解放后去世。

1939 年，胡凤池去世，周氏与小儿子胡葆中只能随胡葆良一起生活。由于胡葆良收入微薄，且生活不稳定，经常搬家，1942 年，当他们的家搬到浙江省碧湖县的时候，胡葆中和母亲不堪忍受贫苦动荡的生活，便投奔在重庆的胡淑华家。此后，他们和胡葆良的联系很少。

2. 1928

散文家吴鲁芹先生在一篇忆旧文中记述珍珠港事变对他的影响，他慨然言之："历史上有很多大事，可以影响到一介小民的一生。"

所以，我们完全有必要对胡海昌出生的 1928 年，有个必要的了解，当然，笔者选出的这些人物和事件，未必都影响了胡海昌的一生，但至少有相当多的事件还是直接或间接参与或改变了他的生活。

1928 年不是个特殊的年份，但放到历史长河看，出生在这样一个年份，很多事情好像注定了一般。1928 年，第一次世界大战结束十年了，新的国际秩序正在逐渐建立；发生在中国九年前的“五四运动”促进了马克思主义在中国的传播及其与中国工人运动的结合，从而为中国共产党的成立做了思想上和干部上的准备，1921年中国共产党成立；1927年8月1日，在南昌发生了中国共产党领导的武装起义，打响了武装反抗国民党反动派的第一枪，揭开了中国共产党独立领导武装斗争和创建革命军队的序幕。

看似不相关的事件，但会对一个人的成长和命运有着极为重大的影响。胡海昌出生的年代，是中国最混乱的时期：年初，蒋介石正式恢复北伐军总司令的职务；共产党领导的革命武装此起彼伏，逐渐壮大，毛泽东、朱德、彭德怀、陈毅、贺龙、方志敏、周逸群、滕代远、黄公略等英雄辈出，纷纷走上历史舞台；这一年奉系军阀首领张作霖先是撤出关外，不久在皇姑屯被炸身亡，统治民国16年的北洋军阀政府结束了；这一年东陵发生特大盗宝案；蒋介石发出第二次北伐的总攻令，著名的井冈山会师，也在这一年发生。

这一年，出生了很多影响历史和中国的人物，他们是：以色列前总理阿里埃勒·沙龙、埃及前总统穆巴拉克、古巴著名的革命家切·格瓦拉；在中国本年出生的一些政商界人物有：中华人民共和国第七、八任国务院总理，第九届全国人大常委会委员长李鹏，中华人民共和国第九任国务院总理朱镕基，中华人民共和国原外交部长钱其琛，香港国际企业家李嘉诚，等等。

3. 父亲胡葆良

胡海昌的父亲胡葆良，生于1898年，毕业于杭州第一师范学校，在国民政府的浙江省教育厅做了十五六年科员，解放后，曾有一段时间待业在家，新中国成立后，经过培训后重新就业，继续从事教育工作，1958年退休，退休后到北京胡海昌家中居住，1995年10月在北京去世，享年97岁。

胡葆良的一生可以说一直有不幸和幸运相伴随，他遭遇早年丧母、中年丧妻，这是他的不幸。他五岁时母亲即去世，继母对他不好，令他记忆深刻，以至于胡海昌三岁那年，胡葆良的妻子周罗英去世，之后他终身未娶。但胡葆良

1957年，胡海昌（右）与父亲胡葆良（左）合影

一直从事自己比较喜欢的教育事业，晚年在北京儿子家常住，儿孙满堂，享受天伦之乐，在 97 岁高龄时去世。当他生病住院后，六十多岁的儿子，以及孙子、孙女，在医院日夜陪护，令人感动。

胡葆良是一个知识分子，他求学于杭州第一师范学校。这是一所很有名的学校，又称浙江省立第一师范学校，原浙江官立两级师范学堂。浙江官立两级师范学堂创建于 1908 年，建于浙江贡院旧址，1909 年夏，沈钧儒先生任学堂监督，是中国建立最早的六大高等师范学堂之一，大师云集，名人辈出；是中国文化运动策源地之一，享有“北有京师学堂，南有浙江一师”的美誉。李叔同、夏丏尊、马叙伦、鲁迅、钱均夫等都曾在这里任教。潘天寿、丰子恺、徐匡迪等一大批名人都曾在此就读。我们不能确定胡葆良在杭州第一师范学校就读的年份，但他后来的行事风格，明显受到李叔同等人的影响。胡葆良的老师中就有钱学森的父亲钱均夫，而胡海昌和钱学森的交往对于胡海昌的成长也非常重要。在后面的叙述中我们会专门谈到。

现在能找到的胡葆良的事迹有这么几件：

修建新昌县的香主庙。

这件事情记载的地方很多，他在这件事情当中居于主导地位。

新昌县位于浙江省东部、曹娥江上游，古称剡东、南明，自汉至唐一直是会稽郡所辖剡县的一部分。后梁开平二年（908），吴越国析剡县东南部的13个乡置新昌县，以新昌乡名为名。

新昌乡主庙位于新林乡胡卜村。新昌乡乡主卜曾“家世于斯，仕宋为兵马司，有惠政”。告老还乡后，他常常为村里的生计出谋划策，并告诫民众要勤俭致富，不可盗窃为恶，卒后葬于七星峰之阳。新昌乡十二庄的百姓感念卜曾的恩德，建其庙于墓西南。清道光年间，因旧址狭隘，新昌乡主庙进行了重建，后遭匪毁。清光绪年间，在梅溪胡氏族长胡维明（景崧）的倡议下，新昌乡主庙再度重建，并增置田产以为庙产。光绪十三年（1887），赵振甲撰《新昌乡捐碑》、俞埙撰《新昌乡上元戏捐田碑记》立于庙内。民国时期，前厅因演戏失火被毁，胡南熏、胡葆良等人延东阳名师架梁，择乌岩好石作柱，进行了修复。

旧时在每年的正月十三日卜公寿诞时，乡里都会举行庙会，来自新昌乡各村的民间戏班赶到庙前集合，抬着卜公像出巡，以保佑乡间五谷丰登、安居乐业。出巡队伍中还有乡民扮成犯人，在校尉押解下游街示众，作为卜公生前“作奸犯科者必将受到惩罚”的警示。到了晚上，乡里还会演戏酬神庆贺，直到正月十八才结束。

解放后，新昌乡主庙曾是乡人民政府驻地，后又改为农机厂厂房。1994年10月，新昌乡修葺了乡主庙，重塑了卜曾像，并保持了每年正月十三举行庙会的传统。2002年7月，新昌乡主庙被新昌县文物管理委员会公布为新昌县文物保护点。2006年8月，新昌乡主庙会作为一项民俗活动，列入新昌县第一批非物质文化遗产名录。

作为教育工作者的胡葆良还曾编著图书多册。

胡葆良与赵欲仁、宗亮寰等人编著了四册《复兴美术教本》，由商务印书馆在1934年出版发行，四本书共1598页，堪称巨著。另外胡葆良还记录整理出版了马寅初的演讲《中国经济合作问题》。

胡葆良是个教育家。在旧社会和解放后，胡葆良一直从事教育工作，直至退休。比较有名的是他在新中国成立后，经过短暂的培训，重新上岗，于1949—1958年在杭州高级中学工作，职务是校长助理。他和老校长崔东伯很要好，后来到浙江省教育厅和杭州市文教局工作。他对教育有着深刻的认识，他有一段关于教育的论述：

“吾人之日用品，凡为生活需要者，十九皆仰与舶来品，此乃国穷之原因。夫人皆知，我国生产落后，经济破产，内乱丛生，外患日迫，这种教育应负其责焉，看清此弊而竭力矫正之，为救国之本也。”

当时有倡导实业救国的，有主张科技救国的，也有主张教育救国的，胡葆良的这段论述应属于教育救国中的一种思想。

胡海昌

胡海昌院士传记

Academician Hu Haichang's Biography

第二章

寒窗苦读

从小学到中学，他先后在六所学校求学，每到一个地方都要适应环境、适应老师、适应同学，这样频繁转学，很难不会影响到学习，但他依旧成绩优异。

1. 辗转求学

孟子在《生于忧患，死于安乐》一文中写道：“故天将降大任于斯人也，必先苦其心志，劳其筋骨，饿其体肤，空乏其身，行拂乱其所为，所以动心忍性，曾益其所不能。”孟子生活在公元前300年左右，他写下这段话距今已有两千多年，可是很多要担当大任的人，几乎都是在这样一种状态下挣扎过来的。

胡海昌的经历既有他所处的那个时代的共性，也有与众不同的地方。他不可能超脱那个时代，所以在他的童年，他经历战争，之后他经历历次运动，从而饱受生活的挫磨；但是他又有区别于他人的生活，那就是幼年丧母，从而使他的生活更加艰难。

胡海昌在他的简历中清楚地写下了他的求学过程，这是一个辗转的过程，多次转学，他的小学、中学从未在一个学校完成过，其主要原因是抗日战争。抗日战争时期，胡海昌所在的浙江省并没有完全沦陷，所以省政府一直在未沦陷的山区坚持，可是不得不四处转移躲避日寇袭击。由于胡海昌的父亲在省政府工作，政府办公地点搬来搬去，胡海昌的父亲只能随政府机构到处转移，胡海昌更是随父亲转移而不断变换学校。我们看看他的辗转求学历程：

1934—1940 年，先后在浙江省新市镇、方岩镇、碧湖镇上小学；1941—1943 年，先后在碧湖镇、景宁县的浙江省立临时联合初级中学上初中；1943—1946 年，先后在浙江省南田镇、杭州市的浙江省立临时联合高级中学（浙江省立杭州高级中学）上高中。

从小学到中学毕业，胡海昌在多地求学，每到一个地方都要适应环境、适应老师、适应同学，这样频繁转学，很难不会影响到学习。

胡海昌初中毕业的联初——浙江省立临时联合初级中学，是一个非常有名的学校：

浙江省立临时联合初级中学有着不凡的来历，现名为杭州第四中学，其前身——养正书塾创建于 1899 年，是杭州知府林启同期创办的三所学校（求是书院、浙江蚕学馆、养正书塾）之一，是浙江省国人最早创办的中等学校。她经历了杭州府中学堂、浙江官立第一中学、浙江省立第一中学、浙江省立临时联合初级中学（联初）、杭州第一初级中学等名称变更，1955 年正式定名为杭州第四中学。1954 年和 1981 年，学校两次被浙江省政府确定为重点中学，1996 年经浙江省教委评估，再次被认定为省一级重点中学。学校以“正直、俭朴、尚礼、扬善”为校训，以“严谨、求实”为校风，执着地致力于中等教育的发展。邵章、林纾、陈叔通、马叙伦、蒋梦麟、钱家治、郁达夫、徐志摩、潘天寿、沈尹默、金庸、华君武、吴茀之、程裕淇、丁舜年、徐志强、刘吉、蒋筑英、张启楣、孙优贤、潘公凯、黄亚洲、胡祖光等教育家、科学家、文学家、艺术家、社会活动家、两院院士都曾在校执教和求学。

这些校友的名声都如雷贯耳，真是英才辈出。

生于 1927 年的潘家铮，是胡海昌的大学同学，他们算是同龄人，他在一本回忆录《春梦秋云录——浮生散记》中这样描述自己的童年和少年：

1992年4月，胡海昌（右）与潘家铮（左）在京西宾馆中科院学部全体大会上合影

“当我呱呱坠世时，宣统皇上已被赶出了紫禁城，蒋委员长也坐上了龙庭，可是几千年来的封建势力几乎纹丝未动……我自有知以来就生活在亡国灭种的阴影中，11岁时爆发了救亡战争，我也饱尝逃难、挨炸、流亡、要饭，最后沦为亡国奴的滋味。抗日战争胜利后我进了大学，正当满腔热情想要读书建国时，迎来了三年解放战争。新中国成立后我才有了一个献身事业的机会，但经历了一次次的政治运动，直到进入牛棚又从牛棚中出来。”

这就是那一代人的大致情形，个人轨迹或许有区别，大环境就是如此，胡海昌没有“要饭”，未进“牛棚”，但其际遇也好不到哪里。

2. 初中生活

1940年夏，胡海昌小学毕业了，但他没有升入

初中，而是在家闲居了半年。他闲居的原因，我们无从揣测，或许是身体原因（其女儿胡闰莓证实因为身体生病），或许在那兵荒马乱的年代，人们对于暗淡的前途不抱希望。不过胡海昌只是短暂的休息，半年后的 1941 年春天，他考入了浙江省立临时联合初级中学，简称联初。

家里有祖母，所以胡海昌走读上学。1942 年，胡海昌的祖母和三叔到胡海昌的姑姑家后，家中无人需要照料，胡海昌开始住校。1942 年夏，日军窜扰浙南，向碧湖进犯，学校连夜疏散，再迁景宁，以敬山宫为校舍。联初学生住草房、食糙米，在桐油灯下坚持完成自己的学业。由于局势紧张，学校提前放暑假，胡海昌的父亲带着他和姐姐随国民党的省教育厅逃往景宁。

秋天开学后，胡海昌继续住校，这时校长是章湘伯。章湘伯是浙江诸暨人，章校长主张以勤教、勤改、勤学、勤作之方法，培养良好之读书空气与主动研究精神。

胡海昌所在的学校，绝大多数是省级机关员工子弟，学生之间家庭经济条件和社会背景差距甚远，有省厅级以上官员子弟，也有流离失所、无依无靠的难民子女。老师有教无类，学生都能平等相处，团结友爱。学校设有公费生制度，资助奖励学业成绩优秀的贫困学生。

胡海昌此时交往的主要有两个同学：梁志杰和孙松奇。梁志杰为人诚恳老实，对胡海昌很是照顾，两人常常在一起学习，互帮互助。初中毕业后，梁志杰没有再升学，后来到中央直属第二纺织厂参加工作。孙松奇和胡海昌年龄差不多，两人坐在一起，很快熟悉起来，后来，他和胡海昌初中毕业后同时升入浙江省立临时联合高级中学。

3. 高中岁月

1943 年年初，胡海昌从联初毕业，考入浙江省立临时联合高级中学（简称联高），校址在浙江省青田县南田镇，校长是崔东伯。

崔东伯是江苏宜兴人，1924 年毕业于东南大学数学系。1942 年，崔东伯出任联高校长，主张学校管理家庭化，反复告诫教师职员们，要视学生为子女。在艰苦条件下，联高的教学仍然很出色，每届毕业班的前几名学生可保送进浙江大学、厦门大学、暨南大学等校。1945 年抗日战争胜利后，联高迁回杭州，恢复校名为浙江省立杭州高级中学，即现在的浙江省杭州高级中学（简称杭高），崔东伯带领师生员工修缮校舍，使学校在 1946 年年初开课复校，同年 4 月，崔东伯邀请马寅初向全校师生发表了题为《不打倒官僚资本，无法搞国家建设》的演说。马寅初义正辞严的抨击和崔东伯激流勇进的气魄，给师生们留下了深刻的印象。

1949 年 9 月，崔东伯回到杭高，专任数学教师，一心扑在教学上。1956 年，他担任副校长，分管教育工作。崔东伯于 1955 年加入民盟，曾任全国人大代表，浙江省政协副主席，著有《高中代数精解》《平面三角精解》《高中代数》等。1949—1958 年，胡葆良在杭高工作，职位是校长助理，他和崔东伯关系很好。胡葆良和胡海昌都与崔东伯有交集，在人生中这样的情况非常难得。

浙江省杭州高级中学起源于养正书塾与浙江两

级师范，经杭州府中、省立一中与省立一师、省立高中、省立杭高、杭州一中之改制嬗变，从浙江最早的公立中学到浙江新文化运动中心，从浙江规模最大的综合中学到享誉全国的江浙“四大名中”，至今已历百余年。科学、民主、求真、创新之校风和勤奋、求实、开拓之学风，推动着杭高在历史上数度站在时代与教育改革大潮的前列。

百年杭高，涌现出一代又一代推动近现代中国发展进步的卓越人才。陈叔通、沈钧儒、鲁迅、经亨颐、李叔同、夏丏尊、陈望道、马叙伦、朱自清、叶圣陶、蒋梦麟、崔东伯等名家云集，光耀教坛。莘莘学子英才辈出：成为文化名流的有徐志摩、郁达夫、丰子恺、潘天寿、曹聚仁、柔石、冯雪峰、金庸、刘吉、张抗抗等，还有科技精英姜立夫、陈建功、蒋筑英、徐匡迪等。杭高至今已有46位校友当选为中外院士，被誉为“院士的摇篮”。

胡海昌就是在这样一所优秀的高中就读的。由于是初次远离父亲，尽管在距离上并不算远，但毕竟离家在外，父亲很不放心，在信中，父亲让胡海昌去找一位在联高教务处做职员的骆姓同乡，请他照顾胡海昌。

这位同乡喜欢唱戏，参加了学校的平剧社。开学后不久，有位高年级的同学问胡海昌，愿意不愿意参加平剧社。胡海昌征求过骆姓同乡的意见后，就答应那位高年级的同学参加学校的平剧社。参加后，胡海昌看过几次排演，排演的人中正好也有那位骆姓同乡，还有一位姓翁的军训教官，以及三四个高年级同学。

在给父亲的信中，胡海昌讲述了在联高的学习生活情况，父亲在回信中告诉胡海昌，在学校应当专心念书，不要参加任何活动。

这年暑假，胡海昌回家后，他和父亲说功课忙，不再参加平剧社的活动，也没有再去找骆姓同乡联系。那时候，胡海昌就定下了一个目标，他准备专心读书，在上到高中三年级的时候投考大学。

陈以松和胡海昌一样，也是专心致志读书的人，在这一点上两人的目标是一致的，他们的交往也渐渐多起来。陈以松和胡海昌一同考进浙江大学，由于陈以松选择了电机系，胡海昌选择了土木系，两人联系渐少。

1945 年暑假，抗日战争胜利，学校也提前放了假，并迁回杭州，改名为浙江省立杭州高级中学，即现在的浙江省杭州高级中学，简称杭高。新的学校又增加了不少新同学，胡海昌在新同学中发现了两个能谈得来的同学：周思文和袁学诚。胡海昌经常和周思文在一起讨论数学和物理问题；和袁学诚在一起，多是胡海昌教袁学诚数学问题，袁学诚和胡海昌谈乐理，并教胡海昌唱歌。

周思文和胡海昌一样，也是在高三上半学期之后报考大学的，他考入了交通大学。四年的学习结束后，1950 年 2 月 16 日，上海“二六”大轰炸后，交通大学电机系电讯组毕业班的 21 名党团员接到通知，于当天下午到安国路雷达队报到，周思文就是其中之一。当晚由指导员将 21 人分成 7 个战勤小组，第二天上午就全天候正式投入战勤值班。上大学时，周思文和胡海昌还有一些联系，毕业后两人失去了联系，但是后来周思文从《物理学报》上看到胡海昌的文章，知道了他的工作单位后，两人又取得了联系，开始了书信往来。

袁学诚高中毕业一年后考入清华大学物理系，毕业后被分配到地质部做地球物理勘测工作。他是地球物理学家，从事深部地球物理研究工作，曾获李四光地质科学奖。

胡海昌

胡海昌院士传记

Academician Hu Haichang's Biography

第三章

求学浙大

胡海昌具有极强的自学能力，这并不是他愿意标新立异，不愿接受学校授课老师的指导，而是由于他自学的程度已经大大超前了，他不愿意浪费时间。

1. 对大学和专业的选择

胡海昌对数学和物理有着极其浓厚的兴趣，他喜欢听别人讲科学家的故事。进入高中后，胡海昌几乎将所有的时间都花在了阅读数学和物理书籍上。

1945 年 8 月，日本投降，抗日战争结束，胡海昌所在的学校迁往杭州，这一年，胡海昌正在读高中二年级下学期。学校搬迁到杭州后，条件好起来，也更容易获得需要的书籍，胡海昌在数学和物理方面的知识和兴趣得到了前所未有的发展。

1946 年夏天，刚刚升入高三上半学期的胡海昌，不但已经自修了高中生应该学习的数学和物理的课程，并且已经具备进入大学一年级的程度了。他已经学习完 Osgood 著、张方洁译的《奥氏初等微积分》和张永立著的《矢算初步》，以及萨本栋著的《普通物理学》，粗知何衍睿、袁武烈合著的《解析几何》和徐玉相著的《双曲线函数》的大意，能够解一些简单的微分方程式。

到了这年暑假，胡海昌很希望能投考几所大学，试试自己究竟自修到了什么样的程度。父亲赞成他投考，并且希望他能节省一年的光阴。但是父亲却反对胡海昌去投考清华或者北大，因为在他看来，北京离杭州太远，要照顾他的孩子非常不便。后来胡海昌甚至连投考交通大学的机会也被剥夺了，在胡海昌父亲看来，北京和上海都是异地，他不希望孩子离开自己太远，那么上千公里和上百公里是没有什么区别的。当然父亲要是反对，还会找到一个恰当的借口，他对胡海昌说："交通大学不比浙大好，并且即使好，也好不了多少。"

胡海昌尊重父亲的意见，放弃了到北京、上海读书的想法。但是两代人之间毕竟存在代沟，在选择专业时，胡海昌和父亲的想法还是产生了矛盾。

胡海昌希望选择物理系或数学系以满足自己的兴趣，可是不幸这两个系的毕业生在当时的出路似乎都很窄。作为父亲首先考虑的就是毕业后的出路问题，父亲力劝胡海昌投考工学院。胡海昌反对过一阵，但最终接受了父亲的意见，选定了浙大土木系。

胡海昌在一份材料（档案中胡海昌亲笔写的《我的自传》）中这样分析道：

"现在回忆起来，当时我们的争执，一个是为了个人的兴趣，一个是为了个人的出路，两人的立场都是不正确的，大家都为了自己，没有考虑到科学与技术是要为人民服务的。"

一个人无论报考什么学校、什么专业，这是他的自由，不论从什么角度出发考虑，都是他的权利，胡海昌这样分析父亲和自己的想法，带有那个时代深深的烙印。

结果，胡海昌如愿考取了浙江大学土木工程系。

在那时候，能考上浙江大学有多大的难度，在潘家铮所著的《春梦秋云录——浮生散记》中有这样的记述：

"1946年暑假，浙江大学在抗战胜利复员后第一次在杭州举行招生考试。我奉了父亲严命，从绍兴乡下来到杭城，也参加了这一盛举。

"对这次应试录取的可能性，自己也做过反复分析，结论是可能性极小。当年浙大招三四百名新生，而应试者达三千多，工学院尤为重点，录取率仅为

1948年1月，胡海昌在浙江大学宿舍内读书

1/10。入学考试除考‘英、国、外’三大科外，还要考物理、化学、历史、地理。”

潘家铮考入浙大的航空工程系，后来也转入土木工程系，和胡海昌成了同班同学，也是钱令希的得意学生。

2. 救助地下党

浙江大学是一所历史悠久、声誉卓著的高等学府，坐落于中国历史文化名城、风景旅游胜地杭州。浙江大学的前身求是书院创立于1897年，为中国人自己最早创办的新式高等学校之一。1928年，定名为国立浙江大学。抗战期间，浙大举校西迁，在贵州遵义、湄潭等地办学七年，1946年秋回迁杭州。

胡海昌考入浙江大学是他生命中的重要选择，他在这里遇到了知己陈生健，同时也找到了他一生的爱侣陈小蘅。

60多年后，陈生健这样述说他和胡海昌在浙大的情形：

“我和海昌是在浙大认识的，相处也仅仅一年多。但是，对他的学习态度，求知思想认识却比较深刻。我和海昌住的是同一个宿舍，上下铺。当时正值内战时期，学潮迭起，浙大在杭州又以小解放区闻名，学生不卷入学潮的极少，但海昌绝少参加。他对国民党统治很不满意，却认为参加学潮无补于事。他的思想也影响了他的初恋。他在杭高和一位女同学很要好，他的优异成绩又很为那位女同学所仰慕，就是因为他对政治的态度而受到那位女同学的不满而终至决裂，我做了很多说合工作也无济于事。海昌在学习方法上很有特点。由于他的聪敏勤奋，大学数理基础课程他早已掌握，所以他平时读的书都是大学二、三年级的课本，超前了。他对考试也很淡然，只求六七十分及格就行。这样更不会影响他的超前。他的专致精神使我很敬佩。可惜他的认知跟我相距太远，我跟不上，也限制了我对他认知超前的学习轨迹的认识。”

正如陈生健所说的那样，胡海昌不喜欢政治，但他并不胆小，他和陈生健曾救助过中共地下党。

这名被救助的中共地下党叫钟宁生，是陈生健的好友，钟宁生是暨南大学的地下党员，因被列入通缉的黑名单，从上海跑到杭州，住在陈生健、胡海昌的宿舍。

钟宁生躲过了通缉，这位解放前参加革命的老党员，因为其父亲是国民政府的县长，解放后被镇压，所以他一直没被重用，离休前是上海闸北区教育局党委书记。解放后钟宁生曾专程看望陈生健和胡海昌，畅叙友情。钟宁生在2011年11月10日逝世，享年84岁。

这件事之所以被陈生健记忆深刻，是因为并不十分关心政治的胡海昌在关键时刻参与保护被通缉的地下党，尽管钟是陈的朋友，但帮助藏匿共产党在那时候如果被发现，后果很严重，胡海昌一心学习，认为一些举动无助于改造社会，但他心中的正义感还是被激发了出来。而这一件事能平安过关，在很大程度上也和校长竺可桢的态度有关。竺可桢作为一名曾留学美国的自由主义知识分子，对国民党的所作所为大有不满，如其所云："关于政治党派，余均不感兴趣。"他不主张学生放弃学习去闹革命，但也不很反对。

竺可桢校长大学教育的目标不仅仅是"造就多少专家如工程师、医生之类"，而在于培养"公忠坚毅，能担当大任、主持风气、转移国运的领导人才"。

竺可桢要求学生："第一，诸位求学，应不仅在科目本身，而且要训练如何能正确地训练自己的思想；第二，我们人生的目的是在能服务，而不在享受。"

胡海昌的人生经历正是竺可桢教育思想的完美体现。

当时浙江大学的情况，潘家铮在回忆录中也有涉及：

"在我入学后爆发了一次又一次的学潮：抗议美军暴行、反饥饿、反内战……直到浙大学生自治会主席于子三被害后的大罢课。我就身不由己地投入进去……

"当时浙大有'东方剑桥'和'民主堡垒'之称。

前者指竺可桢校长延聘到一批第一流的教授，在许多学术领域里起有带头和争鸣作用，后者指在竺校长的明智管理下，浙大学生有一定的民主权利。前者是否够格，恕我不敢妄议。对于后者，浙大确有些特色，尤其是那脍炙人口的《生活壁报》。

“浙大有个较强有力的学生自治会，负责人多是较进步的学生，也有少许地下党员。《生活壁报》是自治会办的墙报，其形式和后来的大字报有些相似，你可以写任何内容，具任何笔名。与大字报不同的只有一条，即作者要负文责。”

在这样的氛围中，胡海昌救助地下党也并不奇怪，能救助成功也是必然的了。

3. 没有结果的初恋

胡海昌报考大学是在 1946 年暑假，他的高三才上了一个学期，虽然他考上了浙江大学，但是他的高中课程还没有学完，胡海昌还想拿到高中毕业文凭，所以他在学习大学课程的同时，还要学习高三下学期的课程。

暑假后的秋天，上了大学的胡海昌还要抽出时间来到杭高，这时候他对同班的一位女生产生了好感。胡海昌除了上课外，很愿意和这位女生在一起，女孩也喜欢胡海昌。他们是介于友谊与爱情之间的一种关系，出身贫寒的胡海昌怀着一片赤子之心极力帮助这位女孩复习功课，想让她考入好一点的大学。

这段感情维系了一年多的时间，后来胡海昌发现这个女孩爱慕虚荣，感情不专一，在和胡海昌交好的同时，和别人也有着近似恋爱的关系，到 1947 年年底，胡海昌和她感情决裂，完全断绝了关系。

胡海昌的高中毕业文凭最终没有拿到，因为高中毕业考试和浙大的编级实验同时举行，胡海昌分身无术，只能不参加毕业考试，还有几个同学和他的情况一样。

20世纪50年代，胡海昌的同学还告诉他那位女同学的情况：在一所大学工作，她的爱人是特务分子，被捕入狱。

有情人未必都成眷属，爱恨情仇、潮起潮落，都已经隐没在历史的大风大浪中了。

4. 大学里的自学

胡海昌在《胡海昌关于自己的历史》中比较详尽记述了他在浙江大学几年的学习和所得，这里摘录如下：

“我虽然违叛了自己的兴趣进了土木系，但在当时尚不知道土木工程的究竟，因此在入学这天，还抱着无限的希望：大学里有学问渊博的教授，有丰富的图书，有完备的仪器，我可以专心学习自己喜欢学习的功课。可是这点希望却随着上课的日子增多而渐渐减小。现在回忆起来，其原因第一是没有选课，自己又不能主动地接近先生。第二是微积分与普通物理的教材不合我的程度。当时微积分采用三氏的作教本，从自变数被变数开始。物理以达夫物理为根据，从质量和力的定义开始，似乎是高中物理的重演。这样经过了几星期，在我的脑海里便产生了如下的思想：‘物理教材大概不会超过萨本栋的普通物理学，三氏微积分大概不会比奥氏初等微积分深多少，自己再自修一些，谅来足能应付，何必天天来教室里浪费时间呢？’所以自这天以后，我便不再去上这门课了。我捧着自己喜欢的书进行自修，没有和数理先生接近。

“我有一个不良习惯，就是不能安心攻读一本书。一天到晚看着同一本书，便会感到腻烦。我喜欢把四五本书同时进行，所以在一年级我未曾读毕一本书，却开始了好几本。在数学方面，自修的主要读物是 Advanced Calculus[高等微积分]by Osgood，同时以下列数本当作调剂：Differential Calculus[微分学]by Williamson，Mathematical Analysis[数学分析]by Goursats。除了微积分外，数学方面尚阅读着 Conic Section[圆锥截面]by Salmon，Vector Analysis[矢量分析]by Coffin。物理方面致力于力学，以 Statics[静力学] 和 Dynamics[动力学] by Ramb 为主，而以 Theoretical Mechanics[理论力学]by McMillan，Theoretical Mechanics[理论力学]by Jean 为辅。

“我在阅读这几本书的时候，特别注意其推理过程和证明技巧。我十分看重于基本原理而往往忽略个别比较次要的公式。我常问自己，书上的证明是否已达最简明的地步？我喜欢把公式加以推广，加以简化和加以变形。我尤喜欢把刚刚学会的数学应用上去。当我发现以前的方法是多么繁复，现在的方法是多么简捷的时候，我感到无限的愉快，自修的艰苦也就得到安慰。

“在上述几本书中获得较多的是：Conic Section[圆锥截面]by Salmon，Differential Calculus[微分学]by Williamson，和 Statics[静力学] 和 Dynamics[动力学]by Ramb。我在这四本书中，学到了许多思想的方法和证明的技巧，使得我以后遇到问题，能不慌不忙作多方面的考虑，直到现在还很受用。Advanced Calculus[高等微积分]by Osgood 虽是主要自修书之一，但是除了获得较高等的微积分知识之外，却没有得到别的东西。

“在这段时间里，我完全致力于学习科学方法，寻求知识，尚未开始找寻问题，解答问题。不过那时曾经有过下面几点想象：

“(1)牛顿第一定律说：‘质点如不受外力之作用，将沿一直线作等速运动。’我认为这条定律并无足奇。第一，质点不受外界之作用，当然不可能改变其物理状态，因此速率必须不变。第二，如果质点将沿曲线运动，那么我就无法解说它为什么向这一方向弯而不向另一方向弯？它的运动方向应当对任何一个方向而言都是均势的，因此它就非沿直线运动不可。

“(2)我觉得力学中两条不灭原理，即能量不灭与冲量不灭原理亦并无足奇。因为它们都是从 F=ma 出发，前者是关于位移积分而得，后者是关于时间积分而得。我想力学中重要的只有三个东西，即力 F，时间 t，和座标 r，因此将此三量排列起来可得下列六种函数：

$$\int F\cdot dr,\ \int F\cdot dt,$$

$$\int r\cdot dF,\ \int r\cdot dt,\ \int t\cdot dF,\ \int t\cdot dr$$

“前两者已有名词，后四者虽无名词，但在我想象中亦应是不灭之函数。直至去年浙大钱令希教授研究余能原理，才获得了 $\int r\cdot dF$ 的物理意义，并且证实其确为不灭的函数。

“正当我兴高采烈地进行自学的时候，不幸遭遇到一个严重打击，使得我在自学的态度上及方法上起了巨大的变化。这个打击便是考试的失败，我第一次得到如此不满意的数理成绩，这给予我一个深刻的刺激。当时便检讨一番，觉得这次失败的原因第一是自高自大的想法，误认为自己已有足够的知识应付考试。其后才发现大一普通物理的教材与萨本栋著普通物理学的内容略有出入，三氏微积分与奥氏微积分在重点上亦有些不同，所以有时产生了学到不考、考到不学的现象。第三是平时成绩太差，我没有交习题。因为我有一个习性，就是直接代公式的数字题目是不感兴趣的，感兴趣的是证明题与问答题，并且即使这类性质的题目也是不耐烦誊清一篇。无可否认，工学院的习题是有着重数字的，因此我就没有做习题。第四，我自修的时候，过分着重推理，往往未把比较次要的公式加以记忆，仅仅记住了书本上有这么一个公式，它是如何推演而得的，因此遇到直代次要公式的考题，不得不临时推算出需用的公式，这样费时而不讨好，影响成绩甚大。

“经过这次教训，二年级起我就不得不将先生指定的习题誊清一份交上去，在考试之前也就下很大的功夫把所有的公式都记住。不过遇到心境不快的时候，还是认为这是毫无意义的行动。

“二年级起开始接触土木系的正课，因此我花了相当多的时间在正课方面，但是尚能抽出一部分时间去完成一年级尚未读毕的书本，并且更向前推进一步。现在依照自修书本的性质来总结二、三、四三个年级自学的经过。

“首先我特别着重的是应用力学这个系统，因为它是土木工程的基本，而又接近我的兴趣。我自修的过程：Timoshenko 著：Statics[静力学]，Dynamics[动力学]，Theory of Structure[结构理论]，Strength of Materials，vol.1&vol.2[材料强度，第一卷、第二卷]，Theory of Elasticity[弹性理论]，Theory of Elastic Stability[弹性稳定性理论]，Vibrational Problems in Engineering[工程中的振动问题]。除了最后的两本之外，其他六本我都仔细看过数遍。同时我还看过下列本著作：Analytical Static[静态分析]by Routh，蔡方荫著普通结构学，Statically Indeterminate Structures[静态不确定结构]by Maugh，Continuous Frames of Reinforced Concrete[钢筋混凝土的连续性构架]by Crossand Morgan，Mechanical Vibration[机械振动]by Hartag，Mathematical Theory of Elasticity[弹性学中的数学理论]by Sokonikeff，Beams on Elastic Foundation[弹性基础上的梁]by Hetenyi。在这个系统中，我一方面吸收知识，一方面学习科学方法，同时也考虑过不少问题，但大多数并无结果，值得一提的有下面几点：

“（1）1948年暑假，我第一次尝试制作，完成《桁架应力分析之通路法》一文，是关于土木工程实用论文，曾刊于本系通讯，1950年发表于《工程建设》第三期。

“（2）1949年春，本系钱令希教授研究余能原理，我当时向钱先生学习，一面提供一些意见，至1950年春钱先生完成《余能原理》的初稿。

“（3）1950年2月，在钱令希教授指导下，创空腹桁架应力分析之简法，亦为土木工程实用论文，发表于《工程建设》第五期。

“在弹性力学方面，我花过许多心力。我曾演算过不少问题，也曾应用过多种方法，但是所得结果都早为前人所发明。所以我在这方面的收获不是在所得之结果，而是在思想上的锻炼。多次的尝试使我在数学处理问题的方法上得到训练与考验。我曾考虑过的问题比较重要的有下列几端：

“（4）弹性力学上最感困难的是边界上不能用一个简单方程式来表示荷重的不规则。对于荷重的不规则我曾这样想过：普通梁或板的挠曲 w 与其上的分布荷重 q 的关系为：O（w）=q，式中 O 为某一 Differential Operator[微分算子] 和一组确定之边界条件。

“我曾自问：有没有一种形式的分布荷重，使得所产生的挠曲恰为其倍数，即 w=kq？ 所得结果是一般荷重可能有无穷组形式 q=f1(x，y)，q=f2(x，y)……，同时更由 Maxwells Reciprocal Theorem[麦克斯维尔斯互易定理] 证明了 f1，f2…… 为 orthogonal function[正交函数]，于是再由 influence time or surface[作用时间或表面] 证明了任何一种分布荷重都可用：q=a1f1+a2f2+…… 来表示。这样欲求挠曲，只需在上式右端每项各乘以相当的系数便得了。

“但是这个结果后来知道就是 Kirchhoff 在19世纪研究 plate[薄板] 的精神。

“（5）一般的近似法，不是舍去了平衡条件，便是破坏了边界的限制。例如只顾及边界条件的近似法，如果欲其适合平衡方程式，那么就非将荷重的分布状况略加修改不可。因此我曾想到在采用近似法时何不直接从找一适应而方便的荷重分布状况着手？我这样出发，逐步推理，不过最后仍须求助于一组 orthogonal functions[正交函数]，与上法很少区别。

“（6）弹性力学中，plane stress distribution[平面应力分布] 是比较简单得很多。因此我就在这方面推算一些问题。我利用 tensor[张量] 将 Airy’s stress function[Airy 应力函数] 化到任何一个 orthogonal unvalinear coordinates[正交非线性座标]，同时将▽4 Φ=0之通解写成

“Φ=f（x+iy）+r2F（x+iy），于是求得了在 elliptical coordinates[椭圆座标] 和 bipolar coordinates[极座标] 的一般形式。之后又进一步用前面的结果来解▽4 Φ=q，用于求解 Deflection of plate under uniform and concentrated load[薄板在均匀负荷与集中负荷下的偏移]。

“不过这些问题也都早已有结果了。

“其他比较次要的有：利用一条 spinal curve[脊柱状曲线] 来表示 influence coefficients of deflection，slope，bending moment，and sheave（？ ）of an infinitely long beam on elastic foundation，combined bending and compression of beams of variable cross ection[一条在弹性基础上的无限长的梁的偏移、斜度、受力弯曲的受影响系数，同时综合考虑梁在各种交叉点的弯曲度和压缩度。注意这里“sheave”应该是写错的词，综合考虑上下文也无法猜出原意，就没有翻译。—— 胡闰莓注]。我曾经仔细演算过 deflection of circular ring[圆环的偏移]。又有一次我将开始讨论 deflection of circular plate reinforced by aconcentric ring[圆型薄板经同心圆环加固后的偏移度]，不久在 Journal of Applied Mechanics[应用力学期刊] 上找到关于这个问题的论文，因此也就作罢。

“其次在数学方面当阅读前述几本书之后，在矢算方面继续了 Vector Analysis[矢量分析]by Gibs，Vector and Tensor analysis[矢量和张量分析]

by Craig，不过后看的后篇没有仔细看过。接微积分之后的是：Differential Equation[微分方程]by Forsyth，Functions of A Complex variable[复变量函数]by Copson，Fourier's Series and Spherical，Cylindrical and Ellipsoidal Harmonics[傅里叶级数和球状、圆柱状及椭球状谐波]by Byerly，Modern Operational Mathematical Methods in Engineering[工程中的现代运算数学方法]by Churchill。至今尚未阅毕的有：Differential Geometry[微分几何]by Eisenhent，Modern Analysis[现代分析]by Whittakev and Wastson。当我阅读这几本书的时候，仍旧维持以往的观点，极力追踪其思想过程。但是在个别状况下，因推理特别艰深，有时也就不得不光应用其结果，然后慢慢理会其证明与来源。

“最后，在其他方面，我曾看过 Principles of Electricity[电学原理]by Page and Adam，Hydrodynamics[流体动力学]by Lamb，Relaxation Methods in Engineering[工程中的松弛法]by Southwell 与 Static and Dynamic Electricity[静电学和动态电学]。除第一本外，其他都没有读完。Lamb 的书说理非常清楚，而尤其处处自物理概念出发，更易使人领会数学推理的过程。在这方面我接触得很少，仅仅想过下面一个问题：在 plane rotational motion[平面旋转运动，这里 rotational 在原文中看不清，根据上下文应该是这个词 —— 胡闰莓注] 中，座标（x，y）可用 steam function[转向函数，steam 显然是个错字，根据意思猜测应该是“转向” —— 胡闰莓注] ψ 与 velocity potential[速度势] Φ 表之，即 x=x（ψ，Φ），y=y（ψ，Φ），而当 ψ= 常数时，则前式变为一条曲线的参数方程式。我曾设法欲使此参数方程式符合一条预定的曲线，不过至今尚未有结果。

“四年的时间已匆匆过去了，现在总结起来，我深深地感到：第一，在入学前就犯了严重的错误，我们不应该为了个人的出路问题而选择土木系，我应当选择一个能充分发挥自己能力的院系才对，因为唯有这样，将来才能更有效地为人民服务。第二，入学之后，在学习上又犯了巨大的错误，我没有主动地接近先生，没有随时向先生请教，因此在自修过程中，往往事倍功半，并且理解亦不够透彻。第三，过分强调兴趣，以致阅读缺乏系统，东一点，西一点，凌乱无章，妨碍了进步。由于上述诸缺点，所以我在这四年内的收获是十分微小的。”

胡海昌具有极强的自学能力，这并不是他愿意标新立异，不愿意接受学校的授课老师的指导，而是由于他自学的程度已经大大超前了，他不愿意浪费时间。

胡海昌独立自主的学习方法早已形成，大学期间得到了加强和巩固，他“独立自主”的治学方法，此为发端。

5. 大学里的读书

胡海昌崇尚自学，也掌握了自学的方法，体悟到其中的乐趣，除此之外，他还进行了大量的阅读。在传记写作的过程中，胡海昌的女儿胡闰莓女士也十分支持，她通过浙大的老师查找了胡海昌在浙大期间借过的图书，把书目进行了整理和翻译，并写下了自己的一些感想，这是最原始的资料，值得完整呈现。

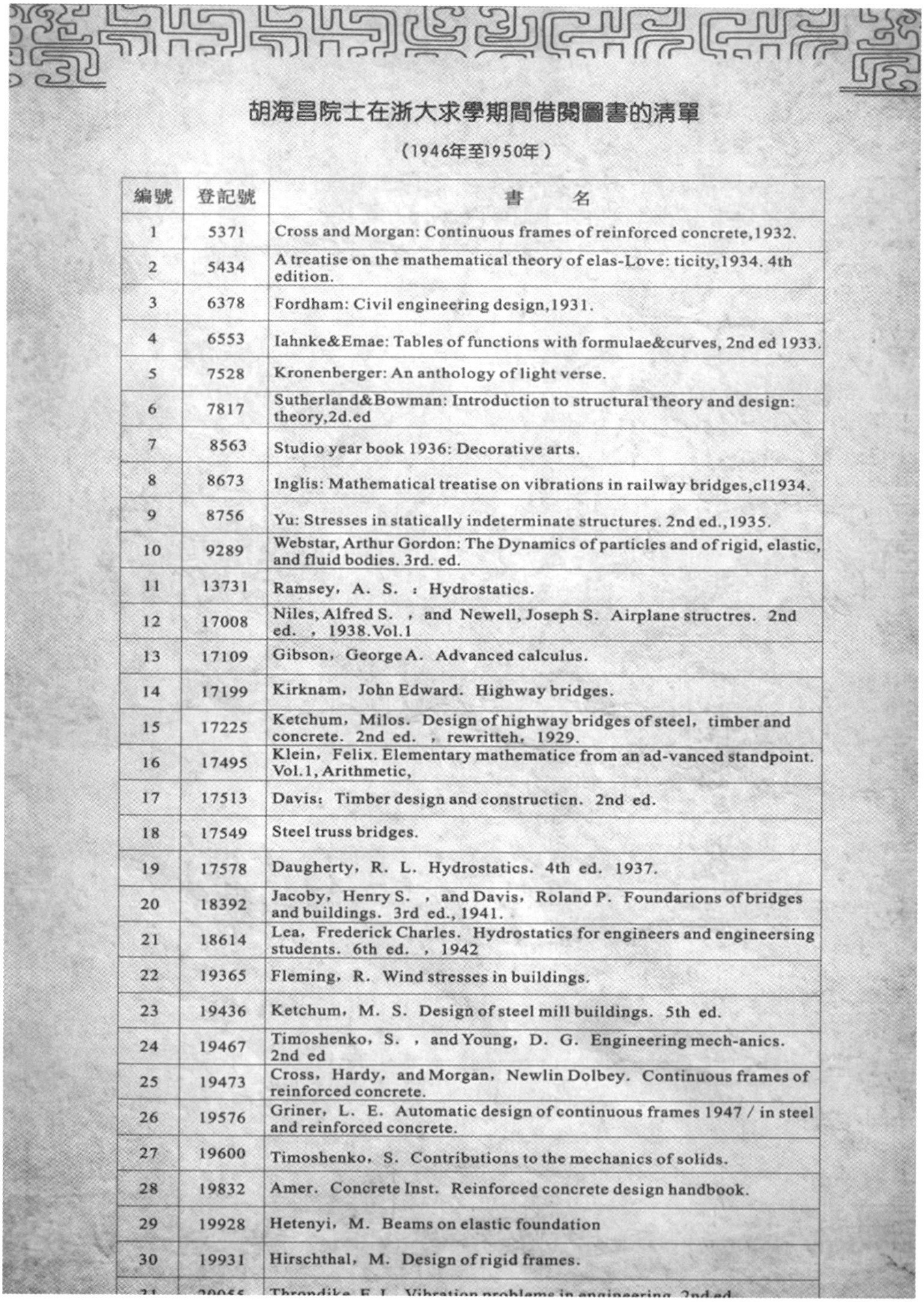

胡海昌院士在浙大求學期間借閱圖書的清單

（1946年至1950年）

编號	登記號	書　名
1	5371	Cross and Morgan: Continuous frames of reinforced concrete,1932.
2	5434	A treatise on the mathematical theory of elas-Love: ticity,1934. 4th edition.
3	6378	Fordham: Civil engineering design,1931.
4	6553	Iahnke&Emae: Tables of functions with formulae&curves, 2nd ed 1933.
5	7528	Kronenberger: An anthology of light verse.
6	7817	Sutherland&Bowman: Introduction to structural theory and design: theory,2d.ed
7	8563	Studio year book 1936: Decorative arts.
8	8673	Inglis: Mathematical treatise on vibrations in railway bridges,c11934.
9	8756	Yu: Stresses in statically indeterminate structures. 2nd ed.,1935.
10	9289	Webstar, Arthur Gordon: The Dynamics of particles and of rigid, elastic, and fluid bodies. 3rd. ed.
11	13731	Ramsey, A. S. : Hydrostatics.
12	17008	Niles, Alfred S. , and Newell, Joseph S. Airplane structres. 2nd ed. , 1938.Vol.1
13	17109	Gibson, George A. Advanced calculus.
14	17199	Kirknam, John Edward. Highway bridges.
15	17225	Ketchum, Milos. Design of highway bridges of steel, timber and concrete. 2nd ed. , rewritteh, 1929.
16	17495	Klein, Felix. Elementary mathematice from an ad-vanced standpoint. Vol.1, Arithmetic,
17	17513	Davis: Timber design and constructicn. 2nd ed.
18	17549	Steel truss bridges.
19	17578	Daugherty, R. L. Hydrostatics. 4th ed. 1937.
20	18392	Jacoby, Henry S. , and Davis, Roland P. Foundarions of bridges and buildings. 3rd ed., 1941.
21	18614	Lea, Frederick Charles. Hydrostatics for engineers and engineersing students. 6th ed. , 1942
22	19365	Fleming, R. Wind stresses in buildings.
23	19436	Ketchum, M. S. Design of steel mill buildings. 5th ed.
24	19467	Timoshenko, S. , and Young, D. G. Engineering mech-anics. 2nd ed
25	19473	Cross, Hardy, and Morgan, Newlin Dolbey. Continuous frames of reinforced concrete.
26	19576	Griner, L. E. Automatic design of continuous frames 1947 / in steel and reinforced concrete.
27	19600	Timoshenko, S. Contributions to the mechanics of solids.
28	19832	Amer. Concrete Inst. Reinforced concrete design handbook.
29	19928	Hetenyi, M. Beams on elastic foundation
30	19931	Hirschthal, M. Design of rigid frames.
31	20055	Throndike, E. I. Vibration problems in engineering. 2nd ed.

编號	登記號	書　名
32	20098	Churchill, R. V. Modern operational mathematics in engineering.
33	20102	Timoshenko, S. Theory of elastic stability.
34	20151	Billig, Kurt. Pre-stressed reinforced concrete .
35	20389	Gregory, J. W. The story of road; from the beginning to the present day.
36	20928	Allen, John R. , and Bursley, Joseph A Heat engines.
37	21637	Seely, P. H. Text book of general physiolosy.
38	21690	Cross, H. , & Morgan , N. D. continous frames of reinforced Concrete.
39	21733	Love, A. E. H. Treatise on the mathematical theory of elasticity. 4th ed。, 1945.
40	21911	Internationnal congress on large dams, 2nd , Wsshington, 1936. Transaction. Vol.1.
41	23639	Moore, C. N. summable series and convergence factors.
42	23674	Van Vleck. E. B. , and others. Lectures on mathematics.
43	23871	Minorsky, N. Introduction to Non-Linear Mechanics.
44	23890	Kryloff, N., and Bogoliuboff, N. Introduction to philosophy.
45	24169	Fort, T. Finite differences and difference equations in the real domain.
46	24443	Jacobson, N. The theory of rings.
47	24476	Turnbull, H. W. The theory of determinants, matto the theory of canonical matrices.
48	24651	McLachlan, N.W. Theory and application of Mathieu .
49	25679	Southwell, R. V. Relaxation methods in engineering science.
50	25778	Watson, G. N. Treatise on the theory of Bessel 8th ed. rev., 1945.
51	25778	Watson, G. N. Treatise on the theory of Bessel 8th ed. rev., 1945
52	26004	American Concrete Institute., Detroit. Reinforced measurement and control in science and industry.
53	26071	Olson, H. F. Dynamical analogies.
54	26435	Hartog, J. P. D. Mechanical vibrations 3rd ed. 1947
55	27040	Szego, Gabor. Orthogonal polynomeals.
56	27835	Den Hartog, J. P. Mechanical vibrations.
57	27868	Ramsey, C. G. and Sleeper, H. R. Architectural graphic standards. 3rd., 1946
58	27970	Hansen, H. J. Modern timber design.
59	28024	Powell, F. L. In the Chinese garden.
60	28275	Baver, L. D. Soil physics.
61	29599	Taylor, D. W. Fundamentals of soil mechanics.
62	30682	Watson, G. N . A treatise on the theory of Bessel functions. 2nd ed
63	30886	Craig, H., and Thomas, J.M. English prose of the 19th century.

中文翻译：

1.《钢筋混凝土的连续框架》

2.《Elas-Love 的数学理论文集》

3.《土木工程设计》

4.《函数表，包括公式和曲线》

5.《轻诗集》

6.《结构理论和设计引论》

7.《1936 年艺术工作室年刊：装饰艺术》

8.《有关铁路桥振动方面的数学论文集》

9.《静态模糊结构的应力》

10.《刚体、弹性体和流体中的粒子动态学》

11.《流体静力学》

12.《飞行器结构》

13.《高等微积分》

14.《公路桥》

15.《钢、木、混凝土公路桥的设计》

16.《以高等数学的观点看初等数学》

17.《木结构的设计和建造》

18.《钢索桥》

19.《流体静力学》

20.《桥梁和建筑的基础》

21.《工程师和工科学生用的流体静力学》

22.《建筑中的风应力》

23.《炼钢厂建筑设计》

24.《工程力学》

25.《钢筋混凝土的连续框架》

26.《连续框架的自动设计（1947）/钢和钢筋混凝土》

27.《固体力学的成就》

28.《钢筋混凝土设计手册》

29.《弹性基础上的梁》

30.《刚架设计》

31.《工程中的振动问题》

32.《工程中的现代数学运筹学》

33.《弹性稳定性理论》

34.《预应力钢筋混凝土》

35.《道路的故事——从近代的开始》

36.《热引擎（热发动机）》

37.《普通生理学教程》

38.《钢筋混凝土的连续框架》

39.《弹性力学中的数学理论论文集》

40.《关于水坝的国际会议论文集》

41.《可求和的级数以及收敛因子》

42.《关于数学的讲座》

43.《非线性力学引论》

44.《哲学入门》

45.《实域中的有限微分和微分方程》

46.《环理论》

47.《行列式理论和正定矩阵理论》

48.《数学的理论和应用》

49.《工程科学中的松弛法》

50.《贝塞尔理论文集》

51.《贝塞尔理论文集》

52.《学术界和工业界的加强度量和控制》

53.《动态模拟》

54.《机械振动》

55.《正交多项式》

56.《机械振动》

57.《建筑作图标准》

58.《现代木结构设计》

59.《中式园林》

60.《土壤物理学》

61.《土壤力学基础》

62.《贝塞尔理论文集》

63.《19 世纪的英文散文》

胡闰莓的感想：

“看了我爸爸大学毕业时的这份总结，我以工科大学生讲师的眼光，说几点评论：

“1.他当年自学的数学理论，就是按照现在对工科本科生要求，也是比较高深的，一般工科学生达不到那个水平，也没有那个兴趣。

“2.他取得那样的成绩，是在两个条件下完成的：首先他是家庭里第一个理工科大学生，我爷爷是不可能给他任何帮助的。这还不像我上大学的时候，他虽然不具体指导作业等细节，但是会介绍书给我看，在大方向上和思想方法上给予指导。其次当时没有计算机、计算器等工具，所有的演算靠计算尺、数学用表和纸笔完成，因此他一定花了大量的时间。

“3. 他提到的自学中特别注意前人的思想方法，这一点很难得。很少有学生自觉这样，特别是‘应试’的学生根本就不可能这样。

“4. 他最后提到的应该多请教先生，我多少感觉有点‘客气’之嫌。不知道他当时在浙大时，教师水平怎么样，当然肯定有好的，如钱令希先生，但一般给大一、大二上基础课的教师水平怎么样，真不知道。根据我当年上大学的经验，和我现在听到的大学中的现状，教师的水平不理想，特别是要想让这些教师来讲‘科学方法’，激发学生对学科的兴趣，怕是过于乐观了。

“5. 总之，我现在回首我爸爸的大学四年，觉得他最主要的收获是：结识了钱令希先生；认识了我妈妈；打下了比较坚实的用数学理论理解和解决工程问题的方法储备、知识储备和工具储备，开阔了视野。”

胡闰莓的看法和说法相当客观，胡海昌的课外阅读，专业性十分强，几乎没有与专业无关的书籍，当然，这只是他大学借阅图书的记录，他自己会不会购买一些必要的书籍，会不会和同学交换书籍看？现在难以作出结论，根据常

大学时的胡海昌

理，借书阅读也是非常正常的一件事情，所以可以肯定的是，胡海昌的阅读是广泛的、专业的。

6. 找到相伴一生的爱人

胡海昌在浙江大学求学期间除了积极读书，抓住一切时间自学，在学术上有了独到的见解之外，他最大收获之一是找到了相知相爱、相伴一生的爱人陈小蘅。他们经过几年的相恋，于1952年正式步入婚姻的殿堂，育有两子一女，携手走过59年的人生，直至2011年胡海昌去世。

他们的相识相恋，没有过多的悬念，却充满了必然与巧合。刚上大学的时候，胡海昌曾经对他帮助过的一个高中女同学产生过朦胧的感情，但是时间长了之后，胡海昌发现那位女同学是在利用他，而且用情不专，断然和那位女同学断绝了关系。

在感情上的空白期，胡海昌遇到了同班同宿舍同学陈生健的妹妹陈小蘅。她经常到学校找哥哥，也愿意观看大学举行的一些活动。在逐步的交往中，她和胡海昌渐渐熟悉起来。思想激进的陈生健，后来离开浙江大学到东北参加革命，陈小蘅代表家里和哥哥取得联系的办法，主要来源于胡海昌，这样更加促进了二人的交往。

1953年8月，胡海昌（右）与妻子陈小蘅（左）合影

关于胡海昌与陈小蘅的恋爱及家庭生活，在胡海昌的档案中，存有陈小蘅亲笔写下的一段《我所了解的胡海昌情况》，时间是1955年9月，摘录如下：

“我对他父亲的印象是和善可亲，人很老实，个性恬静，安逸欣赏自己的清高，擅于画画，喜音乐，在旧社会里安于他半饱的生活，用他全部的精力养育他的儿女。

“在解放前，他对革命的认识是不足的，没有参加任何党派，海昌对父亲的感情很厚，非常尊敬和崇拜父亲。

“姐姐胡如璋，在杭州某供销合作社任会计。在杭州高级商业专科学校毕业，因她在解放前几年就出嫁，海昌没有和她有直接联系。

“我是1948年认识胡海昌的，那时我哥哥陈生健和他是同系同班的同学，并且住在一个宿舍内，因我常去参加浙大一些活动，如文艺晚会、纪念会等，从那些场合得到一些民主的空气，使我看到当时社会的黑暗、认识到它的丑恶。

“那时我对他的印象是：人不坏，很正派，明白是非和善恶，同情革命，希望解放，对功课很重视，常常看到他坐在寝室内读书，见到人很少说话，但待人总是很热心，因此对他印象不错。

“在1949年春，解放前夕，我哥哥和另一些同学出走去找解放区，决心参加

1957年春，胡海昌（左）与妻子陈小蘅（右）在杭州合影

革命，他走时便托海昌通知我和我父母，我家因哥哥到解放区，很担心他的安全，我时常去浙大打听消息，经常和海昌联系，这样才渐渐感情好起来。”

陈生健的回忆，胡海昌的回忆，以及陈小蘅写下的这些文字，是一致的，都比较客观地反映了那个时期的真实情况。

7. 陈小蘅的家世

陈小蘅可以说是出生于书香门第，她的家世和胡海昌接近，她祖籍安徽省南陵县，祖上几辈是中医，到她爷爷这一代已经在县上小有名气，除行医之外，还开了药铺。

胡海昌的爷爷也是一名中医。医生的职业在那个时候的农村，是非常受人尊敬的。中医具有完整的理论体系，其独特之处，在于“天人合一”“天人

相应”的整体观及辨证论治，这些理论都潜移默化地影响了胡海昌和陈小蘅。

胡海昌的父亲胡葆良一生大部分时间从事教育工作，陈小蘅的父亲陈友琴亦然，他在文学上的成就非常高，是20世纪50年代的白居易研究专家。2014年，中国社会出版社出版了一套《中国社会科学院学者文选》，其中就有《陈友琴集》。

陈友琴，生于1902年，卒于1996年，是家中长子，但没有继承祖业。他的父亲陈煦生平和开明，是清末秀才，对国学素有根底，闲暇时曾手抄许多古典诗词，这深深影响了陈友琴。

陈友琴是在南陵县城南书屋读的私塾，后到宣城第八中学插班，1921年在上海澄衷中学读三、四年级。1923年3月，陈友琴与王蘅洲结为伉俪。妻子小他一岁，出身药商家庭。一年后，陈友琴考入上海私立沪江大学教育系，沪江大学是当时上海著名的“贵族学校”，学费高昂。因祖父去世，父亲负债，无法负担大学全部费用，所以陈友琴只读了两年，1926年8月便肄业离校。

肄业后的陈友琴做过职员，教过小学，教过私塾，坚持自学，博览群书，后来在北平中国大学文学系又读了三年插班。陈友琴曾说过一句名言：“读书一目十行，这是所谓才子吓唬人的，凡是求读书真正有所得的，还需十目一行才是。”1928年8月至1929年1月，陈友琴在安徽贵池的省立第五中等职业学校任国文教员，此后主要投身于教育事业。1930年后历任上海建国中学、敬业中学、务本女中语文教师，《中央日报》副刊编辑，安徽屯溪柏山皖中、建国中学、江苏临中教员，杭州之江大学国文讲师，杭州《东南日报》副刊编辑，浙江临安杭州幼师副校长。1935年开始发表作品。陈友琴爱写文章，尤其擅长游记，他的学生中最有名的一个当是鼎鼎大名的武侠小说作家金庸。

抗日战争结束后，陈友琴来到杭州，在杭州师范教书，后升任副校长。解放初期，他参与创办杭州幼儿师范学校，并任首届校长。

1953年11月，陈友琴奉中宣部之调，依依不舍地离开杭州幼儿师范学校，北上就职于北京大学文学研究所古典文学组，从此未动，一直在文学研究所从事研究工作，直到退休。[①] 陈友琴1996年去世，享年94岁。

陈友琴1955年加入中国作家协会，著有《温故集》《长短集》《晚清轩文集》，编撰《清人绝句选》《白居易诗文述评汇编》《元明清诗一百首》《千首清人绝句》《不怕鬼的故事》《中国文学史》《唐诗选》（以上均为合编）等。

陈小蘅的父亲陈友琴和胡海昌的父亲胡葆良，其经历何其相似。而且两位都是高寿老人，安享晚年。

8. 大学毕业时的选择

大学毕业在即，毕业以后的去向成了胡海昌和他的父亲不得不考虑的问题。好男儿志在四方，胡海昌并不太在意毕业被分配到何方，但是他要考虑父亲和爱人的问题。父亲希望他在杭州或附近地区找个工作，其出发点还是不要远离这个家。

胡海昌当时不外几个选择：一是留校，在浙大任教；二是到曾经实习过的单位浙江水利发电勘测处工作；三是到南京水利实验处工作。这几个选择应该都还是理想的，但是都遇到了问题。浙大没有名额，浙江水利发电勘测处只有一个名额，已经看好潘家铮，同为钱令希的弟子，他们也不至于为这件事争个你我。李崇德先生介绍胡海昌到南京水利实验处工作，但胡海昌并不十分情愿。

潘家铮在回忆录中述说了自己毕业时的选择和去留，正好可以和胡海昌的去留做个对照。

“顺便说一下，我的四年大学生活是极不平静的，实际上读不了多少书。……

① 北京大学文学研究所是中国社会科学院文学研究所的前身，该所于1955年划归中国科学院哲学社会科学学部。1977年，中国科学院哲学社会科学学部改为中国社会科学院。

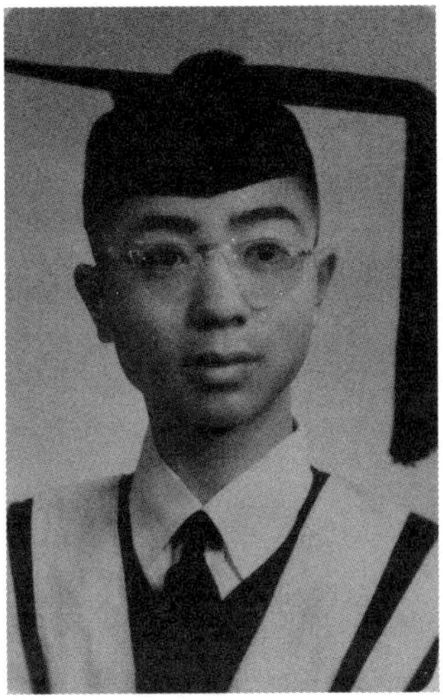

1950年，胡海昌浙江大学毕业照

特别是浙大名师荟萃，言传身教，学风严谨求实，虽乱不变，对我的影响至为深巨。例如钱令希教授讲授的结构学等都在我脑中留下深刻的印象。特别是钱令希教授博大精深的学识、启发诱导式的讲课，确实使学生有如坐春风、似沐霖雨的感受。他可能是浙大第一位让学生自己预习、写出讲义初稿、实行开卷考试和鼓励学生在课堂上交流争辩的教授。这些师长的教诲，不仅是给了我知识，更重要的是给我今后的工作、研究、思考乃至做人的道理，在他们潜移默化的影响下，我确实有了难以觉察而至为重要的进步。钱先生和钱师母对我尤为关心，还不断地用他们微薄的薪水资助我渡过经济难关，能够遇上这样的恩师真是我的运气。

“四年大学生活梦幻般地逝去了，面临着毕业就业问题。这时还没有统一分配之说，但失业之虑是不存在的了，因为新中国处处建设，百废待兴，处处要人呀！同学们纷纷报名去天南海北，专业有港口、铁道、建筑、公路、水利……我也多么想飞到祖国的边疆去一显身手啊！可是，当时我家中父亲早已逝世，母亲、姨母和长兄都患上精神分裂症，弟弟抗美援朝离去，还有个妹妹需要我抚养。这些无形的绳索将我紧紧捆住，我是无法远离家乡的。钱令希先生了解我的处境，对我说：‘燃料工业部在杭州有个钱塘江水力发电勘测处，挺不错，我认识他们的徐洽时主任，你还是到那里去吧，也好就近管家。’…… 为了照看这个破烂的家，也只好将就了。几天后我就背了行李卷报到去了。徐老倒是十分热情，安排我参加一座200千瓦的小水电站的设计施工，还给了123个‘折实单位’的工资，这在我的同学中算是最高的了。从此我有了赡养母亲和其他亲属的能力。”（潘家铮《春梦秋云录 —— 浮生散记》）

这些文字虽然平实，但今天读来仍感到沉重。此时，因缘巧合，中国科学院的王淦昌代表科学院向钱令希要一个人学习力学，钱令希就推荐了胡海昌。

王淦昌，1907年出生于江苏省常熟县枫塘湾，是著名核物理学家、中国核科学的奠基人和开拓者之一、中国科学院资深院士、“两弹一星功勋奖章”获得者、九三学社中央名誉主席。

1936年秋，应当时浙江大学校长竺可桢邀请，王淦昌到浙大物理系任教，1937年年底，杭州陷落，浙江大学五次迁徙，经浙江建德、江西吉安和泰和、广西宜山，于1940年到达贵州遵义，王淦昌也随之一路辗转。1942年，王淦昌任浙江大学物理系主任。1946年6月，物理系师生为王淦昌举行四十寿辰祝贺会。也是在这年夏季，浙江大学迁回杭州。

王淦昌和钱令希应该是在浙江大学内迁遵义时认识的。

“1943年10月，内迁到贵州遵义的浙江大学工学院院长王国松教授向钱令希发出了热情的邀请。虽然在茅以升这位举世闻名的桥梁专家麾下工作，他受益匪浅，但浙江大学素有‘东方剑桥’之称，不仅名气大，更重要的是那里学术活跃，大师云集，有良好的学术环境，是个做学问的好地方，能够充分地研究自己钟爱的力学。因此，他慨然应允。

“应该说，大山深处的遵义，本来就是个清苦的地方，又由于战争的原因，遵义的物资更为贫乏，住的是简陋民房，吃的是粗茶淡饭，用的是残损桌椅。但钱令希并不在乎，因为在浙江大学，他见到了一批他敬仰的学者，他享用了从未享用过的精神大餐，交流了从未交流过的学术思想，他感到快乐无比。

“浙江大学毕竟是内迁过来租借的学校，学校的环境是相当艰苦的，勉强能有上课的地方。好在老师都是国家的学术精英，学生又都是满腔爱国热情的才子。好在天上没有日军的飞机，地上没有兵匪添乱，在抗日战争进入到最艰苦的阶段，这里就算是天堂了。

“居住的地方简单而脏乱，人气倒是旺得很。钱令希家的对面就是个杀猪坊，猪的惨叫声成天不绝于耳，小商小贩的叫卖声此起彼伏。这地方似乎与学问无缘，然而，就是在这个地方，在这个嘈杂的环境中，钱令希完成了他平生第一篇比较有分量的论文——《悬索桥近似分析》。

“那段艰苦而又快乐的日子里，钱令希很感激的一个人物就是校长竺可桢，是校长倡导了‘求是’的学风，熏陶了整个浙大，更让他有机会广交了学术朋友，拜会了许多老师。”（周建新《大音希声——记中国科学院院士、著名力学家钱令希》）

钱令希的《悬索桥近似分析》一文，1946 年经当时内迁重庆的北平图书馆推荐，在美国《土木工程学报》发表。他的另一篇《关于梁与拱的函数分布与感应》的论文，于 1946 年获得当时政府颁发的科学奖。那时，浙江大学的学术空气很活跃，年轻的钱令希作学术报告时，竺可桢校长也去听讲，并给予热情鼓励。1950 年，在浙江大学搬回杭州的第四年，钱令希担任了土木系系主任。

钱令希到浙大任教时，王淦昌已随浙大经过长达三年的迁徙，在遵义也已经有三年之久。王淦昌和钱令希做了四年的同事，直至 1947 年 9 月，王淦昌赴美国加州大学伯克利分校做访问学者。

王淦昌和钱令希都是在战火纷飞中得到锻炼，不断成长的，他们没有放弃对学术的研究，王淦昌赴美做了访问学者，钱令希的情况又如何？

“远离战火、偏隅一安的遵义，让钱令希有机会完全沉浸在学术之中，他拼命地吸吮着各类知识，为突破未知的力学领域，做了大量的储备。1946 年，当浙大迁回杭州之后，他开始了自己的收获，也开始走进生命中的黄金期。

“在力学领域，德国学者恩格赛于1889年提出了‘余能理论’，很长时间，没人能够给予证明。钱令希从中发现了奥秘，论证了余能的变分不仅可以表达结构的变形协调，并且不受物体虎克定律的限制。

“1950 年，这篇论文在《中国科学》上发表，这一突破性的成果立刻引发了中国力学界对变分原理的研究兴趣，并在国际上产生了一系列的重大影响。

“除了这一得意的‘作品’，钱令希还收获了两个得意的‘作品’，那就是他的弟子胡海昌和潘家铮，这是他带出的最早的学生。

“胡海昌得到钱令希精心指导，开始钻研结构力学和弹性力学。特别是提前看到了《余能原理》的初稿，胡海昌喜爱得不得了，不久钱令希将其刻印出来，装订成了油印的小册子，馈赠给了学生，激励胡海昌以能量理论为核心，专心研究弹性力学。

“得到了老师特殊重视的胡海昌，以此自勉、勉人，果真大有成就。毕业几年后，提出的三类变量变分原理奠定了力学界一项很重要的基本原理，胡氏亦成为国际力学界举足轻重的大师级人物。

“潘家铮考入浙大后，父亲早亡，母亲重病，哥哥和姨母都患有精神病，经济上陷入了绝境。他本打算就此休学，作一名普通的教师，以了此一生。钱希令从别人的嘴里得知这个消息后，劝阻了潘家铮，从自己微薄的工资中挤出一些钱来，补贴给自己的学生，直至毕业，介绍学生走土水电建设之路，还继续借钱，帮他渡过难关。

“后来，这两位学生都成了两院院士。”

（周建新《大音希声——记中国科学院院士、著名力学家钱令希》）

钱令希在浙大任教时，已经崭露头角，引起王淦昌的注意。到胡海昌毕业的1950年，王淦昌已经调北京中国科学院近代物理所任研究员。所以王淦昌找钱令希要浙江大学的毕业生，钱令希推荐胡海昌，一切看起来都是顺理成章的事情。

胡海昌并未表现出对北京的向往、对中国科学院这个国家最高学术机构的无比期待，他大概首先想到的是要远离家乡，远离父亲，南方人到北方生活习惯吗？年迈的父亲更需要照顾，自己离开后父亲怎样生活，这不能不令处在人生关键时刻的胡海昌深加考虑。并且这时候，胡海昌和他的恋人陈小蘅感情已经很深，但尚未结婚，自己北上之后，感情会向什么方向发展？一切都是未知数，胡海昌不能不考虑。难言的是他和恋人的关系，还不能公开地谈起。

这个时候，对胡海昌的决定起到重大影响的是恩师钱令希和恋人陈小蘅。到北京、到中国科学院，对于一个有才华、有抱负的青年有着怎样的好处和便利，钱令希是清楚的，他推荐胡海昌的时候，或许已经为胡海昌今后的发展做出了规划与展望，他是多么器重这个天才的学生呀！钱令希清楚，胡海昌也清楚老师对于自己的期待。这方面有一个例证：胡海昌从浙江大学毕业时，钱令希把他的论文《余能原理》抽印本送给了胡海昌，钱令希对胡海昌寄予什么样的期望，胡海昌是清楚的，他正是在师从钱令希的这几年打下了牢固的力学基础，并立下了鸿鹄之志。

陈小蘅的说服，就更加有力。胡海昌需要的是一个态度，一个明确的表态。他所需要的，陈小蘅只要答应了，距离就不是问题，何况他们还可以一起商量一个比较好的解决办法。

人生是单向的选择，时间不可逆，人生没有假如。无论如何，从后来的成就看，胡海昌走出的这一步是正确的。“海阔凭鱼跃，天高任鸟飞。”北京就是胡海昌的大海与天空，他很快就会在科学领域展翅翱翔，显现自己的才华。

1953年3月，胡海昌夫妇同钱令希在北京合影

这时候，他当然不会知道，他今后会与王淦昌这位长者，从事着一项前无古人、震惊世界的工程，那就是“两弹一星”工程。王淦昌获得“两弹一星”功勋奖章，胡海昌则参与了中国第一颗人造地球卫星“东方红一号”的研制工作，并成为航天工业部批准的有突出贡献的专家。

潘家铮和胡海昌二人的就业，都是在恩师钱令希的帮助下解决的，潘家铮和胡海昌二人有了不同的选择，不用的道路，都做出了巨大的成绩，潘家铮成为著名的水电专家、大坝专家，胡海昌在学术上成果辉煌。作为他们老师的钱令希应该是欣慰的，潘家铮撰写的回忆录《春梦秋云录——浮生散记》就有钱令希所作的序言，胡海昌更是在生活中时时关注、关心着老师钱令希。

附：胡海昌自述

在胡海昌的档案中有一份写于1955年9月份的《关于自己的历史》，是他写下的一份比较详尽的记录，胡海昌的这份记录是在那个特殊的年代写下的，此时他才20多岁，经历还不算很复杂，其回忆比较清晰，文字准确，朴实，不事雕琢，是一份难得的资料，为保存其原汁原味的文风，传记的真实性，特将原文面貌呈现（本书有删减）：

“我幼年由继祖母抚养，1931年，我家迁往杭州，我于1933年后入幼稚园半年，秋天，家搬回新市（因住杭州开支太大，回老家可以节省），在1934年春我进入仙潭中心小学一年级读书，到1937年秋我在四年级时，抗日战争爆发，局势紧张，父亲的工作机关向浙东撤退，我家便随着父亲逃难，那时伪浙省省府步步后撤，先在桐庐，经过建德，直到浙江方岩才安定下来，我家在桐庐乡下辗转了半年，到1938年夏才搬到方岩住下，那年秋天我进入省立五峰小学（这是专为省府官员子弟所创办的学校）五上年级求学，一年后，由于局势紧张，伪浙省省府逃往丽水，五峰小学迁碧湖，我家也住碧湖。1940年夏小学毕业，没有考入初中，在家闲居半年，至1941年春考入浙江省立临时联合初级中学（简称联初，胜利后迁回杭州，改名杭州第一初级中学），起先我是走读上学的，至1942年后，由于继祖母和三叔到姑丈家去，我才住校，不久由于局势紧张，学校提前放暑假逃往景宁，这年夏天父亲带我和姐姐随伪教育厅逃往景宁，秋天继续入联初求学（二下年级，住校），这时联初校长是章湘伯。这一年半中，我与同学梁志杰、孙松奇比较接近。梁志杰那时很照顾我，我常和他一起温习功课，他的为人诚恳老实，孙松奇那时和我差不多大小，两人坐在一起，因此也就熟悉起来，他初中毕业后和我同时考入联高，但那时和他已逐渐疏远，孙松奇高中毕业后考入浙江医专，此后我与他便没有来往。

“1944年初我在联初毕业，考入浙江省立临时联合高级中学（简称联高），校址在浙江省青田县南田镇，校长是崔东伯，我到联高念书是初次远离父亲，父亲很不放心，写信叫我去找一位姓骆的同乡（他在联高教务处做职员），请他照顾我，他喜欢唱京戏，参加了联高的平剧社。开学不久有一位高年级的同学问我愿不愿意参加平剧社，我问过姓骆的便答应参加，参加后观看过几次排演，排演的人中，除了有姓骆的以外，还有军训教官（姓翁）和三四个高年级同学，之后我把情况告诉父亲，父亲叫我不要参加任何活动，应当专心念书。1944年暑假回家看父亲，暑假后我推说功课忙不再参加平剧社的活动，也不再去找姓骆的。我专心念书，准备在读毕三上年级后去投考大学。

“进高中后对学校功课特别重视，什么活动也没有参加，一心想好好念书，平时也很少接近同学，在高一时，仍和孙松奇比较接近，因他是初中老同学，二年级时有一个转学来的陈以松，他也是很专心啃书本的，于是我们两人渐渐接近起来。

“1945年暑假，抗日战争胜利，于是这年秋天学校提前放寒假，迁回杭州，改名浙江省立杭州高级中学（简称杭高），杭高里来了许多新同学，我与周思文渐渐成为最长在一起的同学，经常在一起讨论数学物理问题，这时我还与袁学诚常在一起，我与他谈些数学问题，他与我谈谈乐理和教我唱歌。

“1946年暑假，我和班上许多同学请求校长崔东伯给我们开证明投考大学（证明我们系在1942年秋入联高的，即把入联高的年代提前半年），不过考取的只有三人：我（浙大土木系）、陈以松（浙大电机系）、周思文（交大电机系）。我在1946年秋入浙大后，同时还在读杭高三下年级，企图拿到高中毕业文凭，最后因为杭高的毕业考试恰与浙大的编级实验同时举行，没有拿到杭高的毕业文凭（陈以松的情况与我相同）。

“1946年秋，我一方面来回浙大杭高上课，一方面对同班的女同学林 ×× 发生好感。平时除上课外和她很接近，找她玩，她也表示愿意同我好，我帮助她温功课，好使她能考上大学，这种友谊关系一直维持到1947年年底，后来因为她很慕虚荣，不愿和我好，只是利用我教她功课，而她另外与别人谈恋爱，我发觉此事后深感自己受了欺骗，便和她断绝了来往，这事浙大与我接近的同学都知道。

“进浙大后，解放战争开始，校内的学生运动高涨，反饥饿、反内战的口号唤起了无数有正义感的青年，在一些实例教育下，特别是广大群众和自己的切身遭遇，使我开始认识到蒋匪政权的罪恶，当时社会腐化，民不聊生，蒋匪对学生的迫害也是非常残酷的，学生得到的是半饱的生活，并且民主自由受到特务的迫害，浙大学生自治会主席于子三被害杀，充分暴露了特务对民主的迫害，这件事激起了广大同学的愤怒，也激起了每一个正直善良人的愤怒，于是我参加了各次学生全体大会，赞成罢课、赞成发表抗议声明、赞成举行游行，拥护全体大会和自治会的决议，但是我在会后没有参加过任何工作，也没有参加过游行，我当时赞成罢课，为的是向政府表示抗议，但我没有要求自己投入运动中去，在罢课的时候我都去念自己喜爱的书。

“1947年秋开学时浙大调整宿舍，我与陈生健两人同住一个小房间，一直到他在1949年春季参加游击队时都在一起。由于同住一个房间，两人逐渐熟悉起来，成为最接近的同学。他那时对蒋匪政权非常不满，早就蓄意去解放区而苦于找不到关系，他很热心学生运动，常常为搞工作而荒废了功课。在是不是应当荒废功课这方面，我和陈生健的见解不同，有次曾为这事引起过争论，但是两人的感情仍然是很好的，时常在一起谈谈辩证唯物论和讨论读书心得。陈生健是参加乌鸦歌咏队的，在二下年级时他曾邀我去参加乌鸦歌咏队，我当时同意了，但是从未去参加练唱，后来陈生健说，既参加就得去唱，不然就退出，这样我就退出了。

“1948年春（月在三四月里），浙大有几个同学发起成立了‘浙大读书会’，陈以松参加后便来拉我参加，我因他是老同学，情面难下，又加听说是学术团体，很合我的口胃，于是就参加了（只签了一个名，并无别的手续）。参加后出席了成立大会，会上选举发起人之一乔和生为总干事，其余发起人为干事。过后听说在这几个干事中间有不少三青团分子，因此浙大读书会幕后由三青团操纵，浙大读书会还得到学校当局的支持，在成立大会上有训导处的一个人代表校方讲话，现在想来，浙大读书会的目的是在读书的幌子下欺骗一些只顾读书不问政治的人参加，企图通过介绍一些反动的书籍来影响他们的政治见解。

“成立大会以后，浙大读书会曾请校内文法学院的一个先生作过一次报告，内容记不清楚，好像是讲怎样读书。不记得是在这次报告中还是在成立大会校方代表的发言中，曾将蒋匪的《中国之命运》大大吹嘘了一番。我和一些同学的反映是对这样的报告不感兴趣，后来有一次，陈以松找我去开会，是浙大读书会干事召集工学院的会员来征求对以后活动的意见。一般的反映是工学院功课忙，没有时间参加课外活动，我加入浙大读书会后只参加过这三次活动，后来还有一两次活动我没有参加，到1948年秋季开学后不再听到浙大读书会有什么活动，大概此时该会已经瓦解了。

“浙大读书会发起成立不久后，有几个进步同学发起成立另一个学术性质的社团，名叫求是科学社，当时我觉得求是科学社不错，便自动签名参加，当时陈生健也赞成我参加，在成立大会上选举谷超豪为主席。

“当时我对社团活动的性质是不了解的，也未曾考虑到社团的政治背景，只是自己喜欢学术研究，喜欢科学，单凭这点而参加了社团活动，解放后才知道这两个社团的政治背景和倾向是相对立的，后来虽然听说浙大读书会干事中有三青团分子，却并未引起警惕，当时我不关心政治，对政治的认识是模糊的，可能由于这个原因而成为当时斗争剧烈的各种势力争取的群众。

“1948年秋季开学后，土木工程系系会改选，同班同学郑暲煜曾为我竞选，结果我以得票最多而被选为主席，郑暲煜任康乐干事，潘家铮任学术干事，在我任系会主席时期，会系的主要工作有：出了一册浙大土木（油印，现已没有保存）；展开级际及系际的体育运动比赛；组织集体温课准备考试；寒假中学生自治会发动全校同学参加、土木系负责建造一条围墙，以防坏分子混入学校破坏，杭州解放后汇集了同学们的意见向系方提出要求课程改革，特别严厉地批评了教师梁永康，说他的教学内容有许多错误，这件事后来受到学生会的批评，认为不应搞这项工作。当时使得我很不痛快，因为还不习惯批评，另一方面觉得自己搞课程改革并没有错，那时我没有认识到才解放不久，有许多迫切的工作需要做，而搞课程改革在当时的情况和条件都是不利的，这是由于我的主观，犯了急性病，也是我重视业务忽视政治的倾向的表现。

“1949年5月2日杭州解放。起先伪政府的工作人员全部留下，约一个月后，经过整编，父亲失业。父亲的生活逐渐困难，我的心情也跟着不安，情绪波动，工作学习都大受影响。这时学生会布置汇报同学思想情况和家庭经济情况的工作，我没有很好去执行。那时一方面由于情绪不安，另一方面由于自己对同学不了解，怕万一汇报差了反而不好，因此老是拖着不去汇报。

“1949年暑假，有一个姓吴的包商（听说还是浙大校友），承包了浙江陈文港海塘工程，他找土木系系主任，希望土木系三年级的同学到他那里去‘实习’，答应除管饭外，每人每月可得七斗米的津贴，他的目的无非是以极低的工资来雇用一批技术人员。当时我和一些经济困难的同学很赞成这个事情。最后系里决定三年级同学全部去实习，由吴姓包商评定成绩。我们于七月初到达陈文港，八月底回校。

“回校后，宿舍大调整，我与潘家铮、郑国武、郑国才、程纪修、汪景琦、许有根等七人住在一起，直到毕业。开学不久，郑暐煜为我找了一个家庭教师的事情（约两个月后被辞掉），接着校方提出由同学们民主评定助学金，有人认为我既然担任了家庭教师，是可维持自己的生活，不应再给助学金，但是当时我没有认识到人民政府经济来源的困难和需要大力支援解放战争，认为家庭教师的收入是为了养父亲，坚持自己还要助学金。这在评定助学金的工作中造成了很不好的影响，最后我还是得到了助学金。

“到1950年上半年，生活更加困难，约在四月里，钱令希先生介绍我和潘家铮到浙江水力发电勘测处工作，每星期工作三日，约半个月后，校方叫我们全班同学到嘉兴去支援建造飞机场。我们编成一队，起先的队长是一个在东北留用下来的留用人员，中途这个人骗取公款潜逃，表明他是一个特务分子，后来由郑暐煜担任队长。在这件工作中我没有认识到支援建造飞机场的重要性，工作消极，认为整天搞些零星小事不值得，到六月底我和一部分同学嚷着要回校毕业，另找工作，结果有一部分同学先回校，另一部分同学留下来继续支援建设。

“回校后大家忙于找工作，我不愿远离父亲和爱人，希望在杭州或附近地区找个工作。浙大没有名额，浙江水力发电勘测处因我工作不好，不肯要（他们要了潘家铮）。最后李崇德先生介绍我到南京水利实验处去，七月里政务院公布大学毕业生统一分配的办法，当时我没有认识到这个措施对于国家建设的重大意义，却感觉到一定要到那里去工作，未免太强迫人。恰好这时王淦昌先生代表科学院向钱令希先生要一个人学力学，钱令希先生便把我提出来。起先我觉得北京离家太远，人地生疏生活不习惯，又加上天气寒冷，不想到科学院来，后来经过钱令希先生和我爱人的说服，才决定来。

“1948年认识了陈小蘅，因她哥哥陈生健的关系而熟悉的，那时她经常到浙大来找她哥哥，我于是和她渐渐接近，起先也只不过是认识而已，到1949年春，陈生健参加游击队到解放区去，托我告诉他家及妹妹，于是陈小蘅才和我接近，当时我对她的印象很好，觉得她朴实、诚恳、坦率、肯劳动。那时她已工作，在浙江省卫生实验所，我在空闲时常去看她，解放后因我情况不好，情绪很坏，常受到她的劝解和帮助，1949年时两人肯定了爱人关系。”

1955年9月

附录：社会关系

“梁志杰：初中时的朋友，他在初中毕业后便没有升学，抗日战争胜利后曾收到他一封信，他说他在青岛中央直属第二纺织厂工作，我与他通过一两次信后便不再联系，不知他现在在何处。

“孙松奇：初中和高中的同学，在高中时两人逐渐疏远，他的父亲是国民党浙江省卫生厅厅长，高中毕业后我考取浙大，孙松奇后来考取浙江省立医专，就没有联系，也不知他现在在何处。

“陈以松：高中同学，在学校里两人感情很好，到浙大一年级时两人还很接近，二年级起，由于他学电机我学土木，两人逐渐疏远起来，浙大毕业后他分配到张家口人民解放军通讯工程学校工作。

“周思文：高中三上年级时同学半年，由于两人都喜欢数学、物理，常一起讨论功课和准备投考大学，他到交大后，我和他曾偶尔通讯，毕业后失却联系，最近他在《物理学报》上看到我的文章，知道我在数学研究所，于是写信来和我联系，他现在在上海人民解放军第4346支队工作。

“袁学诚：高中三上年级时开始同学，他在高中毕业一年后考取清华大学物理系，1950年我到清华来时又和他相遇。1952年他毕业后分配到地质部做地球物理勘测工作。因他工作地点不定，他工作后便没有和他通讯。

“林××：高中同学，我曾一度追求过她，在1947年时感情尚好，至1947年年底，我发现她慕虚荣，感情不专一，又和别人谈恋爱，因此我与她感情决裂，完全断绝关系。最近周思文来信提到老同学时，也提到林××，说她现在在浙江农学院工作，她的爱人是特务分子，已被逮捕。

“陈生健：浙大同系同学，因住在一个宿舍，感情渐渐建立，杭州解放后，他即正式参加工作，分配到东北，现在在齐齐哈尔铁路政治部工作，我未和他直接通讯，从她妹妹处知道他的情况。在浙大时期，他知道我的情况较多。后因他参加工作，我在四年级时情况他不知道。

“钱令希：现在在大连工学院，以前在浙大教书。我在二下年级时第一次向他请教指导研究工作，此后得到他热心的指导和深切的关怀。在四年级时我还得到过他经济上的帮助。我到科学院来后，一直与他保持密切的联系。我在浙大的情况他知道得相当清楚。

“郑暲煌：浙大同系同学，在1948年春我开始与他接近起来。三年级时他曾为我竞选系会主席，后来我们一起负责系会工作，解放后他加入了青年团，毕业后分配到大连港湾管理局工作。起先与他有通讯联系，近来已长久没有信往来了。

“潘家铮：浙大同系同学，在系会工作中开始接近。后来因为他喜欢结构力学，并且家庭经济也很困难，两人常在一起。在1950年春两人一起到浙江水力发电勘测处工作，毕业后他便正式到那里去工作。毕业后他常来信问些学术问题，现在他在上海华东水力发电工程局设计处工作。

“谷超豪：求是科学社主席，他常叫我通知社员开会，解放后他加入了中国共产党，现在在上海复旦大学数学系工作。”

这段真实的记录是为数不多的详实的材料，也带有那个时代的深深印痕，写这份材料的当时，是对于思想斗争比较看重的时期，所以胡海昌的文字中常有反省、反思的意思。时过境迁，今天读这些文字，我们只能在心中设想他当时的处境，以及写下这些文字时的心情，不过，那样一个时代所发生的事情，难以常理论之。尤其其中提到的“浙大读书会”和“求是科学社”，看起来不过是学校的两个社团，但因为浙大读书会中有三青团（三民主义青年团的简称，国民党直接控制的青年政治组织）分子混入，而求是科学社是在共产党的领导下活动的，所以参加不同的社团对人生的影响极大。

如胡海昌所说，他并未过多参与浙大读书会的活动，但在翻看他档案的过程中，发现其档案中占有很大篇幅的就是关于他参加浙大读书会的外调资料，不知道胡海昌自己清楚不清楚，组织上曾经花费大量的精力，调查他在大学读书时曾参加过的一个社团，据一些了解他的朋友说，都不太清楚此事，看来应该还是比较秘密进行的，可能未给胡海昌本人造成很大的心理负担。而求是科学社的主席谷超豪，这是个了不起的学生，他是数学家，后来成为一代数学大师。

谷超豪，1926 年 5 月 15 日出生于浙江温州。在有关传记里，记录了他早年积极参加民族解放斗争的经历，1940 年，初中三年级、时年 14 岁的谷超豪就加入了中国共产党。

1943 年他考入浙江大学龙泉分校。在大学期间，他也是一位“不安分”分子，积极参加进步学生运动，以 1000 多票的最高票数，当选为学生会主要负责人之一。在当时的浙江大学曾经流传这样一句话“科学 + 民主 = 谷超豪”。此时他跟同学组织了求是科学社，以优异的成绩和追求真理的行动，赢得了师长的信任和同学们的尊敬。

在大学里，谷超豪是个忙人，除了如饥似渴地学习，他还参加革命活动。1946年，他师从著名数学家苏步青教授，开始了研究数学的历程。因为才华出众，他被破例允许同时参加两位名家的课程——苏步青教授主持的微分几何专题讨论和陈建功教授主持的函数论与傅里叶分析专题讨论。在学习过程中，谷超豪表现出了惊人的观察力，在几何及分析两方面打下了扎实的基础。

从1948年到1956年，谷超豪先后在浙江大学和复旦大学任教，在苏步青的指导下开始了数学研究生涯，在K展空间、仿射联络空间及芬斯拉空间等方面进行了一系列深入的研究工作。在此期间，他依然保持了对数学领域的观察，发表了多篇论文，展现出数学方面创造性的才能，迅速成为苏步青领导的中国微分几何学派的学术骨干。

苏步青曾对谷超豪说："你只有一点没有超过老师，就是没有培养出像谷超豪似的学生来。"苏步青说这句话时的背景和语气，现已无从考证。不过，谷超豪把这当作勉励自己好好培养学生的警句。也许正因如此，往后的岁月里有9位两院院士是由他培养出来的，他将此戏称为是向苏先生"交账"。

他是个数学迷，与数学结下不解之缘，数学和诗一样让他喜欢；他是著名教育家，从教60多年培养出9位两院院士。此外，他跟夫人胡和生也堪称传奇，她也是一位数学家，同样曾师从数学家苏步青，又同样成为中国科学院院士。谷超豪先生，在这个时代是当之无愧的大师。

谷超豪曾任复旦大学副校长、中国科学技术大学校长，始终在数学领域奋斗。鉴于他在数学领域取得的成绩，2009年，紫金山天文台以他的名字命名一颗小行星。2010年1月11日，谷超豪获得2009年度国家最高科学技术奖。他于2012年6月24日1时8分在上海逝世，享年86岁。

胡海昌

胡海昌院士传记

Academician Hu Haichang's Biography

第四章

头角峥嵘

胡海昌的贡献是多方面的，无论是理论还是实践，无论是学术还是教学，他都作出了重要的成绩，“胡－鹫津”原理对力学及相邻学科的影响是广泛而深远的。

1. 初入中科院

1950年大学毕业后，胡海昌进入中国科学院数学研究所，1953年到力学研究室工作，从此开始了从事力学研究的生涯。

力学研究室是一个非常活跃的研究集体，在室主任钱伟长的领导下，学术活跃，创造力强，短短几年内，声名斐然。刚迈出大学校门的胡海昌，不长时间便在弹性力学、板壳理论等领域发表了约30篇论著，其中尤为重要的是1954年发表于《物理学报》10卷3期上的《论弹性体力学与受范性体力学中的一般变分原理》。该文创立了三类变量广义变分原理，对弹性力学、变分原理、力学中的数值方法产生了深远影响，被世界公认为“胡－鹫津原理”。

中科院数学研究所当时可谓人才济济。相关记录显示：1950年6月，新中国的科学院建立不久，在百废待兴的情形下，着手筹建数学研究所。筹备处设在北京文津街3号，由著名数学家苏步青任筹备处主任，周培源、江泽涵、华罗庚、许宝騄任筹备处副主任，田方增任秘书。筹备工作受到中央人民政府的高度重视。1951年1月，政务院批文任命华罗庚为即将成立的数学研究所所长。1952年7月1日数学研究所成立，所址设在清华园内，确立了纯粹数学与应用

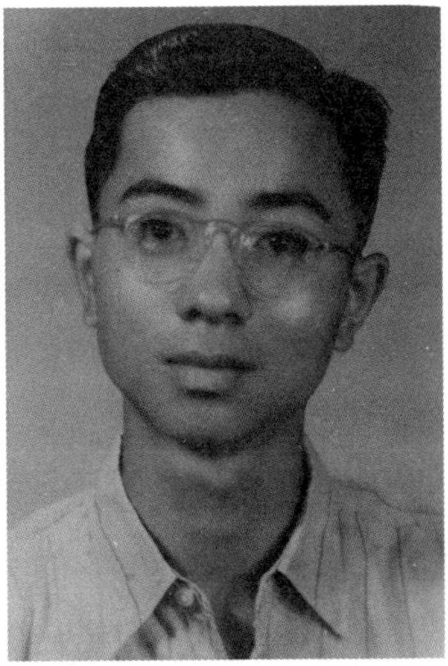

1950年的胡海昌

数学协同发展的方针。最早成立的研究小组有数论、微分方程、力学、计算机研制、概率统计、代数、拓扑学等。1953年上半年，数学研究所共有科研人员32人，其中专任研究员5人（华罗庚、闵乃大、吴新谋、张素诚、吴文俊），副研究员5人（关肇直、田方增、王寿仁、庄逢甘、夏培肃），助理研究员6人（林鸿荪、孙以丰、越民义、冯康、万哲先、胡海昌），研究实习员11人（陆启铿、龚生、胡和生、张里千、王光寅、邱佩璋、丁夏畦、许孔时、何善堉、孙何生、王元），合聘研究员5人（苏步青、陈建功、段学复、胡世华、张宗燧）。他们开辟的研究方向，为数学所的发展奠定了基础。仅在这32人中，后来当选为中国科学院院士的就有17人。

1956年，通过中国十二年科学技术发展远景规划的制定，数学研究所在保障数学各重要方向协调发展的同时，重点发展微分方程、概率统计等与国民经济和国防建设关系密切的分支。同时设立了泛

1964年8月，力学所工作人员合影，后排右三为胡海昌

函分析、数理逻辑等研究组，以加强相应理论学科的研究。1957 年，从法国归来的熊庆来先生负责建立了函数论研究组。同一时期，与力学和计算机研制有关的研究工作则独立出去，另行组建中国科学院力学研究所和计算技术研究所。在十二年科学技术发展远景规划的鼓舞下，数学所迈上了向科学进军的大道。

1956 年，中国颁发首届国家自然科学奖。在全部 3 项一等奖中，数学所获得了 2 项，即华罗庚的“典型域上的多元复变数函数论”和吴文俊的“示性类与示嵌类的研究”。

这时期数学研究所的所址有了变迁，1957 年临时迁往西苑旅社，1958 年迁入中关村。

1961 年，所内按学科建立了研究室，包括“四学科”（数论、代数、几何、拓扑），函数论，微分方程，泛函分析，数理逻辑，理论物理，概率统计，以及力学、数学两所在钱学森、华罗庚、许国志倡导下，将从事新兴应用学科运筹学的室合并而成的运筹学研究室。1962 年，由于国家任务的需要，新建了由关肇直、宋健领导的控制理论研究室。稍后又重设了力学研究室，各项研究工作迅速推进。1961—1965年，是数学所贯彻“出成果、出人才”的方针，相对稳定并酝酿突破的发展时期。1966年“文革”开始后，研究工作陷入停顿。1972年，周恩来总理关于加强基础理论研究的指示使数学研究工作又重新开展起来。1973年，陈景润正式发表了他对哥德巴赫猜想的研究。1975年，杨乐、张广厚发表了关于值分布理论的研究。冯康等人于20世纪60年代初独立于西方创立的有限元计算方法，在国民经济和国防建设的许多部门获得了广泛的应用。这些代表性的工作向世人展示了数学研究所科研人员在极度艰难的条件下，坚持数学研究而取得的标志性成果。

胡海昌1950年进入中科院数学所，而中科院力学所的成立则是六年之后的事情。力学研究所的创始人和奠基者是鼎鼎大名的钱学森先生，他倾尽心力，以全新模式创建中国科学院力学研究所。

关于建立力学研究所的问题，中国科学院早在1953年便在数学研究所设立了力学研究室，其目标是为将来独立建所做准备。1955年9月，在获悉钱学森即将回国的时候，科学院领导就和力学家周培源、钱伟长商量，决定以钱伟长在中科院数学所的力学研究室为基础，成立力学研究所，并推荐钱学森为未来的力学所所长。10月，在钱学森第一次和科学院的领导见面以后，由他任力学所所长之事就确定下来了。他便和钱伟长、朱兆祥一起，和在京的力学家周培源、张维、杜庆华、吴仲华、陆士嘉等座谈，与力学研究室的李敏华、郑哲敏、林鸿荪、胡海昌等商讨，集思广益，反复切磋，明确建所方针，拟定建所方案，筹划人员配备，寻找办公地点等，在不到三个月的时间内，就把力学研究所建立起来了。

1956年1月16日，国务院副总理陈毅亲笔签署批复了中国科学院呈交的《关于成立力学研究所的报告》，中国科学院力学研究所正式成立。新建的力学所已经超出了传统的力学范围，它完全是按照钱学森关于工程科学的思想建立的，实际上，它是一个综合性的技术科学研究所。这既符合力学的长远发展方向，又符合我国社会主义建设的需要。钱学森在力学所的研究方向、体制与机制等方面形成了一个独特的全新模式。

胡海昌来到中科院时还是很青涩的。刚从学校毕业，从南方来到北方，对自然环境和工作环境的适应，都需要时间，但是胡海昌初到中科院就非同一般，做出了令人瞩目的成绩。中国科学院于1957年颁发1956年度科学奖金（自然科学部分），胡海昌成为新中国成立后，第一次面向全国的科学奖金的获得者。中国科学院年鉴编年1957中有个条目如是记录：

“1月24日，科学院以院长郭沫若的名义，公布1956年度中国科学院科学奖金（自然科学部分）的评定结果。这是新中国成立后，第一次颁发面向全国的科学奖金。得奖的有高等学校、产业部门和科学院的34项研究成果。一等奖三项的获得者，均系科学院的科学家，即数学研究所的华罗庚（典型域上的多元复变函数论）、吴文俊（示性类及示嵌类的研究）和力学所的钱学森（工程控制论）；二等奖五项，金属研究所的葛庭燧和植物研究所的钟补求获得其中两项，另三项是科学院数学所与复旦大学合作、科学院力学研究所与清华大学合作、科学院动力研究室与清华大学合作研究的成果。三等奖共26项，科学院获得其中的18

项，排名首位的获奖人和所在单位分别为：何泽慧（物理所）、戴传曾（物理所）、汪猷（有机化学所）、钱人元（化学研究所）、朱洗（实验生物所）、李敏华（力学所）、胡海昌（力学所）、曾呈奎（海洋生物所）、王钰（古生物所）、刘鸿允（地质所）、章元龙（地质所）、叶笃正（地球物理所）、傅承义（地球物理所）、李薰（金属所）、吴自良（冶金陶瓷所）、周仁（冶金陶瓷所）、彭少逸（石油化学所）和楼南泉（石油化学所）。授奖仪式在5月30日的中国科学院学部委员会第二次全体会议的闭幕式上举行。

"根据1956年度科学奖金评审工作的经验，以及学部委员在第二次全体会议期间对有关科学奖金颁发年限问题的意见，6月21日，科学院向国务院科学规划委员会并副总理聂荣臻建议修改《中国科学院科学奖金暂行条例》，将其第四条'中国科学院科学奖金每两年颁发一次'的规定改为每四年颁发一次。但由于'左'的干扰，直至1982年才再度颁奖，届时评奖、颁奖工作已改由国家科委负责组织进行，并改称'国家自然科学奖'。"

胡海昌在中国科学院潜心研究工作，这段时间是他在学校研究的延续，是最出成果的阶段。他发表了重要的论文，在国际上树立了其学术地位；在国内，不到30岁的胡海昌已经获得面向全国的科学奖金，站在一个相当高的位置。多年后他始终认为这段时间的工作，是他最有成果的一个时期。胡海昌的成就不仅在做学问方面，他解决实际问题的能力也是很强的，在中国科学院期间，他还参与了低水头发电、讲解扁壳理论等活动。

2. 低水头发电

胡海昌解决实际问题的能力也很强，这既和力学本身有关，也和他的导师钱令希有很大关系。

力学是自然科学的七大基础学科之一，是联系工程和科学的桥梁，是工程科学的基础。在20世纪，力学取得了很大的发展和辉煌的成就，诞生了许多分支学科，创立了一系列重要的新概念、新理论和新方法，并在现代科技中扮演着一个重要角色，大大推动了航空、航天、舰船、机械、土木、水利、建筑等工业的进步和发展。人类从实现第一次动力飞行，到人造卫星的上天和载人航天技术的兴起，进而进入太空时代，就是力学巨大成就的一个范例。

从20世纪50年代起，力学在我国现代科学技术发展和国民经济建设中一直肩负着重要使命，并作出了重大贡献。我国诸多学者，包括胡海昌，在国际上享负盛名，他们在湍流理论、喷气推进技术、空气动力学、航空工程、板壳理论、工程控制论、物理力学、地质力学、计算力学等方面作出了开创性贡献，赢得了世界科学界的尊重。

科学家不单单是在书斋中，更多的时候他们还要用掌握的知识为社会、为民众服务，钱令希可谓身体力行，做了典范：

抗战期间，物资奇缺，钢轨、水泥也是少得可怜。钱令希把1400多年前建赵州桥时用的石拱桥的原理，和自己所学的知识运用在一起，用当地的红土当水泥，用当地的石头替代钢筋混凝土，设计了好多座涵洞和拱桥。战争越来越残酷，铁路修到了离昆明不远的曲靖，就被迫停工了。然而，正是因为人生第一段的工作经历，确立了钱令希一生从事的研究，以及他所倡导的科学研究方向，那就是解决实际问题。

胡海昌解决实际问题的能力也很强，他的研究生刘世宁在文章《回忆与胡海昌先生在一起的日子》中这样回忆当时的情况：

"1959年，我们接受了一项课题，就是钱学森先生提出的低水头发电。胡先生、张厚玫、柳春图和我等四人决定先去考察现存情况，于是我们于当年5月去了浙江和福建两省，从浙江省开始一直考察到福建南部的泉州。当时许多乡村是不通汽车的，必须步行或骑自行车。这一路虽辛苦，但很愉快，也增长了见识。

胡先生与大家同甘共苦，无半点特殊，他走路很快，自行车也骑得很好。只有柳春图是新学会骑车，颇为辛苦，有一次差一点从自行车上滚到河里。我们考察发现，许多农村低水头发电都搞得很好，并不需要力学所再做工作。回所之后，张厚玫还写了一篇关于水轮的论文在力学学报上发表。这篇文章还引起一些关于水轮是否还值得改进的争论。”

刘世宁先生是胡海昌的第一位，也是他第一届唯一的一名研究生。他 1952 年毕业于清华大学航空工程学院，留校作沈元院长的研究生。在全国院校大调整中，随沈元院长并入北京航空学院（今北京航空航天大学），重新分配成为飞机制造工艺专业的苏联专家研究生，经过两年学习并完成毕业设计后，突然因有海外关系，不许接触国防机密，要调离北航，沈元副院长知道后，决定将他留院改到材料力学教研室担任教学工作。1957—1960 年间，刘世宁考入中科院力学所从事学习和研究，由钱伟长担任名义导师，胡海昌实施具体指导。钱学森当时任所长，郑哲敏任固体力学研究室主任。

3. 到西安讲解扁壳理论

1960 年，国家建筑工程部与力学研究所为了培养建工壳体设计科研人才，合作在西安举办薄壳讲习班，学员 80 多人，胡海昌负责教学工作，领导全组编写教材，制定科研专题。时值国家困难时期，他又身患肝炎，但他仍然艰苦奋斗，最终出色地完成了任务。

“1960 年，我们又接了另一特殊任务：去西安建筑工业设计院讲解扁壳理论。原来六十年代有许多大型场馆开始建设，采用扁壳屋顶较为清新亮丽。经过一些准备后，我们五月份就去了西安。当时正开始三年困难时期，在北京还不太感觉到，但到西安却吓了一跳，原来全城所有食品店橱窗都是空空的，幸好设计院对我们的生活按排得很好。胡先生备课很认真，讲课条理清晰，虽然用的是杭州腔调普通话。我也讲了几堂课，并利用空闲时间写了几篇关于扁壳和变分原理的文章，胡先生看了后说我对广义变分原理有了直观的物理概念。后来这些文章都在《力学学报》和英文《中国科学》上发表。

“当时，研究生制度已被取消，我向沈元院长汇报情况后就被调回北航，我就提前离开了西安，回到北航，也从此离开了力学所。

“我又离开了北京，但一直与胡先生有联络，每次到北京都一定会去探望他。印象最深的一次是在市区的大房子内，他要人扶着走出来，坐下来就握住我的手，显得很高兴，但已不太能讲话。后来每当回忆此情景，我都会眼眶湿润。

“胡先生虽然离开了我们，他的学术成就却是永存的，引领着许许多多的后来者。我自己的研究工作就都是从建立变分原理开始的。”（刘世宁《回忆与胡海昌先生在一起的日子》）

这是一名学生对那段特殊时期工作的回忆和对他尊敬的导师胡海昌的点滴回忆。

柳春图也参与了低水头发电和讲解扁壳理论的全过程。柳春图是我国知名的力学专家，他自 1957 年毕业于北京大学力学专业后，就一直在中国科学院力学研究所工作。历任固体力学研究室主任、海洋工程研究部主任、力学所学术委员会副主任、力学研究所学术顾问等。胡海昌在力学研究所工作期间，和柳春图是同事。

很多同事都回忆了那段时间的艰难生活，常有人员和家属得病，胡海昌把分配给自己的牛奶送给家里有病人的同志，并经常从精神上、思想上鼓励他们要有乐观的精神，困难是暂时的，很快会过去。在今天，一袋牛奶已不那么稀罕，但在当时物资极度匮乏的情况下，自己都挨饿，却对人施以援手，是多么崇高的品格啊！

1960年10月，薄壳讲习班科研一组合影（前排左四为胡海昌）

1960年10月，薄壳讲习班科研二组合影（前排右三为胡海昌）

胡海昌（前排中）与柳春图（前排左）等人合影

4. 此时的钱令希

胡海昌的这段经历和他的老师钱令希有着惊人的相似，无论社会环境如何变换，他们都在用所学知识为社会服务。钱令希在“文革”中也遭受了磨难，但幸运的是他受到了人们的保护，主要是两个人，其一是村民金孝发，其二是核潜艇工程办公室主任陈右铭。

“史无前例的‘文化大革命’来了，钱令希被扣上‘反动权威’的帽子，脖子上挂着个牌子，名字上被打了个红红的 ×，正被红卫兵批斗。

“钱先生怕自己的学生们吃亏，不断告诫他们不要尖刻，别当刺儿头，忍一忍海阔天空。

“庙岭生产大队队长金孝发看到这一幕幕情景，心里打了一激灵。尽管那时他和钱先生并不认识，也不知道自己将要保护的人是名扬国内外的力学大师，凭着他朴素的情感，认定这个挨批斗的老师，一定是个能人，自己不能让他受罪。

“于是，年仅30岁的金孝发，涌上来一股虎劲儿，愣是把钱先生从造反派手中要了下来，带到庙岭村去，‘接受贫下中农的再教育’。

“钱先生呢，顺势循‘识时务者为俊杰’之古训，到庙岭大队‘接受贫下中农

1955年春，胡海昌（左）与钱令希（右）在颐和园

的再教育’去了。

“事实上，金孝发用这种方式，把钱先生弄到村上保护了起来。

“1967年的夏天，老金陪着钱先生散步，看到村里的社员差不多全部出去了，挑着担子，从山下的井中或小河沟里往山上挑水，浇灌那些果树。

“这时，老金对钱先生说：‘您能帮我干点活儿吗？’

“钱先生问：‘什么活儿？’

“老金说：‘我知道您是力学家，我看到大工那么多用过的生活用水，白白地流到海里了，多可惜，您帮我设计一个工程，把水引到山上来，我们利用一下浇果树。’

“钱先生对面前的干旱看在眼里，急在心上，爽快地答应了。

“不久，钱先生设计了一项水利工程，他利用校园里排放的污水来灌溉果树。由于校园里埋设的污水管道经过学校南门，他在南门附近设计了一个水池，截住排往海里的污水，并在这个水池旁安放变压器和一台水泵。同时，他在庙岭小南山顶上也设计了大水池，在两个水池间埋设管道，用水泵从校园内的水池一次性提水到山上的水池。这样，需要时只要打开山上的阀门，水就会往山下流淌，浇灌庙岭小南山上的5000多棵果树。

“时隔不久，核潜艇工程办公室主任陈右铭建议起用钱令希，又一次使他逃出了‘文革’的旋涡。当时，核潜艇的研究遇到了壳体的强度、开孔和稳定性等技术难关，这是核潜艇的关键技术，能否突破，直接影响到潜艇能否在水底承受压力而不变形。

“大家不约而同地想到一个人，那就是被关进牛棚里的钱令希。60年代初，苏联撤走了援华专家，艰难时期，钱先生和他的助手承担起了‘潜艇结构锥、柱结合壳在静水压力下的稳定分析’任务，对于这方面的研究已经填补了国内的空白。

“在周恩来亲自主持召开的一次会议上，陈右铭汇报核潜艇的设计进展情况，以及陆上模拟堆试验时，周总理问，请有关部门的专家参加试验没有？国防科委一位领导说，想请，怕人批评是专家路线。周总理说，什么专家路线，难道无产阶级就不需要专家了？你们不要怕，该请的就要请，第一重要的是工程质量。

“陈右铭借此机会，请示总理，让钱令希教授参与核潜艇的结构设计审定。

“对于钱令希，周恩来有所了解，还说出了他是第三届全国人大代表、中科院的学部委员。听说钱令希也被打成‘反动权威’了，周总理的眉头皱在了一起，说，可以请他参加工作，但不要调他，留在学校，发挥的作用会更大。

“就这样，陈右铭带着‘上方宝剑’于1967年7月，来到了大连。

“见到了钱令希，陈右铭不禁潸然泪下。钱先生已经明显地消瘦和苍老了，才50出头，脸上出现了老年斑，一双眼睛是红的，可见受过了不少磨难。

“陈右铭有些后悔了，后悔自己没早一点见总理，早一点把钱令希保护起来，免得他遭受这么多罪。

“钱令希紧紧握着陈右铭的手，久久地凝视着他，他简直不敢相信自己，这么个节骨眼上，自己的处境险恶，竟然有人不怕连累，拜访他这个‘反动权威’来了。

“看着钱先生彷徨而又犹豫的目光，陈右铭感到很意外，忙问：‘钱教授，难道你不认识我了？’

“钱令希摇摇头，如梦初醒般觉出了自己的冷淡，他忙解释：‘哎呀，陈主任，你怎么敢来找我呀，你没看到满校园的大字报吗？快回去吧。’

“陈右铭把钱令希的手握得更紧了，他说：‘别怕，是周总理叫我来找你的。’

“一声周总理，钱令希真是喜从悲出，感慨万千，禁不住泪水夺眶而出。

“于是，陈右铭便把周总理同意他参加研究绝密工程核潜艇的事情告诉了钱令希。

“钱令希异常激动，核潜艇是保卫祖国的重要装备，是现代战争不可或缺的筹码，能参与这项绝密研究，也是喜从天降啊，不管眼下的处境有多难，也要挺起腰杆，攻下难关。

“就是在这样的情况下，钱令希获得了初步的解放，他便趁热打铁，把钟万勰等有“问题”的青年教师‘捞’了出来。”（周建新《大音希声——记中国科学院院士、著名力学家钱令希》）

5. 胡海昌－鹫津久一郎广义变分原理

作为力学家的胡海昌贡献是多方面的，无论是理论还是实践，无论是学术还是教学上，他都作出了重要的成绩。

“胡海昌先生的贡献是多方面的，他多年工作的主要部门与航天有关，这方面我不了解，也是门外汉，没有发言权。就我熟悉的固体力学方面他最具有影响力的工作至少有四项。

“胡海昌最著名的工作是1954年发表在《物理学报》上的论文《论弹性体力学与受范性体力学中的一般变分原理》。这篇论文提出的广义变分原理结果被世界上许多教科书、词典和百科全书称为胡海昌－鹫津久一郎原理。鹫津久一郎是日本学者，早年访问美国，在麻省理工学院卞学鐄教授指导下进行过研究。鹫津久一郎的广义变分原理是在1955年发表的。那些年代我国和西方国家交流很少，他们也没有看到胡海昌的文章，所以西方世界一直以鹫津久一郎原理称呼。一直到20世纪70年代，在美籍华人学者的推动下，西方才了解到中国胡海昌在这方面发表的最早的工作，包括鹫津久一郎本人后来也在自己的著作中以胡海昌－鹫津久一郎原理称呼。

“胡海昌先生另外三项工作是关于各向异性弹性介质通解的工作、关于弹性力学边界积分方程的对偶提法和与王大钧合作关于弹性结构算子正定性的一般证明。

“此外他在振动理论和板壳问题方面也作出了很好的工作。”（武际可《怀念胡海昌先生》）

胡海昌在大学的刻苦学习，到中科院以后在学术上的努力，终于得到了回报，其标志性事件是他发表于《物理学报》（1954 年 10 卷 3 期）上的《论弹性体力学与受范性体力学中的一般变分原理》。该文提出固体力学中的三类变量广义变分原理，这一原理推广了最小势能原理，是用位移、应变和应力为自变函数的一种无条件变分原理，对弹性力学、变分原理、力学中的数值方法产生了深远影响。1955 年，日本学者鹫津久一郎得到类似结果。他们的变分原理后来被称为胡－鹫津原理。

对于胡－鹫津原理，胡海昌在北大带出的第一个博士苏先樾有篇文章，专门做了介绍，现原文照引：

“胡－鹫津原理是以我国学者胡海昌、日本学者鹫津久一郎之名命名的弹性力学中的三类变量广义变分原理。

“自英国 R.Hook 于1678年提出弹性体的变形和所受外力成正比的定律以来，人们开始有系统地、定量地研究弹性物体在外力和其它外界因素作用下的变形和内力，并逐渐形成了固体力学的一个分支——弹性力学。弹性力学是材料力学、结构力学、塑性力学和某些交叉学科的基础，广泛应用于建筑、机械、化工、航天等工程领域。许多工程中的力学问题可按弹性力学理论归结为求解偏微分方程的边值问题（静力问题）或偏微分方程的初边值问题（动力问题）。但是绝大多数问题难以用分析的方法精确求解，因而探求近似解法及发展与此相关的理论基础是弹性力学及其应用的最重要内容之一，并且随着工业及技术的发展，实际问题的愈趋复杂而更显现其重要性。胡－鹫津原理就是在这一背景下产生的。

“与微分方程的边值问题或初边值问题相等价的某些泛函的极值或驻值问

题，称之为变分原理。力学中的变分原理的产生可以追溯得很久远。18世纪，法国力学家Lagrange便得到了以位移为自变函数的最小势能原理；1873—1879年间，意大利A.castigliano建立了弹性力学最小余能原理。变分原理是许多理论工作和近似方法的根据和出发点。如果求到了近似的泛函驻值则得到原问题的一个近似解，而这一求近似解的方法比起直接求微分方程的近似解要容易、可行得多。著名的Rayleigh-Ritz法（1877，1908）就是在此基础上发展起来的通过泛函驻值条件求未知函数的一种最早的近似方法。经典变分原理是指最小势能原理和最小余能原理。前者以位移为自变函数，事先要精确地满足连续条件和本构关系，在弹性体的总势能取驻值时满足平衡条件；后者是以应力为自变函数，事先要精确地满足平衡条件和本构关系，在弹性体总余能取驻值时满足连续条件。因事先对自变函数的诸多限制，这两个原理在理论上和应用上都有一些不便。1950年,Reissner提出了以位移和应力为自变函数的二类变量变分原理。以上的变分原理允许近似地满足平衡条件或变形协调关系。在弹性理论中，除了平衡和变形协调两类关系外，还有第三类描述材料的力学性质的本构关系。不精确满足本构关系的近似解是否都不满足工程精度因而都是不实用的近似解？实际情况正好相反。在工程中广泛应用、深受欢迎的梁、板、壳等理论，从弹塑性理论来衡量，恰恰是近似地满足本构关系而严格地满足平衡和变形协调关系。由此可见，胡之前变分原理存在一定的不足：它们不能容纳和统一工程中用之有效的许多近似满足本构关系的近似理论和近似解法，因而它也就不能帮助后人创建更多的同类近似理论和近似解法。经过几年的刻苦钻研，胡海昌终于在1954年物理学报上发表的《论弹性体力学与受范性体力学中的一般变分原理》一文中创建了弹性理论中以位移、应变、应力三类变量为独立自变函数的一种新的广义变分原理。该变分原理允许平衡、变形协调和本构三大关系都近似满足。胡海昌还在同一论文中建立了塑性力学的类似的三类广义变量变分原理。在这个原理中也以位移、应变和应力（变形理论）或以速度、应变率和应力（流动理论）为自变函数，事前只要求满足屈服条件，其他则不受任何限制。所提出的变分原理相当于屈服条件以外的其他全部微分方程和边界条件。1955年，在美国留学的日本访问学者鹫津久一郎也在其博士论文中建立了同样的两个三类变量广义变分原理。1964年，几位国际同行为了纪念这两人的贡献，带头把该变分原理称为胡海昌－鹫津久一郎广义变分原理（简称胡－鹫津原理，Hu–Washizu principle or theorem）。

“胡－鹫津原理在变分原理的理论研究上以其普适性有其重要意义。最小势能原理、最小余能原理和Reissner的二类变量变分原理都可以视为胡－鹫津原理的特殊情形。而且由于它是一个无条件变分原理，它为各种近似解法提供了空前灵活的根据。胡海昌的论文发表后，自然得到广泛的重视。国内舒德坚、施振东、柳春图等学者立即将它用于数值计算，求各种弹性力学问题的近似解；解伯民、刘世宁、刘高联等学者在该原理的启示下提出了薄板、扁壳等平衡、振动和稳定等诸问题以及粘弹性、塑性与流体诸方面的广义变分原理。60年代起，以高速计算机为依托的数值算法在国际上蓬勃发展和广泛应用，作为建立包括有限元法在内的各种近似解法的坚实基础的广义变分原理备受关注。60—80年代，国内外出现了研究和应用广义变分原理的热潮。除在前述两方面的应用与发展外，该原理还被用于对经典的工程近似理论提供深刻的理论解释（如对Bernoulli–Euler梁）以及建立新的近似理论（如建立带裂纹梁的方程，导出边界积分方程等）。在国外，1957年苏联著名力学期刊《应用数学与力学》就有人引用胡文；1964年在英文期刊上首次出现胡－鹫津原理的称呼，随后引用和介绍胡－鹫津原理的国外文献逐渐增多，如被1972年德美著名教授撰写的物理大百科全书之固体力学卷2中作专节介绍。胡－鹫津原理问世以来，已被数学、物理、力学及工程等领域的众多学术论文、专著和教科书广泛引用和介绍，得到了美、日、苏、英、法、德、意等各国同行的公认。

“我国学者钱伟长、罗恩、匡正邦在60年代前后对该原理的论证和推导也做了有意义的工作。1982年，以胡海昌为首的5人的研究成果“广义变分原理的研究”获国家自然科学奖二等奖，1985年被《中国大百科全书·力学卷》列为50年代以来我国力学理论研究的四大成就之一。

“直至90年代，仍有诸多国内外学者、专家引用及在更广泛的领域中推广与应用胡－鹫津原理。而且许多学者发现，若干用一类或二类变分变量原理出现矛盾的问题，若采用胡－鹫津原理则迎刃而解。例如，印度国家宇航实验室及高等科学研究中心的G.Prathap等学者，在一系列论文中应用胡－鹫津原理，非常自然地消除了约束介质弹性引起锁定、变截面性质引起的合力振荡等若干与场的不一致性相关联的问题，而在数值计算中这类问题经常困扰着人们。这表明胡－鹫津原理的深刻内涵日益为更多的人们所认识和掌握。理论上的高度抽象能赋予应用者高度的灵活性，这个论断已得到国内外越来越多的人的赞同。因此胡－鹫津原理对力学及相邻学科的广泛影响是深远的，胡海昌及鹫津久一郎的这一卓著贡献将永远被载入科学的史册。”

胡－鹫津原理是胡海昌院士学术生涯中最杰出的成就之一，作为主线贯穿于本书之中，对于这一杰出成就在国际力学领域的重大影响在后文中多有提到，读者可具体参看后文的相关内容。

胡海昌

胡海昌院士传记

Academician Hu Haichang's Biography

第五章

建功航天

胡海昌对我国复杂航天器动力学的研究、发展和应用倾注了大量的心血和精力，以他雄厚坚实的理论基础和广泛宽广的力学专长，给予了多方面的指导。

1. 中国空间技术研究院的创立

中国空间技术研究院是党和国家为开创和发展中国空间技术的一系列重大决策的结晶，是中国空间技术发展到一定阶段的产物。

中国是世界四大文明古国之一，是古代火箭的故乡。在中国历史上流传着嫦娥奔月的美妙神话，也记载着明朝万户为飞天献身的不朽业绩。飞上太空是中华民族长期存在的理想。

新中国的诞生，社会主义制度的建立，为中国科学技术的发展开辟了广阔的道路。

谈到中国的“两弹一星”，绕不过去的是钱学森，他被誉为中国“两弹一星”的先驱。中国“两弹一星”工作的起点，是以钱学森的回国开始的。

《科学人生——共和国60年科技发展历程》(中国大百科全书出版社2009年9月出版)中《航天巨星钱学森》有一段史料性的记载：

“1956年2月17日，在周总理的鼓励下，钱学森提出了关于《建立我国国防航空工业的意见书》(以下简称《意见书》)。当时为保密，用‘国防航空工业’这个词来代表火箭、导弹和后来的航天事业。钱学森的《意见书》提出了中国火

1980年5月，七机部五院（今中国空间技术研究院）首届科学技术委员会委员合影（三排左四为胡海昌）

箭、导弹事业的组织方案、发展计划和某些具体措施。《意见书》还开列了一批可以调来参与这一事业的21位高级专家名单，其中包括任新民、罗沛霖、梁守槃、庄逢甘、林津、胡海昌等。钱学森的《意见书》受到了党中央的高度重视。1956年3月14日，周总理亲自主持中央军委会议，研究决定由周恩来、聂荣臻和钱学森等筹备组建导弹航空科学研究的领导机构——航空工业委员会。会议决定按照钱学森的建议，组建导弹航空事业的科研机构、设计机构和生产机构。国务院任命聂荣臻为航空工业委员会主任，钱学森为委员。遵照中央军委的决议，1956年5月10日，聂荣臻提出《关于建立中国导弹研究工作的初步意见》（以下简称《初步意见》），建议在航空工业委员会下设导弹管理局，由钱学森做总工程师，并组建导弹研究院，由钱学森任院长。中央书记处很快批准了聂荣臻的《初步意见》。中共中央总书记邓小平表示：'大家放手去干，成功了，功劳是你们的；失败了，责任由书记处承担。'于是钱学森立即受命负责组建中国第一个火箭、导弹研究机构——国防部第五研究院。"

钱学森很快写出了《建立我国国防航空工业的意见书》，其中的第三部分是国内现状：

“我国现在航空工业是十分薄弱的，我们在最近才从飞机修理阶段转入飞机生产阶段，有了飞机工厂和喷射式推进机厂。但是这两个工厂现在完全依靠苏联供给的图纸，自己还不能够设计新型飞机，更不能做出为设计用的工程及科学资料。至于飞弹火箭，我们是完全没有。

“说到航空用的材料，我们的情况也是一样的薄弱。现在只有一个年产20000吨的铝厂。我们所必需的航空特殊金属还是要由国外进口。电子器材厂也是正在开始，还不能完全生产各种类型的零件。

“至于航空研究，我们只有些主要地为教学用的风洞及其他实验设备。我们还没有专为研究用的设备，更没有大型为设计研究用的设备。所以可以说，我们完全没有航空研究可言。

“人力呢？我们也是很薄弱。以整个力学来说，估计全国有180人从事力学教学；力学研究的高级干部，中间最有能力的，能做领导工作的只30人左右。力学人才只是航空人才中的一部分，人是更少了。我们可以开出下列的一张名单，（很不完全的名单）：

“空气动力学方面：沈元、陆士嘉、庄逢甘、罗时钧、林同骥、潘良儒；

“航空结构方面：王俊奎、钱伟长、王仁、杜清华、胡海昌、钱令希、郑哲敏、李敏华、范绪箕；

“推进机方面：吴仲华、陈士橹、梁守槃；

“控制系统方面：罗沛霖、林津；

“火箭方面：任新民。

“这是最高级人员，如考虑青年干部，估计尚可调出50人有两三年教学经验的。”

现实是严酷的，但中国的“两弹一星”工作不能等、难以靠，即便在这种情况下，也要起步，而且飞速发展，震惊世界。

钱学森的《建立我国国防航空工业的意见书》其中所列的名单中的一些专家并没有都加入到“两弹一星”研制的队伍中，其原因是多方面的，但胡海昌没有加入到最初的科研队伍中，是因为一个比较荒唐的理由，其父亲在解放前曾集体加入过国民党。

1956 年 10 月 8 日，国防部第五研究院成立。由此，中国有了一个专门研究导弹的机构。弹道式导弹的研制成果将为发展运载火箭创造条件。

2.“我们也要搞人造卫星”

1957 年 10 月 4 日，苏联发射成功了世界上第一颗人造地球卫星。正在“向现代科学技术大进军”的中国科技界高度评价了这个征服空间、开辟人类活动新范围的伟大创举，中国许多著名科学家积极倡导开展中国的空间技术研究工作。

1958 年 5 月 17 日，毛泽东主席在党的八大二次会议上提出了“我们也要搞人造卫星”的宏伟设想，同年 8 月，国务院科学规划委员会在《十二年科学规划执行情况的检查报告》中指出：“发射人造卫星，将使尖端科学技术加速前进，开辟新的科学技术研究工作的领域，为导弹技术动员后备力量。同时，大型卫星上天是洲际导弹成功的公开标志，是国家科学技术水平的集中体现，是科学技术研究工作向高层空间发展不可少的工具。”为此，国务院副总理聂荣臻召集专门会议，责成中国科学院和国防部五院拟定人造卫星发展规划草案。

限于当时中国导弹技术正处于紧张的仿制阶段和高度保密的状态中，中国科学院把人造卫星列为1958年第一项重点任务，并于当年8月21日成立以钱学森为组长的领导小组，负责组织实施人造卫星发展规划的业务领导。与此相应，中国科学院成立了由3个设计院构成的空间技术研究体系，其中：第一设计院负责卫星总体设计与运载火箭研制，第二设计院负责控制系统研制，第三设计院负责探测仪器研制和空间物理研究。

1958年，受“大跃进”的影响，中国科学院提出要研制高能推进剂运载火箭、发射重型卫星并计划于1959年国庆节前将中国第一颗人造地球卫星送上太空，脱离了中国的经济实力、科学水平和工业基础，因而也就缺乏实现的可能。

1959年1月21日，中国科学院党组传达邓小平同志指示：卫星1960—1961年不放，与国力不相称。据此，调整任务部署，提出“以探空火箭练兵、空间物理探测打基础、不断探索卫星发展方向，筹建空间环境模拟实验室，研究地面跟踪接收设备”的具体方针。通过贯彻这一方针，中国在火箭技术、航天器技术、有效载荷技术、姿态控制技术、轨道设计和发射技术的研究和试验，以及人才的培养和训练等方面都取得了很大的进展。

1960年2月19日，中国科学院上海机电设计院研制的中国第一枚实用探空火箭——探空七号气象火箭的模型火箭首次飞上蓝天。同年5月28日，毛泽东主席莅临上海新技术展览会参观了模型火箭的产品。毛泽东主席对这项完全由本国力量取得的成果给予了高度评价，认为它能飞“8公里，那也了不起”！并殷切期望中国的探空火箭“应该8公里、20公里、200公里地搞上去”。

1964年6月29日，中国自行研制的第一种弹道式导弹首次发射成功。这年10月16日，中国第一颗原子弹爆炸成功。这些喜讯似春雷震惊大地，极大地激励着投身于中国空间技术事业的人们。

根据当时中国运载火箭的能力，决定在卫星进入太空最后入轨时，使用一级固体火箭作动力。为了验证火箭高空点火的可靠性，八院用“T-7A”火箭加一级四院的固体火箭，在箭头上装设了“长征一号”第三级火箭的点火装置，组成了一个技术试验火箭。最后，四院的固体火箭在几十千米和320千米的高度均能可靠点火。这枚技术试验火箭发射和试验的成功，解决了“长征一号”的一个关键问题。

1965年元旦前后，中国科学院大气物理研究所所长赵九章、自动化研究所副所长吕强等和第七机械工业部副部长钱学森分别向中央提出报告，建议对中国的人造卫星事业做全面规划，及早开展有关研究工作，早日列入国家计划，促其发展。

钱学森在一天下午见到聂荣臻时，又提到了卫星问题。

“人造卫星研究方面已经做了不少课题，现在看来，应该提到日程上来了，”钱学森早在美国时就曾经花了许多时间，仔细研究过星际航行的可行性，现在苏联和美国都已经把卫星打上天好几年了，他很有些着急，“搞卫星是件很复杂的事情，牵涉到的面非常广，只有及早准备，到时候才不会误事。”

“这件事，我和总理也经常议到。前几年我们这方面的条件还不大成熟，但也做了一些基础性的工作。去年国庆节时，毛主席还专门问过我这方面的情况。”聂荣臻沉思了一下，抬头望了望头顶上的天花板，“是该动手搞了。卫星对国防建设影响很大，去年我们还没爆炸原子弹，美国就用卫星侦察到了，很厉害呀！”

“人造卫星的作用还不光在军事方面，可以搞测地卫星、广播通信卫星、气象卫星等等，尤其是载人卫星，前景非常广阔。从我们现在所具备的条件来看，发射100公斤左右的卫星是可以实现的。”

谈了半天，聂荣臻最后对钱学森叮嘱道：“你先搞个报告吧，这件事需要专门研究一下。”

1965年1月8日，钱学森即正式向国家提出报告，建议早日制订卫星的研究计划并列入国家任务。

聂荣臻很快对这个报告作了批示：“请张爱萍邀请钱学森、张劲夫等有关同志及部门座谈一下，只要力量有可能，就要积极去搞。”

3月，国防科委遵照聂荣臻副总理关于人造卫星“只要力量有可能，就要积极去搞”的指示，召集有关部门负责人座谈中国发射人造卫星的必要性和可能性。在此基础上，国防科委于4月19日向中央呈送了《关于研制发射人造卫星的方案报告》，报告中提出拟于1970—1971年发射中国的第一颗人造卫星。

1965年4月22日，潘厚任正在地球物理所工厂半工半读，突然接到电话通知，要他当晚去见赵九章所长。到了晚上，潘厚任一进赵所长家，见里面已经有别的人在那坐着，是数学所关肇直所长和栗柏新。赵九章说：“我去年年底给周总理写信，说明我国着手研制人造地球卫星的基本条件已经具备，建议把导弹打靶试验和卫星发射结合起来，可以收到一石二鸟之效。现在周总理已指示要提出设想规划，我们从 1958 年开始，一直在盼着的这一天，现在终于来到。但是，试想一颗几米尺度的卫星送上轨道后，就像几公里之外的一只苍蝇，如果不能紧紧抓住，如何去找它？因此，发射卫星，首先要把卫星运行规律和轨道计算、测量、预报以及跟踪站的布设等等搞得一清二楚。科学院理当把这一项任务承担起来，先走一步。希望关所长立即组织人员落实此事。”

赵九章又转头对潘厚任说：“你是学天文的，又搞过卫星轨道，由你代表 581 组参加这项工作，和数学所联系、协调。”

第二天，潘厚任就和何正华、胡其正等人一起组成卫星总体组，由何正华任组长。潘厚任说，当时还成立了轨道组，叶述武、刘易成和紫金山天文台的张钰哲、赵先孜、张家祥都在这个组。参加卫星本体组的主要有解肇元、杨嘉墀、方俊、胡海昌、沈以明、陈芳允、魏钟铨、屠善澄、张翰英等。另外还成立了一个生物组，由贝时璋先生负责。地面设备组由王大珩和陈芳允负责。总体组的人日日夜夜加紧工作，在原来的基础上，不到 10 天就拿出第一颗卫星的初步方案，归纳为 3 张图 1 张表，用红蓝铅笔画成的卫星外形图、结构布局图、卫星运行星下点轨迹图和主要技术参数及分系统组成表。何正华一开始就提议这第一颗卫星叫“东方红一号”。后来钱骥就带着这些去向周总理汇报。周总理当时还对钱骥开玩笑说：“我们的卫星总设计师也是姓钱啊，我们搞尖端的，原子弹、导弹和卫星，都离不开钱啊。”

随后，在张爱萍召集下，国防科委于 1965 年 4 月 29 日向中央专委报告了邀请张劲夫、钱学森、孙俊人及国家科委、国防工办专业局的负责人和专家进行研究的结果，提出了研制发射第一颗人造地球卫星的设想。5 月 4 日和 8 月 9 日，周恩来总理召集进行了中央专委第 12 次和第 13 次会议，批准了这个规划方案和发射安排。

1965 年 10 月 20 日，中国科学院在北京友谊宾馆召开了人造卫星总体方案论证会（即“651”会议），历时 42 天，于 11 月 30 日结束。最后会议确定这颗卫星为科学探索性质的试验卫星，并明确了中国虽然在技术上起步较晚，但起点要高，要比苏联和美国的第一颗卫星先进。概括为 4 句话 12 个字的总要求是：“上得去，抓得住，看得见，听得到。”

晚上，在人民大会堂举办的联欢会上，周恩来总理即兴讲话，他兴致勃勃地对大家说：“中国将第一次拥有依靠自己力量上天的卫星，这是史无前例的大事。所以，让世界人民看得见中国的卫星，观看到天上新增加的属于我们中国人的一颗星星，意义很大。同志们要集思广益，全面论证，把这件事办好。”

1967 年，国防科委正式命名中国第一颗人造地球卫星为“东方红一号”，并确定卫星要播送《东方红》乐曲，以使全世界都能听到中国卫星的声音。

3.“东方红一号”方案与方案的演变

东方红一号卫星是中国的第一颗人造卫星，于1965年开始研制，1970年4月24日进入太空轨道，谱写了中国发展空间技术的第一首凯歌。

中国科学院自1960年以来，安排许多单位为人造卫星的规划和研制做了大量的调查研究和准备工作。1964年11月—1965年8月，地球物理研究所二部提出了中国第一颗人造卫星要播送《东方红》乐音或电码的方案设想。1965年9月，中国科学院组建了以赵九章任院长、钱骥任副院长、杨刚毅任党委书记的卫星设计院，开始拟定中国第一颗人造卫星的方案。

1965年10月20日—11月30日，中国科学院受国防科委的委托，主持召开了第一颗人造卫星方案论证会。会上，钱骥报告了中国第一颗人造卫星总体方案。会议充分进行了讨论，确定中国的第一颗卫星为科学探测性质的试验卫星，用来为发展我国对地观测、通信广播、气象等各种应用卫星取得必要的设计参数，具体任务是测量卫星本体的工程参数、探测空间环境参数、奠定卫星轨道测量和无线电遥测技术基础；进一步明确了中国的第一颗卫星“必须首先考虑政治影响，应该比苏联和美国的第一个卫星先进、可靠，要比他们的卫星质量大、发射机功率大、工作寿命长、技术新、能听得见”和要争取一次成功等要求。

1966年1月，设计院成立了由11人组成的东方红一号卫星总体设计组。651设计院东方红一号卫星总体组由钱骥副院长领导。全组共11人：组长胡海昌负责全面，并侧重结构、环境条件以及运载工具协调；副组长何正华负责电气部分，包括整星电路、电缆布局、连接安装等；组员是陈宜元、周同灏、胡其正、潘厚任和曲广吉等，分别负责卫星跟踪测轨系统、轨道设计、遥测系统、电源系统、姿态控制、热控制、结构系统等。

就是在这样的情况下，胡海昌参与到“东方红一号”的研制工作中，自此他对我国复杂航天器动力学方面的研究、发展和应用倾注了大量心血和精力，他作为著名力学家，以他雄厚坚实的理论基础和广泛宽广的力学专长，在复杂航天器动力学的理论与方法研究中给予了多方面的指导。以下为王大钧关于这段历史的回忆：

“1965年以后，胡海昌还用相当精力参与中国空间技术的研究发展工作，在早期卫星总体方案论证、卫星结构设计分析和航天器动力学研究发展方面作出了重要贡献。1965年，国家下达了研制第一颗人造地球卫星的重要任务。当时在中国科学院力学研究所工作的胡海昌被调入中国科学院651设计院，负责组建卫星技术研究室，主持卫星结构的研制，并参加卫星总体工作。1965年10月，在钱骥主持下，胡海昌带领总体小组完成了《东方红一号卫星总体方案论证报告》的起草工作，并经全国卫星方案论证会议讨论修改后上报中央。1966年1月，正式成立了东方红一号卫星总体组，他担任第一任组长。在中国早期卫星研制中，胡海昌就十分重视和强调卫星结构设计及其静力与动力分析和力学环境实验。在他的关心、指导下，组建和培养了卫星结构设计与分析队伍。他主持确定了东方红一号卫星采用72面体的结构方案，主持制造了第一个卫星模型；指导了卫星地面振动试验及试验过程中产生问题的力学分析，并通过力学计算从方案上解决了第一颗卫星4根3米长拉杆天线在高速旋转下展开时从根部折断飞出的力学问题。东方红一号卫星发射成功后，他立即参与了东方红二号实验通信卫星总体方案论证，并指导了卫星结构设计工作。1980年，中国开始了新型通信广播卫星和地球资源卫星预研工作。为解决这类复杂航天器动力学问题的理论建模和分析设计问题，在胡海昌的倡议下，由当时中国空间技术研究院空间飞行器总体设计部领导人钱骥和闵桂荣决策，正式组建了'卫星动力学与控制工程组'。多年来，卫星动力学组在复杂航天器各类动力学问题的理论建模、软件开发、正确性验证和工程应用等方面取得了一系列重要成果，并独立自主地解决了中国各类复杂航天器动力学的分析设计问题。这一重大成就的取得首先要归功于胡海昌作为著名力学家的远见卓识和当初倡议的正确性，以及他多年的关心和指导。”（王大钧《胡海昌院士的学术成就》）

东方红一号卫星用火车运输时，铁路沿线每两根电线杆间由一位荷枪实弹的卫兵守卫。1970年4月24日21时35分，长征一号运载火箭载着东方红一号卫星从中国西北酒泉导弹试验基地发射升空，21时48分进入预定轨道。

东方红一号卫星的主要任务是进行卫星技术试验、探测电离层和大气层密

东方红一号人造地球卫星

度。卫星为近似球形的72面体，质量173千克，直径约1米，采用自旋姿态稳定方式，转速为120转/分，外壳表面为由按温度控制要求经过处理的铝合金材料，球状的主体上共有四条两米多长的鞭状超短波天线，底部有连接运载火箭用的分离环。卫星飞行轨道为近地点439千米、远地点2384千米、倾角68.5度的近地椭圆轨道，运行周期为114分钟。东方红一号卫星除了装有试验仪器外，还可以以20兆赫的频率发射《东方红》音乐，该星采用银锌电池为电源。东方红一号卫星设计工作寿命20天（实际工作寿命28天），期间把遥测参数和各种太空探测资料传回地面，至1970年5月14日停止发射信号。

东方红一号卫星的发射成功使中国成为世界上继苏联、美国、法国和日本之后，第五个完全依靠自己的力量成功发射人造卫星的国家。虽然它比苏联发射第一颗人造卫星"斯普特尼克一号"晚了13年，但是它的质量超过了前四个国家第一颗卫星质量的总和。从此，中国正式加入了"太空俱乐部"。卫星发射成功后，钱学森向中央提出中国应该发展载人航天，并提交了发展中国载人航天事业的报告，毛泽东亲笔批示同意。

东方红一号卫星，反映着当时我国的经济、科技、社会和军事能力发展水平，是国家综合国力的重要标志，是影响国际关系格局的重要因素，是促进经济和科技进步的重要手段，对于增强民族自豪感和凝聚力具有重要作用。东方红一号卫星上天，在许多国家引起了强烈反响，国外纷纷发表评论指出，这颗卫星发射成功，"体现了中国一直在依靠自己的力量为人类的幸福和进步进行宇宙开发""表明中国的科学技术和工业进步达到新高度""是中国科学技术和工艺方面取得的突出成就""中国掌握了先进火箭技术和制造出大型火箭的技能"。东方红一号卫星是全国各族人民在中国共产党领导下艰苦奋斗的结晶，是中国工人阶级、解放军、知识分子的杰出贡献。

东方红一号卫星的发射成功是"两弹一星"精神和航天精神的体现。在东方红一号卫星的研制过程中，我们依靠自己的力量，全国大协作，建立起了一个比较完善和健全的航天科学技术研究、设计、试验、制造及质量保障和管理体系，锻炼和造就了一支又红又专、技术水平高、能打硬仗、善于攻关、专业配套、老中青相结合的航天科技队伍。

4. 对第一颗人造卫星的贡献

胡海昌对于第一颗人造卫星即“东方红一号”的贡献，得到了广泛的认可。长期从事空间技术的研究和发展工作，在卫星总体研制方面，作为主要技术负责人之一，参与领导完成了我国第一颗人造卫星和多颗返回式卫星的研制和飞行工作，历任中国空间技术研究院院长、卫星总设计师、国家863计划航天领域专家委员会首席科学家等职的闵桂荣，在《胡海昌院士文集》（2008年1月出版，中国宇航出版社）序中，如是评价胡海昌和他所参与的“东方红一号”工作：

“胡海昌除了用毕生精力在力学多个分支领域获得多项创造性研究成果外，从1965年以来，他还用相当精力关心和参与中国空间技术的研究发展工作。1965年国家下达研制第一颗人造卫星重要任务。当时中国科学院力学研究所领导决定由胡先生和我负责立即组建一个卫星技术研究室，主持卫星结构和热控分系统的研制，并参加卫星总体工作。他曾是我国第一颗人造地球卫星‘东方红一号’总体组第一任组长。在中国早期卫星研究、设计和实验过程中，他就十分重视和强调动力学分析、结构静力与动力计算以及力学环境试验。在他的关心、指导下，组建和培养了卫星结构设计及其动力分析队伍。进入80年代以来，在我国复杂航天器动力学的研究发展过程中，胡先生始终积极热情地给予关心、支持和指导。早在1980年，我国开展新型通信广播卫星和地球资源卫星预研阶段，为开展这类复杂航天器动力学分析设计的预研工作，在他的倡议下，我们决定组建了‘卫星动力力学与控制组’。多年来，胡先生对我国复杂航天器动力学方面的研究、发展和应用倾注了大量心血和精力，他作为著名力学家，以他雄厚坚实的理论基础和广泛宽广的力学专长，在复杂航天器动力学的理论与方法研究中给予了多方面的指导。”

5. 对我国振动工程的贡献

中国振动工程学会是由振动工程科学技术工作者自愿组成并依法登记成立的全国性、学术性、非盈利性法人社会团体，是中国科学技术协会的组成部分，是发展我国振动科技事业的重要社会力量。该学会接受业务主管单位——中国科学技术协会和社团登记管理机关——中华人民共和国民政部的业务指导和监督管理。

中国振动工程学会可以说是在胡海昌的积极倡导和努力下创建起来并开展工作的。

20 世纪 80 年代开始，胡海昌积极倡导在工程结构设计中，加强动态设计，推动振动理论的研究及应用。他和同行组建了中国振动工程学会，创办了《振动与冲击》《振动工程学报》等期刊，他本人在振动理论研究方面也取得了许多重要成果，对我国振动工程的发展起了很大的推动作用。

1985 年 7 月，胡海昌等部分振动界专家代表广大振动工程科技工作者的意愿，向中国科协提出申请成立中国振动工程学会；8月在上海召开了第一次筹备组会议，讨论了学会名称、性质、组织建设等问题，并开始以“中国振动工程学会（筹）”的名义开展活动；10月在北京召开了筹备工作会，决定成立筹委会。

1986年3月，在南京召开了筹备组第二次扩大会议，成立以胡海昌为组长的47人组成的筹委会。

1986年10月，国家科委[1986]国科发综字0722号文批准成立中国振动工程学会。中国振动工程学会于1987年5月在南京成立，1987年5月至2007年10月共召开了6次全国会员代表大会。

1987年5月，在南京召开了学会成立大会暨第一次全国会员代表大会，胡海昌任首届理事长。1987年10月，中国科协[1987]科协发学字407号文接纳该学会加入中国科协。

1981年12月，《振动与冲击》编辑委员会第一次工作会议全体代表合影（前排左六为胡海昌）

1991 年 10 月，理事会换届，胡海昌连任第二届理事长。

胡海昌对于中国振动工程学会作出的贡献，有目共睹，力学界、振动学界都不会忘记。胡海昌担任两届理事长之后，于 1995 年 10 月卸任理事长一职，自 1995 年 10 月开始担任中国振动工程学会第三届、第四届、第五届、第六届理事会名誉理事长，直至去世。

1986年8月，胡海昌（右）与钱令希（左）合影

1998年10月，第十二届全国振动技术交流会全体成员于清华大学祝胡海昌（前排站立者）七十寿辰

2015年1月11日，由北京力学会及北京振动工程学会主办，北京航空航天大学承办的北京力学会第21届学术年会暨北京振动工程学会第22届学术年会在北京航空航天大学隆重召开。来自清华大学、北京大学、中国科学院力学研究所等30个高等院校、科研院所及工程设计单位的550名力学领域专家、学者和研究生参加了会议，与会报告人数逾400人。

在分组交流的同时，还召开了纪念著名力学家胡海昌先生座谈会，以纪念胡海昌发表三类变量广义变分原理60周年。北京大学武际可教授、王大钧教授、苏先樾教授和袁明武教授，中国航天科技集团公司科技委于登云副主任，中国科学院数学与系统科学院崔俊芝院士，清华大学郑兆昌教授，北京航空航天大学王寿梅教授和张世基教授，北京东方振动和噪声技术研究所名誉所长应怀樵研究员等人到会回忆胡海昌及他对力学领域的重大贡献，也讨论了胡海昌做学问的学问。胡海昌的第一个博士生刘世宁先生在香港为座谈会撰稿，回忆了他和胡海昌在一起的点滴生活和工作。

胡海昌

胡海昌院士传记

Academician Hu Haichang's Biography

第六章

倾心教育

胡海昌在长期孜孜不倦从事科学研究的同时，还倾心教育事业，重视培养年轻一代，几十年来培养出许多人才，其中的大多数人已成为各自领域的翘楚。

1. 培养的硕士、博士

胡海昌对于教育是非常重视的，他的父亲从事了多年的教育工作，他的岳父也从事教育工作，结合自身的成长，他对于教育的重要性十分清楚，在他工作过的地方，每年总有新的人员——尤其是大学毕业生甚至研究生的加入。每当这些人在工作中需要帮助，或者需要不断加强学习的时候，他们就会向胡海昌求教，胡海昌总是十分认真地传授知识。在采访中了解到这样一件事情，在“文革”期间，新分到中国空间技术研究院的学生一方面在当时的大环境下，要彻底揭露批判反动“学术权威”和“学术界、教育界、新闻界、文艺界、出版界的资产阶级反动思想”，对胡海昌等人实行揭露和批判，另一方面，这些人还有强烈的求知欲，所以就出现了十分滑稽的现象，白天他们进行揭露和批判，晚上还要请胡海昌等人给他们讲课，学习专业知识。胡海昌不以为意，丝毫没有怨恨，恨不得把自己的专业知识全部传授给这些年轻人。

不仅如此，胡海昌还多次走上讲台，讲授力学知识，并培养研究生。闵桂荣院士在《胡海昌院士文集》序中，如是写道：

“胡先生在长期孜孜不倦从事科学研究的同时，还热心教育事业，重视培养

1990年11月，胡海昌在宁波大学讲课

年轻一代，几十年来培养出许多人才。他数十年在北京大学兼任教师，讲授过多门力学课程；1980年后，胡先生作为北京大学博士生导师，指导博士生和硕士生多名。他还先后在清华大学、北京航空航天大学、中国科学技术大学和浙江大学兼职、授课，并在浙江大学指导博士研究生。”

有一份不完全的胡海昌培养研究生名单：

胡海昌培养研究生统计

“文革”以前

刘世宁、王震鸣、薛大为

张厚久、刘曦、刘国玺

“文革”以后

沈心卓（硕士）、李原能（硕士）、陈璞（硕士）

黄永刚（硕士）、郑东（硕士）、李晓雷（硕士）

贺向东（硕士）、苏先樾（博士）（1983年10月—1986年1月）

沈心卓（博士）、熊善继（博士）、纪海波（博士）（1990年毕业）

蔡国强（博士）、任永坚（博士）（1989年毕业）

邹道勤（博士）（1992年毕业）、高瞻（博士）

何文军（博士）（1993年毕业）

白浩（博士）（1992—1994年）

2. 兼职北大力学系

胡海昌最先走上的是北京大学的讲台：

“1979年，力学专业经过‘文革’的影响在汉中待了十年后，重新搬回北京独立成为力学系。固体力学方面的教师几乎被折腾光，‘文革’前原来固体力学有教授和讲师六名，后来只剩王大钧一名，还有几名助教。当时我（武际可——作者注）被任命为副系主任，一次周培源校长问我，办系有什么困难，我说主要是人员流失太多，并且希望能够从外面聘请一些人来兼职，他说，你们提出来。后来在

1986年6月，中美有限元法研讨会代表合影（左五为胡海昌）

1987年8月，胡海昌（中）与北大同事合影（左一为武际可、右一为王大钧）

1979年年底，到大连开有限元学术交流会，遇见了胡海昌先生，与他谈起想请他来北大力学系兼职，他愉快地答应了。回京后，我把这件事告知当时负责固体力学教研室的王大钧。他迅速拿着周培源先生给七机部五院领导的亲笔信，很快办成功胡海昌先生来北大兼职的各项手续。后来在国务院审批第一批博士生导师时，他和王仁先生成为北大力学系在固体力学方向上的第一批博士生导师。

“胡海昌在北大力学系的教学活动，包括主持讨论班、给研究生开包括振动理论和弹性力学变分原理等方面的新课，还亲自指导过多名博士和硕士研究生。我是作为先生的副导师参加过指导两名博士生。其中苏先樾就是北大力学系自己培养的第一名博士生。

“在协助胡海昌先生指导研究生的过程中，从先生身上学到了许多东西。他对学术问题的敏锐鉴赏力、对研究问题的一丝不苟，一直深深感染着我。这两位博士生都非常勤奋，在与胡海昌先生接触中，先生不断关心和嘱咐他们，要善于用脑、保护脑筋，不要开夜车把脑子弄得昏昏沉沉。胡海昌平时经常浏览学术文献，关注学术动态，一有心得便不断告诉我或研究生。对边界单元法和弹性力学问题的正定性问题的重要性，就是在和他讨论中，不断获得推进和解决的。

两位博士生的博士论文都是有关计算力学方面的，他虽然对计算机不太熟悉，但对计算力学有关的理论关键问题把握得非常准确。论文事先都经过我仔细审读后，最后才交给胡海昌先生阅读定稿。他毫不马虎，真是字斟句酌，都提出多处改进的意见。”（武际可《怀念胡海昌先生》）

周培源是著名流体力学家、理论物理学家、教育家和社会活动家，中国近代力学奠基人和理论物理奠基人之一，他对于力学界了如指掌，能请到胡海昌担任北大力学专业的教授，是他一贯的教育思想使然。

“在组织学校教学中，重视有学识的教师，乃是周培源一贯的教育思想。在力学专业办学过程中，他经过多年努力，聘请国外新归来的学者来校任教，聘请国外专家来系讲学，例如，他曾两度亲自致函

1987年12月，胡海昌（前排右一）在沈心卓博士论文答辩会上

聘请胡海昌来系任教，并亲自带头听讲，给学生和其他教师作出表率。力学专业从一开始只有5名教员逐步发展到有近百名教师的队伍，他们为国家培养了大批大学毕业生和研究生。”（《中国科学技术专家传略·我国近代力学事业的奠基人——周培源》）

其实胡海昌到北大教学，这应该是第二次了，第一次是20世纪50年代：

1952年，全国高等院校进行了院系调整，中国第一个力学专业——北京大学数学力学系力学专业创立。北京大学力学专业从创立之日起，迅速荟萃了一批中国力学界的精英，奠定了北京大学力学学科的基础。周培源、钱敏、吴林襄、叶开沅和陈耀松等中国力学界前辈先后从当时的北京大学、清华大学、燕京大学等高等院校来到北京大学力学专业主持工作，开设与承担力学专业的基础课程。庄逢甘、陆士嘉、钱伟长、郑哲敏、胡海昌、林鸿荪等也先后来到力学专业授课或兼职。董铁宝、王仁、周光炯、孙天风先生等爱国学者先后从美国等国家毅然回国，投身到北京大学力学专业的创业中。钱学森先生、郭永怀先生回国后，也来校指导工作、培养青年教师，他们对力学专业的学科方向、课程设置和师资培养等问题提出了许多重要的意见，起到了重要的指导作用。周培源建议并筹划了北京大学数学力学系力学专业的建立，主持研究力学专业的办学方向、力学人才的培养模式等重要原则问题，倡导并培育了强调基础理论、重视实验研究、理论联系实际等优良学风，主持并开拓了湍流研究的学术方向。由于20世纪50年代中国航空航天事业的迅速发展，而当时全国的力学专业仅此一家，北京大学力学专业得到了校方、教育部以及国家相关部门的大力支持，教学实验条件也有了较大的改善。

1958年10月1日，国内第一座较大型的低速风洞在北京大学力学专业建成并试运行成功。“文革”前，中国自行研发的新的飞机机型大多在此风洞做过模型试验。当时依靠自己的力量建成的激波管和60年代初设计加工的我国第一

1989年5月，北京大学数学力学系52级部分校友和老师合影（二排右四为胡海昌）

座激波风洞，不仅对本专业教学与科研，而且对国防科技事业的科学研究与人才培养作出了贡献。

1965年，北京大学力学专业已经形成90多人的高水平的师资队伍，组建了流体力学、固体力学与一般力学三个教研室。

1969年10月，“文化大革命”时期，为了响应当时“三线建设”规划的需要，北京大学校方将数学力学系力学专业与技术物理系、无线电系一起迁到陕西汉中地区。

1972年，北京大学汉中分校（653分校）力学系成立。汉中分校的科研教学条件远不能同学校本部相比，而且当时的社会环境也对力学系的科研教学工作产生了极大的影响。在如此困难的客观条件下，力学系的教职员工仍然坚持着自己的教学科研工作：开办了一系列的进修班与短训班；进行了以大型冷却

1990年6月，胡海昌（右）与其学生贺向东（左）摄于北京家中

塔的应力分析程序开发为代表（此项目由武际可主持，到 2002 年为止，中国大陆所有的火力发电站的冷却塔的应力分析均由该程序完成）的一系列科学与工程研究。

1978 年年底，北京大学汉中分校迁回北京，原校舍由陕西汉中工学院接管。

1979 年 3 月 24 日，北京大学力学系成立。这段时间里，力学系的工作逐步走入正轨。流体力学、固体力学、一般力学博士点及博士后流动站先后成立；湍流研究室、环境流体研究室、工程科学教研室、测试分析室、计算力学与应用数学教研室、计算流体研究室、非线性科学中心以及力学研究所等一系列学术研究机构先后成立。

这就是武际可提到的“1979 年，力学专业经过‘文革’的影响在汉中待了十年后，重新搬回北京独立成为力学系”的那段历史。

3. 兼职浙大

胡海昌毕业于浙江大学，在浙江大学结识了钱令希这样的好老师，他对浙大的感情是深刻的。胡海昌对他的学生丁皓江说过："你和我的关系，就像我和钱（令希）的关系一样。"丁皓江的理解是："老师有时心中颇为孤独，需要学生的支持和理解。"他说："老师从不要我做什么，我也从不愿意做老师不愿意看到的事，我一直都是老师的支持者和拥护者。"

正如胡海昌所说，他和丁皓江的关系，就像钱令希与他的关系一样，这样一种情深义厚的师徒关系，在很多时候能起到别人难以想象的作用。

丁皓江，浙江大学教授，博士生导师，1934年8月15日生，仅比胡海昌小6岁，却一生尊敬胡海昌。丁皓江是常州人，1957年毕业于北京大学数学力学系，被分配到浙江大学数学力学系任教，1984—1992年任浙江大学力学系主任，1990年后任浙江大学固体力学博士生导师、土木系教授，并兼任国家教委工程力学教学指导委员会委员、中国力学学会常务理事、浙江省力学学会理事长。先后指导培养硕士生34名、博士生12名。参加完成国家科委重点项目1项，国家自然科学基金重大项目和重点项目1项，负责完成国家自然科学基金面上项目2项，正在执行1项。负责完成教委博士点基金和浙江省自然科学基金各1项。发表论文100多篇，并多次获省优秀论文奖。参加编写本科生教材《理论力学》《弹性力学》和研究生教材，主编本科

1986年10月，胡海昌在浙江大学留影

生《弹性和塑性力学中的有限单元法》教材，获1992年国家教委优秀教材二等奖。专著有《横观各向同性弹性力学》。

丁皓江与胡海昌的认识始于他在北大求学时，丁皓江记忆深刻：

“1956年，胡海昌老师给我们讲授弹性力学课程，一位年轻学者展示了对课程的许多独到的见解，深深地吸引了学生们的心。此后，在文献阅读这门课程中，我又选了胡老师指定的文献，在阅读中遇到不解之处，在答疑时总能得到老师简单明了的回答，真是受益匪浅。非常凑巧的是，我又分在胡老师的毕业论文小组中，有近一个学期时间，每周可以去见老师30分钟，布置任务、汇报进展、答疑指导等，非常严格只给30分钟，一到时间就赶我们走，因此事前都要充分准备。虽然因为1957年夏开始的‘反右’斗争，使得论文答辩没有进行，但是我的毕业论文是按要求完成了，这是我的第一篇论文，后来部分内容发表在《浙江大学学报》上。这对我来说是关键性的人生一步，使我学会和知道如何去做学术研究和撰写研究论文，老师对我非常严格，既有指责，也有鼓励，有所创新，他很高兴，出了差错，毫不留情批评。当我毕业被分配到浙江大学工作、离京向

1986年10月底，胡海昌（右三）在杭州某会议上

他告别时，他说我到他的母校工作，非常高兴，希望我能做出成绩来，有机会多联系。”（丁皓江亲笔资料）

丁皓江尊敬胡海昌，胡海昌也帮助丁皓江：

“20世纪80年代，由教育部委托在浙江大学力学系主办的一期针对教师的弹性力学讲习班，讲习班由浙江大学丁皓江教授主持，邀请胡海昌、王敏中和我三人，作为这次讲习班的主讲人。我和王敏中都分别承担一点讲课任务，同时在胡海昌先生讲课时都去听讲，因此对他在弹性力学变分原理方面的工作能够有系统的领悟。后来我们在弹性力学和变分原理方面都独立做过一些工作。特别是王敏中发展了他对弹性力学通解的工作，对于成立的条件给出了严格的提法和证明。这些都是和与他不断交流分不开的。”（武际可《怀念胡海昌先生》）

1957年9月份，丁皓江被分配到浙江大学工

作。由于他基础扎实，理论功底深厚，又师从胡海昌这样的名师，所以成长很快，在理论力学的教研方面做了不少工作，先后参加了全国统一教材《理论力学》《弹性力学》两本书的编写工作，并发表了他的第一篇论文，也就是毕业论文的一部分。1962 年，丁皓江按期升为讲师，此后，调入力学专业的教研室，从事专业力学课程教学工作。1984 年，学校任命丁皓江为力学系系主任。

丁皓江担任浙江大学力学系系主任之后，很有一些想法，第一步就是，广请力学名家做浙大兼职教授，他亲自到北京，请胡海昌担任浙大教授，在校长的支持下，他还亲请了多名教授到浙大做兼职教授。此时的胡海昌正处在学术高峰期，非常忙，但他欣然同意了丁皓江的请求，并给丁推荐了一些其他著名的教授。丁皓江还把他办力学系的一些设想向胡海昌做了汇报和请教，得到了胡海昌的肯定和指正，这样他们之间的联系多了起来。

胡海昌兼职浙大的博士点，最早是由王仁东先生申请到的。

王仁东 1908 年生于上海，他是我国著名的应用力学家，浙江大学化工机械专业创始人，长期从事化工机械、应用力学的教学和科研。在破碎理论、高压容器强度和断裂力学在压力容器工程的应用等方面均取得重要成果。

他十分重视后备力量的培养，早在 1953 年，王仁东就提出了筹办研究生班的提案。他指出:“中国决不能永远完全依赖欧美栽培自己的人才，否则就会犯‘殖民地教育’的错误，现在应站起来前进一步，自己招收研究生，设立研究生班。”他还认为：只有结合科研招收研究生，才能使学科有新的发展。从 1961 年起，他在国内首先招收了高压容器和破碎机械两个方向的化工机械研究生。“文化大革命”后，他又同时招收了固体力学和化工机械两个学科的硕士研究生。他提出要用学术讨论会的方法，多方吸收周围的大量“营养”，并采用“滚雪球”的办法使研究生队伍迅速有效地发展壮大起来。他为国家培养了博士、硕士生 20 余名，为化工机械学科的发展作出了贡献，被公认为是中国化工机械学科的开拓者。

1983年，75岁的王仁东先生不幸病故，因此，浙江大学出现了这样一种情况：博士点在，但没有博士生导师，无法招生。当时有这样一种说法，如果博士点一直不招生，这个点要被取消。浙大研究生院找到丁皓江询问怎么办，丁皓江也不知道该怎么办。研究生院早已有想法，他们找丁皓江，是想让丁出面，找一个兼职博导。丁皓江首先想到的是胡海昌，他立即北上找胡海昌商量。胡海昌当时已经在北大担任博士生导师，他记得教育部有规定，一个人不能兼两个地方博导。

看似简单的事情，丁皓江只得请示浙大研究生院，学校的答复是教育部他们会去备案，不会使老师为难。这样胡海昌就到浙大担任博士生导师，他表示为母校出力是非常高兴的，以后可以多到杭州几次。

胡海昌还对丁皓江说："第一年招一名博士生，要广开生源，硕士毕业和在读的都可以。"

胡海昌担任了浙大博士点的兼职博导，保住了这个博士点。1986年开始连续招了三届，每届一名博士生。胡海昌和丁皓江约定，他的重点是过问选题和最后论文审定，具体指导内容由丁皓江负责，他每年至少到杭州一次解决一些问题。

胡海昌招收的这三名博士生都很出色地完成了

博士学位论文，顺利毕业。第一位博士生任永坚，后来到美国获得了第二个博士学位。

胡海昌在这三名博士的培养期间，和丁皓江联系较多，他除了给博士生以指导，还在浙大开展了学术活动，与力学教师座谈以及参加学校的一些活动。在胡海昌的带动和指导下，丁皓江学会了如何去培养博士研究生。1990 年，丁皓江增补为博士生导师，胡海昌表示以后他不在浙大带博士生了，全部由丁皓江负责。

丁皓江的系主任工作一直做到 1992 年 8 月，胡海昌仍然每年到杭州，关心丁皓江在浙大的工作，在胡海昌的帮助下，浙大力学系研究生的培养工作走上了健康发展的道路，胡海昌的学识和为人以及工作作风，一直都深深影响着浙大力学系课题组的所有人员。

1995 年，丁皓江调到浙江大学土木系工作，这是胡海昌上大学时就读的系。在新的建筑工程学院成立的时候，胡海昌受邀再次光临浙大，作了精彩的学术报告。

胡海昌

胡海昌院士传记

Academician Hu Haichang's Biography

第七章

社会交往

胡海昌是个严谨的人，也是一个关心社会、关注政治的人，只要有时间，他总愿意参加会议，多做工作。对此，他的家人、朋友的感受就是一个字“忙”。

1. 广泛的人际交往

胡海昌在科研、教学之余，还参加了大量的学术组织工作和社会活动。从1978年开始，胡海昌先后担任第五、第六、第七、第八届北京市政协委员；从1979年开始，胡海昌当选为中国力学学会理事，并一直担任至1984年；1980年，胡海昌担任国务院学位委员会力学评议组成员；1982年，胡海昌参与创办《振动与冲击》，并任首届主编；自1985年8月至1991年6月，胡海昌一直担任中国空间技术研究院北京空间飞行器总体设计部科技委名誉主任；1986年8月，胡海昌任中国力学学会副理事长，1987年5月，中国振动工程学会在南京成立，同时，在南京召开了学会成立大会暨第一次全国会员代表大会，胡海昌任首届理事长，并任《振动工程学报》首任主编。1993年1月，胡海昌担任第八届北京市政协常委，2月起，担任第八届全国政协委员。

每一个职务，都是一份责任，胡海昌是个严谨的人，也是一个关心社会、关注政治的人，只要有时间，他总愿意去参加会议，多做工作，胡海昌以及他的家人的感受就是一个字“忙”。在参加这些社会活动中，除了对分担的工作认真投入必要的精力外，胡海昌十分珍惜时间，专注研究工作，成名之后，常常

1990年6月，胡海昌（前排右一）在京西宾馆参加力学评议会时和与会代表合影

1997年，胡海昌（后排左四）在全国政协八届五次会议上

谢绝各种学术性不强的出头露面的活动。除了这些社会活动和社会职务，胡海昌还有着更广泛的人际交往。

2. 两代人与马寅初的交往故事

胡海昌和他的父亲胡葆良，都与马寅初有过一些交往。

马寅初字元善，浙江嵊县人，我国著名的经济学家、人口学家、教育家。

1882年6月24日生，1906年毕业于北洋大学后留学美国，1915年回国，1916年在北京大学任教，1927年后任交通大学、国立中央大学教授兼浙江省政府委员、南京政府立法委员。抗战期间任重庆大学商学院院长。

马寅初不仅是享有盛誉的经济学家，而且是一位英勇不屈的民主战士。抗日战争爆发以后，在民族危机的紧急关头，他挺身而出，写文章，作演讲，反对官僚资本主义和通货膨胀，反对出卖民族利益和独裁统治。因为这些爱国行为，马寅初受到国民党反动派的迫害，被囚禁于集中营达数年之久，最后逃出。

新中国成立后，马寅初先后担任中国人民政治协商会议第一届全体会议代表，第一届、第三届全国政协委员，第二届、第四届、第五届全国政协常委，华东军政委员会副主席，中央人民政府政务院财经委员会副主席，中国科学院哲学社会科学部委员。1949年任浙江大学校长，1951年任北京大学校长直至1960年被迫离开北大，1979年又被任命为北京大学名誉校长，并被增选为第五届全国人大常委。

与1940年马寅初被捕事件最密切相关的，是他有关战时财政的见解。这一问题起始于1936年，鉴于当时中日之战已是山雨欲来，战时财政问题即政府如何筹措经费应对战时的庞大开支进入学者视野。

由马寅初担任社长的中国经济学社，在社刊《经济学季刊》第7卷第3期上开辟专号讨论。参考第一次世界大战经验，学者们对于征税、举债和通货膨胀这三种战时财政收入来源，结合国情进行了细致分析与权衡。在西方国家，所得税和遗产税是重要财政收入，而我国尚未全面推广，所以将其作为战时收入重要来源的呼声非常高。马寅初即是这一主张的代表人物，他提出："非常时期之国家财政，应以开办所得税为主要收入之一，必要时，再作有限制之通货膨胀，并发少数公债以补助之。"可见，马寅初的主张是以开办所得税为主，以有限制的通货膨胀和公债为辅。事实上，所得税和遗产税试办时，必然收入不丰，特别是我国以农业经济为主、工商业不发达的现实情况，决定了所得税不可能像英美一样在财政收入中占有重要地位。后来所得税与遗产税的实际征收情况也证明了这一点，马寅初的战时财政主张显然值得商榷。

1937年7月，蒋介石、汪精卫等政府要人主持召开庐山会议，包括经济学家在内的全国精英被邀至庐山，商讨国是。经济界同仁重点讨论了战时财政与金融问题。马寅初综合各人意见，认为战费来源主要包括加旧税与办新税、举借内外债、增发纸币（但极力避免第一次世界大战期间德国发生的严重通货膨胀）三项内容。此时的马寅初，也不得不承认所得税收入有限。欲以所得税为战时财政的主要来源，可以说是一厢情愿。庐山会议使学者的意见进一步在政府高层中传播，并影响政府决策。抗战爆发前后，国民政府开征所得税、过分利得税、遗产税等新税弥补损失巨大的关税，发行5亿元的巨额救国公债，并积极寻求外债，与学者的上述建议颇为一致。

在这样的大背景下，1937年6月，马寅初著《中国经济合作问题》，这本书由胡海昌的父亲胡葆良记录，后公开出版（遗憾的是一直没有找到这本书）。

胡海昌在浙大上学期间的校长是马寅初，其毕业证上的校长名字是马寅初。胡海昌在北大被聘任时，校长仍是马寅初。父子两代，和马寅初有颇多交集，尤其是胡海昌，从学生到教授，都和马寅初这样一位中国近现代史上赫赫有名的人士有过密切的关系，既是机缘巧合，也是一段佳话。

3. 胡海昌与钱令希

在胡海昌的生命中，和他有着重要关系的有三位钱姓人氏，这三人和他过从甚密。从胡海昌认识的时间顺序上说，他们分别是钱令希、钱伟长和钱骥。

“名师出高徒”，在胡海昌的科学道路上，应当提及的两位老师是钱令希和钱伟长。

钱令希是胡海昌的学术领路人和人生指路人。胡海昌在大学时遇上钱令希是一件非常幸运的事，他学术的萌芽和进步，起初都是在钱令希的悉心引导和指导下进行的，两人的相遇，既是一件相当自

胡海昌（左）与钱令希（右）

1991年9月，胡海昌（右）和恩师钱令希（左）在北戴河合影

然的事情，也是不可多得的“偶遇”。

钱令希，1916 年 7 月 16 日出生于江苏省无锡市，工程力学专家，著名力学家和教育家，中国科学院资深院士，我国计算力学工程结构优化设计的开拓者。钱令希毕生热爱科学技术，潜心研究，开拓创新，在学术和工程技术两方面都卓有建树，为我国社会主义现代化建设作出了不可磨灭的贡献，在国内外力学界建立了良好的声誉。建国初期，他撰写的著作《静定结构学》与《超静定结构学》培养了我国一代土木工程师，至今仍在被人们称道。

钱令希 1938 年在比利时自由大学获得“最优等工程师”称号后，回国参加叙昆铁路建设。他翻山越岭，风餐露宿，尽自己全力为全民抗日打开一条国际通道。1943 年，钱令希应邀到浙江大学任教。在那里，他写出了一些有杰出创见的学术论文，在国内外发表并获奖。1950 年，他担任了浙江大学土木系主任，年方 34 岁。解放前夕，他曾不顾个人安危掩护浙大学生运动中的中共地下党员或进步分子，深受学生们的尊敬和爱戴。

在力学领域，德国学者恩格赛于 1889 年提出了“余能理论”，很长时间，没人能够给予证明。钱令希从中发现了奥秘，论证了余能的变分不仅可以表达结构的变形协调，并且不受物体虎克定律的限制。

1950年，这篇论文在《中国科学》上发表，这一突破性的成果立刻引发了中国力学界对变分原理的研究兴趣，并在国际上产生了一系列的重大影响。

除了这一得意的“作品”，钱令希还收获了另外两个得意的“作品”，那就是他的弟子胡海昌和潘家铮，这是他带出的最早的学生。

胡海昌得到钱令希精心指导，开始钻研结构力学和弹性力学。特别是提前看到了《余能原理》的初稿，胡海昌喜爱得不得了，不久钱令希将其刻印出来，装订成了油印的小册子，馈赠给了学生，激励胡海昌以能量理论为核心，专心研究弹性力学。

在胡海昌留下的资料中，就有这本《余能原理》的抽印本，胡海昌的夫人陈小蘅在一张纸上写下了这样几句话：

“1951年，钱令希把《余能原理》的抽印本赠送给胡海昌。

“当胡海昌大学刚毕业时钱先生就对他寄予很大的期望。胡海昌也心领神会，奋发研究力学，尤其是能量原理。

“像这样师生之间的赠送著作，是极少见的事情。”

得到了老师特殊重视的胡海昌，以此自勉、勉人，果真大有成就。毕业几年后，他提出的三类变量变分原理奠定了力学界一项很重要的基本原理，胡海昌亦成为国际力学界举足轻重的大师级人物。

1946年，正值钱令希在浙大执教之时，胡海昌考入浙江大学土木系就读，钱令希主讲的结构力学深深吸引了年轻的胡海昌，他聆听钱令希的讲课，又经常与钱令希讨论问题，把钱令希对余能原理深入浅出的阐述铭刻在脑海中，成为以后萌发的一粒种子。胡海昌回忆起当时的情景时，对于这位老专家的鼓励后生、循循善诱怀有无限深情，他说："年轻人和老师讨论问题时，总是问这问那，并且许多意见往往是错的，但钱令希先生对年轻人的许多错误想法并不介意，总是给以耐心解释，而如果有一句话说对了，先生便大加鼓励。"

钱令希和胡海昌同是属龙，只是差了一轮。钱令希是胡海昌学术上的领路人，也十分关注他的生活，家庭困难的胡海昌曾一度萌生退学的想法，在钱令希的帮助下，胡海昌渡过了难关，保证了学业。

在胡海昌面临人生抉择的时候，钱令希高瞻远瞩，从胡海昌的实际情况出发，为他谋划了一生的学术道路和人生道路。1950年，胡海昌大学毕业，经钱令希引荐，被分配到中国科学院数学研究所力学研究室工作。

有文章这样介绍钱令希与胡海昌和潘家铮：

"早在40年代末，钱令希在浙江大学土木系开了一门选修课:《高等结构力学》。听课的学生只有两人，胡海昌和潘家铮。在课堂里，钱令希用讨论交流的方式进行教学，对此师生双方都感到是一种精神上的享受。更多的时候是他把自己的讲稿提纲给他们看，让他们提意见。当学生提出有意义的新见解时，钱令希就把它吸收到自己的教材中去。有时，则干脆鼓励他们自己把它写出文章来。就这样，师生之间切磋琢磨，教学相长，钱令希感到很有收获。后来，这两位学生都很有建树，于1980年，双双被选为中国科学院学部委员。直至今日，他们师生间还保持着密切的联系。钱令希谦虚地说：‘在他们的业务领域里，都作出了比我强得多的成绩。’”（孙懋德　程耿东《我国计算力学工程结构优化设计的开拓者——钱令希》2005年10月21日光明网）

钱令希1952年起在大连工学院（现大连理工大学）工作，历任教授、系主任、研究所所长、院长。期间同胡海昌通信不断，交往频繁。胡海昌的论文获奖，也是钱令希尽力推荐的结果。

胡海昌退休后，和钱令希的交往更加频繁，他们的信件往来频繁，相互之间交流学术、询问家庭情况，他们的家人都互相熟悉、互相惦念。

他们的名字是紧紧联系在一起的，在介绍钱令希的时候，都会提到胡海昌：他“爱才如命”，有口皆碑，培养了胡海昌、潘家铮、钟万勰、程耿东等国内外著名的力学与水利工程大师。

“平生风义兼师友”这样一句话十分符合胡钱交往，亦师亦友，殊为难得。

4. 胡海昌与钱伟长

钱伟长（1912.10.09—2010.7.30），江苏无锡人，世界著名的科学家、教育家，杰出的社会活动家。

钱伟长是中国人民政治协商会议第六至第九届全国委员会副主席，中国民主同盟第五届、六届、七届中央委员会副主席，第七届、八届、九届名誉主席。曾任上海大学校长，南京大学、暨南大学、南京航空航天大学、江南大学名誉校长，扬州大学名誉董事长，耀华中学名誉校长。

钱伟长在应用数学、物理学、中文信息学等学科，以及弹性力学、变分原理、摄动方法等领域有着重要成就。

1956年，钱伟长参与制定了十二年科学规划，并被任命为清华大学副校长。他与钱学森等创办了中国科学院力学研究所，同时担任中国科学院力学研

著名力学家钱伟长（中）以及合作者胡海昌（右）、叶开沅（左）在一起（发表于《人民画报》1957年3月刊第4页，专题《科学家的荣誉》，摄影者：钱浩）

究所副所长、中国科学院学术秘书、国务院科学规划委员会委员、中国科学院自动化研究所筹委会主任、波兰科学院院士。

钱伟长长期从事力学研究，在板壳问题、广义变分原理、环壳解析解和汉字宏观字形编码等方面作出了突出的贡献。1941 年提出“板壳内禀理论”，其中非线性微分方程组被称为“钱伟长方程”;1954 年提出“弹性圆薄板大挠度问题”，获 1956 年中国科学院自然科学奖二等奖；1979 年完成的“广义变分原理的研究”，获 1982 年国家自然科学奖二等奖；曾被授予波兰科学院院士，加拿大拉尔逊多科大学荣誉教授；1986 年被选为加拿大多伦多赖尔逊学院院士；1988 年获澳门东亚大学荣誉博士称号；1997 年 9 月 23 日获何梁何利基金科学与技术进步奖。

1950 年，大学毕业的胡海昌经钱令希先生推荐到中国科学院数学研究所力学研究室工作，他的顶头上司就是钱伟长，当时钱伟长任力学研究室主任。这是一个朝气蓬勃的研究集体，钱伟长对胡海昌的成长十分关心，把他和自己的研究生同样看待，在业务上严格要求、热情鼓励，在生活上也悉心照顾。据胡海昌回忆：“我少时家贫，从小生在杭州，又在杭州上学，初次从南方到北方工作，连北方过冬的衣服也置办不起，头一年冬天就是钱伟长先生借钱给我置办衣服的。”钱伟长先生除了指导胡海昌完成当时安排的研究工作外，对胡海昌其他方面的兴趣也热情鼓励。当时，胡海昌对三个方向都有兴趣：第一个方向是钱伟长组织的小参数研究；第二个方向是在大学引起注意的变分原理研究；第三个方向是从阅读苏联文献引起注意的各向异性弹性力学问题。后来他在这三个方向的研究工作都取得了为世人瞩目的研究成果。

1993年科学出版社出版的《中国现代科学家传记》第四集黄黔撰写的《钱伟长》一文中写道：

“钱伟长参与创办我国第一个力学专业，开设力学研究班和力学师资培养班，培养了一批优秀的力学工作者。他辛勤耕耘，不断进取，善于与学生和青年探讨如何攻难关，做学问。钱伟长思路敏捷，见多识广，心地坦诚，随时都有令人叹止的新点子。他精心指点、善意扶持，20世纪50年代曾经指导陈至达、叶开沅、潘立宙等18名研究生和胡海昌、郭仲衡、黄敦等十多名共事的助手以及三期力学研究班学员。20世纪80年代，他又指导了陈山林、黄黔、周哲玮等50多名研究生。他特别重视学生的自学、阅读文献和钻研，重视理科和工科的结合，重视自然科学和社会科学的结合，重视延揽人才和保护人才。

……

“后来，钱伟长和叶开沅计算了多种载荷和边界条件下的圆薄板和矩形薄板大挠度问题，潘立宙在1957年和美国 Nash 在1959年分别用摄动法求解椭圆板大挠度问题，胡海昌发现中心点挠度作摄动参数在计算中心点集中载荷和均布载荷复合作用时会遇到中心点挠度可能为零的困难，1980年在钱伟长的指导下黄黔用均方根挠角作摄动参数顺利解决了这个困难。

“钱伟长另一项重要成就是对广义变分原理的研究。……世界上有两个学术中心的工作引起各国学者的注意，一个是美国麻省理工学院的 E.Reissner、鹫津

1993年8月，501部成立25周年合影（前排右二为胡海昌）

久一郎、卞学鐄等人，另一个就是钱伟长、胡海昌等中国学者。胡海昌提起恩师钱伟长的指导和提携时说，如果没有钱先生推荐发表他的文章，中国力学工作者就没有胡海昌 - 鹫津久一郎原理的荣誉。”

这里的记述和评价当属不虚，在胡海昌成长的道路上，钱伟长功不可没。

5. 胡海昌与钱骥

钱骥（1917.12.27—1983.08.18），出生于江苏省金坛县，空间技术和空间物理专家，原中国空间技术研究院副院长、科技委副主任。

钱骥早年从事地球物理研究和地震台站网建设工作，20 世纪 50 年代起从事空间探索活动，参与制订星际航行发展规划，组织编写《我国卫星系列发展规划纲要设想》，提出多项有关开展人造卫星研制的新技术预研课题。负责组建卫星总体设计部，是中国第一颗卫星“东方红一号”方案的总体负责人，并为返回型卫星的研制做了大量技术和组织领导工作。

1964 年，中国尖端技术事业取得了重大突破，钱骥作为卫星技术总体负责人，经常到各研究所调查研究，了解卫星配套的预研课题进展情况，看到在力学、传热学、电子学、半导体、材料等基础研究领域均取得了成果，为卫星研制提供了技术基础。10 月下旬，钱骥陪同赵九章去酒泉导弹试验基地，参观导弹发射试验，充分了解到运载火箭技术进展情况，已可以把卫星工程提上议事日程了。他认为发射卫星不仅有重大的政治意义和科学价值，还能为中国发射远程火箭提供空间环境资料。钱骥在调研报告中指出，中国科技、工业都有了一定提高，又积累了多年火箭探空经验，为卫星上马做了不少技术储备。同时，发射卫星又可进一步带动促进中国工业和科学技术的发展，建议国家尽快制定发射卫星计划。

1965 年 9 月，中国科学院开始组建人造卫星设计院，钱骥被任命为技术负责人，组织领导总体组全面开展东方红一号卫星的总体方案设计和分系统技术设计工作，拟定各分系统设计指标。为落实各项任务与技术要求，他还率领总体组到各研究单位进行协调，安排落实了近 200 个预研和试制项目，组织了卫星研制全国协作网。1965 年 10 月，钱骥在国家召开的卫星方案论证会议上，作了《关于我国第一颗人造卫星的总体设计方案初步意见》的报告，就卫星系统方案、目的任务作了详细的报告。1970 年 4 月 24 日，中国按计划成功发射了东方红一号人造卫星。钱骥对中国第一颗人造卫星的研制作出了重大贡献。

钱骥担任人造卫星设计院技术负责人，组织领导总体组全面开展东方红一号卫星的总体方案设计和分系统技术设计工作，胡海昌是东方红一号卫星早期的总体和结构设计负责人，两人的关系是和谐而友善的。

6. 胡海昌与卞学鐄

由于 20 世纪 60 ~ 70 年代有限元方法的发展及其在工程上的广泛应用，变分原理作为其理论基础，显示出重要性。

卞学鐄是国际力学界享有盛誉的著名学者，也是中华民族的优秀学者。卞学鐄 1919 年 1 月 18 日出生于中国上海，童年随父母居住天津，并在天津长大。卞家是天津望族，祖籍江苏常州。祖父与外祖父均是清末学者和官员，父亲在外祖父资办的南开中学毕业后，于 1913 年赴英国伦敦求学。母亲带着两位长姐伴读，第一次世界大战爆发时，举家迁往美国。父亲在取得美国纽约大学商业系学士学位后，回国先在商界和银行业任职，后来成为中央银行天津分行的经理。卞学鐄本人也毕业于天津南开中学，1936 年进入清华大学工学院学习。因日寇入侵中国，随校内迁，于 1940 年在昆明取得西南联大航空系的学士学位。1940 年在云南垒允中央飞机制造厂任技术员。1942 年转到成都，以工程师身份任职于成都滑翔机制造厂。1943 年到美国。1948 年在美国麻省理工学院取得博士学位，之后留校任教，是麻省理工学院终身教授。卞学鐄是国际著名计算力学权威，美国工程科学院院士，美国科学院院士。夫人赵如兰是语言大家赵元任之女，哈佛大学教授。

1988年6月，胡海昌全家和卞学鐄（右三）合影

卞学鐄是知名学者，站位高，眼界宽，在一些领域影响大。鹫津久一郎是日本学者，早年访问美国，在麻省理工学院卞学鐄教授指导下进行过研究。鹫津久一郎的广义变分原理是在1955年发表的。当时我国和西方国家交流很少，他们也没有看到胡海昌的文章，所以西方世界一直以鹫津久一郎原理称呼。一直到20世纪70年代，在美籍华人学者的推动下，西方才了解到中国胡海昌在这方面发表的最早的工作，包括鹫津久一郎本人后来也在自己的著作中以胡海昌－鹫津久一郎原理称呼。

胡海昌的论文发表要比鹫津久一郎早一年，他的论文1954年发表在《物理学报》上，在论文《论弹性体力学与受范性体力学中的一般变分原理》中，胡海昌提出广义变分原理。推动人们认识胡海昌，并将鹫津久一郎原理称呼改变为“胡海昌－鹫津久一郎原理”称呼的就是卞学鐄。

7. 胡海昌与叶开沅

胡海昌与叶开沅是朋友和参加工作早期的同事，也曾在同一所学校求学，他们二人都师从钱伟长先生。叶开沅和胡海昌都曾参与北大力学专业的组建，并任课，二人交集颇多。

1986年8月，在中国力学学会第三届理事会上，胡海昌（右一）与浙大同志合影（右四为钱令希、左三为叶开沅）

叶开沅1926年5月19日出生于浙江省衢州市。1938—1943年，在浙江省立衢州中学学习。1944年，到北京灯市口育英中学学习。1945年考入北京大学土木工程系，旋即转入燕京大学数学系学习。1946年，进入唐山工程学院学习，1947年转入清华大学电机系学习。1949年，借读于浙江大学电机系，不久，重返清华大学电机系学习。大学毕业后，在清华大学工程力学研究所师从著名科学家钱伟长，开始研究生学习。1952年院系调整时，转为北京大学力学专业研究生，仍师从钱伟长。1945—1953年，叶开沅先后在清华大学、北京大学等著名学府学习，广泛接触不同的学术流派，涉猎各门学科，并得到钱伟长的悉心指导，受到良好的学术训练，这对他的成长和发展起了决定性作用。研究生毕业后，叶开沅被选留在北京大学数学力学系任讲师，参与了北京大学力学专业的组建工作，是我国第一个力学专业的主要创始人之一。其间他承担了大量教学任务，并与王仁院士等一道筹建了北京大学固体力学教研室。他积极参加科学研究，并取得显著成果，他与钱伟长、胡海昌一道完成的“弹性圆薄板大挠度问题”科研成果于1956年获首届中国科学院自然科学奖二等奖，这是当时除钱学森先生的《工程控制论》获一等奖外，力学学科唯一获得的一项二等奖。1959年，响应国家支援大西北的号召，叶开沅随江隆基校长到兰州大学任教，并开始在兰州大学筹建力学专业。短短几年，兰州大学力学专业从无到有，很快走上正轨。但不久，“文化大革命”开始了，对他的冲击接踵而至，给他和他的家庭带来了巨大的灾难。1978年平反昭雪后，他毅然回到兰州大学数学力学系力学教研室。不公正待遇并未使他灰心，生活中的不幸也未使他屈服，重新工作使他燃起了在力学领域从事人才培养与科学研究的激情。1980年，他与钱伟长合作创办了专业学术期刊《应用数学和力学》，并担任副主编。1981年，以他为学科带头人，兰州大学固体力学专业首批获得博士学位授予权；同年他被破格晋升为教授，并被国务院学位委员会首批批准为博士生指导教师。1982

年，他发起成立甘肃省力学学会，随后担任理事长、名誉理事长。1983 年，他当选为中国力学学会常务理事。1986 年，凝结了他大量心血的兰州大学力学系独立建系，他受命担任系主任，1991 年后任名誉主任。叶开沅潜心力学研究，在大挠度理论研究领域取得了突出成就。20 世纪五六十年代，固体力学界关注的热点课题就是求解薄板结构非线性变形的著名冯·卡门大挠度方程。1953 年，他的第一篇论文《边缘载荷下环形薄板的大挠度问题》在《中国科学》上发表。他的研究生毕业论文《矩形板的大挠度问题》在第 9 届国际理论与应用力学大会上报告。

叶开沅不仅是一位力学科学家，而且在戏剧史研究方面也很有建树，著有《叶开沅戏曲论文集》。

8. 胡海昌与钟万勰

钟万勰，浙江新市人，中国科学院院士，工程力学、计算力学专家。曾任大连理工大学工程力学工程研究所所长，教授，中国科学院技术科学部常委、副主任，第五届中国力学学会副理事长，国际计算力学协会资深会员。1956 年毕业于同济大学桥梁与隧道系，同年被分配到中国科学院力学所工作。1962 年

胡海昌（前排右四）与钟万勰（前排左二）在大型通用结构分析程序系统鉴定会上

调到大连工学院工作。1993 年当选为中国科学院院士。现为英国威尔士大学名誉教授与香港大学名誉教授，担任中国自然科学基金会与英国皇家学会合作项目“高等结构动力学的研究”，主持过多次国际会议，任国际计算力学协会常务理事。

钟万勰是钱令希培养出的又一位科学家。携手钟万勰的这段美谈，成为大连工学院（今大连理工大学）盛传不衰的佳话。

“反右”开始时，钟万勰就遇到了麻烦，他“站错了队伍”，对钱伟长所谓的“反党”“没有看出来”，因而，他被开除了团籍，下放到北京郊区劳动。

正当别人对钟万勰避之不及，恐怕惹火烧身的时候，胡海昌将钟万勰推荐给了自己的老师钱令希。

钱令希回到大连，迫不及待地向屈伯川院长提出把钟万勰调进来。对于求贤若渴的屈伯川来说，这也是天降喜讯，大连工学院就是要群贤毕至，就是要把每一位学者的能力发挥出来，否则，屈伯川院长不可能“三顾茅庐”地去请钱令希。

屈伯川很快就签下了调令。

1962 年 9 月的一天清晨，钟万勰从北京坐火车到达了大连。钟万勰本想乘坐公交车去大连工学院报到，出站口却站着一个翘首以待的人，那人便是钟万勰敬仰的先生——钱令希。他没有想到，钱先生会大清早跑到车站亲自来接他，十分感动。

钟万勰曾与胡海昌密切合作，撰写了《考虑剪应变的弹性薄壁杆件的振动理论》，发表在 1957 年的《力学学报》上。

几十年间，无论是在生活中还是学术上，胡海昌与钟万勰一直保持着密切的来往，胡海昌在学术上也不时地给予钟万勰以指导和帮助，这种亦师亦友的关系最终传为一段佳话。

9. 武际可笔下的胡海昌

武际可，山西霍县人，1934 年生，1958 年毕业于北京大学数学力学系，为北京大学力学与工程科学系（现为北京大学工学院力学与空天技术系）的退休教授、博士生导师。

与他人合著有《旋转壳的应力分析》《弹性力学引论》《弹性系统的稳定性》等学术专著，还发表有关固体力学、计算力学与应用数学论文百余篇。曾任中国力学学会副理事长、计算力学专业委员会副主任、《力学与实践》主编。

胡海昌在北大担任兼职教授期间，从 1979 年到 1990 年代中晚期，十多年的时间里，胡海昌与武际可的工作关系非常密切。武际可是所谓“双肩挑”干部，一方面担任力学系行政和管理工作，另一方面还搞科研和教学，他作为胡海昌的助手，与胡海昌合作培养研究生（胡是导师，武是副导师。他们合作培养的有硕士研究生和博士研究生）。工作上他们密切配合，武际可经常骑着自行车到胡海昌位于中关村的家里商谈工作。

武际可退休后写下了数十万字的《教余琐话》，其中有一篇是《怀念胡海昌先生》，这篇文章写于胡海昌去世三天后的 2011 年 2 月 24 日，武际可和胡海昌相处时间长，了解胡先生的为人，他以翔实的资料为根本，情真意切地写下了这篇文章。

怀念胡海昌先生

“2011年2月21日，我们尊敬的力学家胡海昌院士永远离开了我们。胡海昌院士是第三届中国力学学会副理事长、曾任中国振动工程学会理事长、两次和他人分享国家自然科学奖二等奖，并获得一次三等奖以及多项其他奖励。他不仅学问做得好，成绩斐然，而且诚恳待人，热心教学，在同事和学生中口碑很好。对于他的去世，我是很悲痛的，特别回忆有关他的几件事，以表纪念。

“胡海昌先生的贡献是多方面的，他多年工作的主要部门与航天有关，这方面我不了解，也是门外汉，没有发言权。就我熟悉的固体力学方面他最具有影响力的工作至少有四项。

“胡海昌最著名的工作是1954年发表在《物理学报》上的论文《论弹性体力学与受范性体力学中的一般变分原理》。

……

“胡海昌先生另外三项工作是关于各向异性弹性介质通解的工作、关于弹性力学边界积分方程的对偶提法和与王大钧合作关于弹性结构算子正定性的一般证明。此外他在振动理论和板壳问题方面也作出了很好的工作。

“胡海昌先生虽然长期身处研究单位，但对教学和培养后学一直抱有很大的热情。他曾经兼任北大力学系和浙江大学力学系的教授。尤其是和北大力学系的关系一直非常密切。

……

“现在先生永远离开了我们，不过先生的学术业绩，先生的高风亮节对学生和后人的感染将长留人间。人们将永远怀念先生。安息吧，胡海昌先生！”

10. 胡海昌与苏先樾

苏先樾曾任教育部高等学校力学教学指导委员会副主任、力学专业教学指

1986年6月，胡海昌（左二）在承德和苏先樾（右一）等合影

导分委员会主任，是《力学进展》《工程力学》《航天器环境工程》副主编，《力学学报》编委，《CMES》编委。多年来一直担任北京大学工学院副院长、力学与空天技术系主任。

苏先樾 1967 年 7 月毕业于北京大学数学力学系，1982 年 4 月在北京大学力学系获理学硕士学位。武际可先生的文章《怀念胡海昌先生》一文说：苏先樾是北大力学系自己培养的第一名博士生。她的导师就是胡海昌先生。

1983 年，北京大学开始招博士生。刚刚取得硕士学位的苏先樾想在国内继续深造，她和胡海昌先生此前认识，苏先樾硕士论文的答辩主席就是胡海昌，她对胡海昌先生的印象深刻，非常崇敬这样一位学术前辈。在国内学术界，她知道胡海昌的威信是非常高的，很多人都非常崇拜他。带着这样一种心情，苏先樾考取了胡先生的博士研究生。苏先樾是从事板壳、非线性方面的工作，她的博士论文是《旋转薄壳的非线性分析》。

胡海昌先生作为导师，武际可先生作为副导师，曾参加指导过两名博士生，他认为：

“他（胡海昌——作者注）对学术问题的敏锐鉴赏力、对研究问题的一丝不苟。……在与胡海昌先生接触中，先生不断关心和嘱咐他们，要善于用脑，保护脑筋，不要开夜车把脑子弄得昏昏沉沉。胡海昌平时经常浏览学术文献，关注学术动态，一有心得便不断告诉我或研究生。对边界单元法和弹性力学问题的正定性问题的重要性，就是在和他讨论中，不断获得推进和解决的。两位博士生的博士论文都是有关计算力学方面的，他虽然对计算机不太熟悉，但对计算力学有关的理论关键问题把握得非常准确。论文事先都经过我仔细审读后，最后才交给胡海昌先生阅读定稿。他毫不马虎，真是字斟句酌，都提出多处改进的意见。”

这和苏先樾对胡海昌的看法是一样的。她切实体会了胡海昌对于学术上的严格要求，这种严格可以说既体现在宏观方面，也体现在微观方面。宏观方面看胡海昌先生站位高，对于国内外相关问题的研究非常关注，可谓了如指掌。微观方面，就是他一以贯之的认真、细心，学术问题上一点也不马虎。

苏先樾的博士论文所研究的问题，当时在国内看是比较早、具有先进性的，她想写此文章，胡海昌认为有些地方还需要做再深化，要求再做一些工作后发表。这件事苏先樾印象这么深刻，等到 20 世纪 90 年代，她在《力学学报》当编委的时候，看到合肥工大的研究者又做她当初想做的问题，她知道胡海昌先生比这些人看得远、问题看得深，要求更严格。

让苏先樾记忆深刻的是胡海昌先生对她论文的修改，仅文字部分胡先生就改了一个多月，对于毕业论文，胡海昌是一个标点一个标点地改，当时论文还是油印，力学的公式符号又多，很容易出错，经过胡海昌之手的论文，完全修正了手误、印刷错误。

1987—1989年，苏先樾在美国康乃尔大学作博士后研究；1993、1995—1996年曾分别任英国UMIST皇家学会访问学者和台湾大学应用力学所客座教授。主要从事弹性稳定性、弹塑性动力学及计算力学等方面的研究，在弹性系统稳定性理论、结构冲击动力响应与失效、层状介质和复杂结构的波传播及无损检测等方面取得了若干有意义的成果。

对于学术胡海昌和别人不同，他总是希望把科学吃得比较透。苏先樾从美国做博士后回来，见到胡海昌，胡海昌对一些前瞻性的问题有很多想法，他把自己初步得出的一些想法和积累的资料给了苏先樾。胡海昌说要深入研究，他希望自己的高徒也予以关注。苏先樾因为刚回国，事情多，也难以静下心来去跟随老师的思路，就在苏先樾刚想努力研究老师提供的资料时，有些课题老师已经完成了，苏先樾深感老师的刻苦和对学术研究的紧迫感。

胡海昌的学术研究深得其法，这与他青年时代在大学养成的自学的学习习惯有关，也和他的导师钱令希的教导有关。他善于把一些一般性的问题和一些更难的、特殊性的问题挂起钩来。胡海昌先生对于学术的态度和学术研究方法，以及研究成果，都是学术界和他的学生深深佩服的，胡海昌的学问，在他们的老师中是首屈一指的，很多人为没有成为胡海昌的研究生而深感遗憾，他们对于苏先樾能找到这样一位导师而欣慰。

苏先樾也深感庆幸能找到这样一位导师，她对于自己敬爱的导师的了解也是不断加深的。中国力学学会曾主编一本《中国二十世纪学术大典》，苏先樾写了《胡海昌－鹫津久一郎广义变分原理》，在写这篇文章的过程中，更是得到胡海昌很多指导。苏先樾深感受益良多，多年后她还说：她以前也学了广义变分原理，但根本就没有把三类变分原理的区别搞得非常深，恰恰是写这篇文章之后，对广义变分原理才真正了解了。

胡海昌和有关人士的社会往来，在以后章节多有涉及，此章不再赘述。

胡海昌

胡海昌院士传记

Academician Hu Haichang's Biography

第八章

为人处事

胡海昌的性格是多面的，但其精髓是真诚待人、正直和宽容。胡海昌有很多轶事广为流传，这些事例都从不同角度说明了胡海昌为人处世的性格和原则。

1. 一段插曲

英国作家萨克雷在《名利场》中有一段话："有些人宅心仁厚，忠诚不变，理想崇高；因为心里没有卑鄙的打算，性子也比人直爽，能够真诚待人，不论对于阔人还是穷人都一样正直，一样宽容。"这句用来评价胡海昌是再合适不过了。

胡海昌的性格是多面的，但其精髓是真诚待人、正直和宽容。

在殷云岭所著的《两弹一星功勋科学家——孙家栋》(河北少年儿童出版社，2001年4月出版)一书中，作者这样写道：

"在解决卫星研制的关键问题中，许多的专家付出了心血，透支了精力。更可感动的是，有些像赵九章、钱骥深受政治磨难，手脚被缚的专家，仍不计屈辱，为炎黄子孙实现飞天梦想而贡献绝技。力学专家胡海昌就是这一方面的典型人物。

"东方红一号卫星上设置的四根拉杆天线，是为发射《东方红》乐曲信号和遥测参数所用的。星箭分离后，短波天线的自由端离开卡环，呈收缩状态的天线，应在卫星高速旋转的离心力作用下迅速展开。但在模拟天线展开释放的实验中，其中发生了最后一节天线被折断甩出去的问题。一次实验，二次、三次，直至十次试验皆尽如此，究竟是何原因导致了失败？经过研究人员的分析计算，初步认定是天线展开不够，管子的直径大，质量大，在高速运转中离心力也大，因而导致了天线断折。

“但是，按照这种推论没能解决问题。求贤若渴的孙家栋便要找‘高人’指点，于是找到了因家庭出身有问题而靠边站的胡海昌。

“胡海昌，原‘651’设计院总体组副组长，著名力学专家，曾获得过新中国首届自然科学奖，后来的中科院院士。在天线问题未出现之前，孙家栋曾多次向他请教卫星总体设计中的问题，并欲请他为总体部的同志们讲几堂力学课。未想这位文弱儒雅、卑躬卑谦、看不出一丝傲气与傲肉的专家傲骨毕露地答道：‘孙主任，你叫我讲什么？讲浅了说明不了问题，没意思！讲深了，你们又听不懂啊！’

“孙家栋恰恰佩服他的傲骨和率真，借天线问题的出现，便请他帮忙计算一下天线甩开时的运动轨迹和受力分析。他二话没说就接受了请求，在没有电子计算机的条件下，一夜之间硬是笔算了出来。

“根据计算的数据，胡海昌振振有词地指点孙家栋：天线施放和展开的形式，是复杂的运动合成，天线与卫星之间只有一个铰链的设计，使每根天线相对卫星只有一个方向的转动，与卫星自旋时依靠旋转和离心力使天线展开、施放的实际运动是不一致的。

“在高深的理论阐述之后，胡海昌要以通俗语言解释理论——他指出天线的一甩不是直线运动，实际上把‘甩’的力量变成了‘掰’的力量，就像格斗擒拿中的‘反关节’掣肘术一样，使天线屡屡折断。而且，由于天线释放时的一甩快于卫星的自旋速度，设计中还要加上这个速度。

“他重新计算了这个加速度，以及解决问题所需改变的速度和运动轨迹，在与天线组专家的多次酝酿之下，修改了天线结构的设计，并在试验中让卫星反转，最后，在多次的模拟实验中都获得了成功。”

这是一段非常精彩的文字，但这段文字中有的地方有误，有的地方不够准确。当时胡海昌担任的是“651”设计院总体组组长，而不是副组长。关于“讲深了、讲浅了”这句话，听上去很有味道，或许胡海昌说过，但当时还有另外的一种情况。

这段时期比较混乱，技术人员受压制，工宣队、军宣队、军管，胡海昌没有发挥他的才能，他学术上的贡献不在这一段。印象深刻的有两件事，一是新来的大学生，搞运动、搞造反很积极，但他们心里很明确，他们的学术知识比较差。当时，戚发轫牵头，学生强烈要求胡海昌给他们讲课，一定要给他们把力学基础打好，因为搞结构的没有力学基础不行。在这方面，胡海昌放下架子，身为一个大科学家，却给年轻人讲最基础的东西。年轻人并不太知道，他们的心情很矛盾，不是非常尊重胡海昌这样的科学家，认为他们是反动权威，又觉得自己学术基础差，需要他的帮助。在这种情况下，胡海昌很认真、很负责地做了他应该做的一些事情。另一件事情，胡海昌做得比较好，当年北京航空学院（今北京航空航天大学）校长曹传钧找到戚发轫邀请胡海昌给北航上力学课，当年也没有报酬，“文化大革命”很乱，但那时都肯放下架子，曹校长骑自行车找到戚发轫，胡海昌很热情地办这件事。在那样特殊时期的情况下，胡海昌本身可以干，也可以不干，他没有义务，但他去干了。当年他还给一些年轻大学生提出要看什么书，使他们受益良多。

在一些生活小事上，有些事情也反映了胡海昌的操守。“文化大革命”时物资供应很紧张，每个室发一个煤气罐、一辆自行车等，作为领导的戚发轫和胡海昌商量好，他们两人绝对不要，他们两人做得都很好，胡海昌也很支持戚发轫。

2. 严谨治学

胡海昌的治学严谨在业内是有名的。

胡海昌有很多轶事广为流传，这些事情都从不同角度说明了胡海昌的为人性格。

一位航天系统的领导是博士，曾经有人对他的文凭有质疑。但据说有人听说这个领导的博士论文答辩委员会，有胡海昌参加，这位人士说，不用怀疑，这位领导的文凭肯定是真的。

有位外国科学家到中国访问，指名道姓要找胡海昌教授，那时胡海昌才二十多岁，尽管发表了胡－鹫津原理，但在单位不过是个助理研究员，官方知道后，立刻通知胡海昌，和外国专家一晤。

胡海昌和大多数富有成果的科学家一样，不仅专注于自己的研究工作，对培养青年一代，提携后学和教育工作也非常重视。1952 年，北京大学在周培源教授领导下建立了中国第一个力学专业。从 1956 年起，胡海昌受聘在北京大学兼职教学，先后讲过弹性力学、板壳理论、薄壁杆件理论、弹性力学变分原理等课程，带领学生和青年教师举行科学讨论班长达几个学期。他还先后在清华

胡海昌（前排左四）参加北京航空航天大学博士学位论文答辩

大学工程力学研究班、北京航空航天大学、中国科学技术大学和浙江大学兼职讲课。他讲课抓住要领，讲理论深刻严密，讲方法灵巧多变，使听讲者深受教益。1960 年，国家建筑工程部与力学研究所为了培养建工壳体设计科研人才，合作在西安举办板壳讲习班，学员 80 多人，胡海昌负责教学工作，领导全组编写教材，制定科研专题。时值国家困难时期，他又身患肝炎，但他仍艰苦奋斗，出色地完成了任务。胡海昌自 1957 年在力学研究所工作期间就开始指导研究生，1979 年任北京大学、浙江大学兼职教授、博士生导师，先后培养了 20 多名硕士、博士研究生。他的许多学生都已成为科研和教学骨干。胡海昌在教学工作中积极提倡自己在成长道路上形成的独特风格，即培养学生的独立学习、独立工作能力。在指导学生的学习方法上，他主张努力学习，但

1996年，胡海昌（前排右三）参加501部96届博士硕士研究生毕业典礼

不要拼时间。他常说，脑力劳动者最可珍惜的是一个清醒的头脑，我们要满负荷，可别超负荷。他经常教育年轻人要将学习和工作视为像马拉松一样，须时时努力，追求一生，以期求得最大的贡献，而不要计较一时一事之得失。

胡海昌在总结古今有卓越成就者的经验后认为：各人有各自的主观条件和客观环境的特殊性，新思路、新观点、新方法要靠自己创造。但有一点是共同的，要办成一件有意义的事，要有崇高的理想、科学的态度和大度的胸怀。有崇高的理想，才会有正确的取舍和持久的毅力；有科学的态度，才能出效率、出效果；有大度的胸怀，才能虚心学习，博采众家之长。

3. 俭以养德

胡海昌生活俭朴，淡薄名利。

生活中的胡海昌追求安静，他不爱说话，也不凑热闹。他在中关村的房子比较破旧，家里人也多，他就到小屋去写稿子。

胡海昌不太追求物质。他自己简朴，当然他不在意这些，在很多同事的心目中，总记得胡海昌在一张旧办公桌前挥汗如雨的景象，那时候办公室人多，办公条件也不好，但胡海昌经常埋头于一大堆资料和稿纸之间，满头大汗地做着学问。

胡海昌的严谨不仅表现在治学上，还表现在工作上。他每个星期要开一次会议，工程的进展情况，存在的问题，都要了解到。每次开会后，必然要做一些指导。他有比较严谨的科学态度，会把一些问题写在一个小纸条上，给每位下属。有些是力学方面的事儿，有些是有疑问的事儿。如果有问题，他会告诉你去找哪本书，看哪一章。他对工作人员技术上的发展非常看重。

20 世纪 50 年代，胡海昌工资并不高，但为了响应号召，一次购买了 1000 元公债。1982 年，他将所获国家自然科学奖二等奖奖金全部捐给中国力学学会。1997 年，他从所获何梁何利基金科学与技术进步奖中拿出 1 万港元捐赠给空间飞行器总体设计部，作为奖励青年科技工作者的基金。胡海昌在一套 70 平方米的老房子里住了几十年，自己从不提出什么要求，直到 2003 年在同事们的呼吁下，才搬进中国空间技术研究院的院士房。胡海昌早年成名，可算是一位名副其实的学术权威。但他在同事的眼里，却是极其平易近人而又乐于助人的“老胡”。他是一位科学报国的爱国者，一位杰出的力学家，一位中国航天技术的先行者，一位青年学者的良师益友。

1988年8月，胡海昌在家中与他人交谈

1994年10月，胡海昌夫妇在中关村家窗前

4. 三代人的爱心接力

这里的三代人指的是以胡海昌为中心的，由他的父亲胡葆良和女儿胡闰莓共同谱写的三代人之间的一些佳话。

1957年5月，胡海昌（中）、陈小蘅（左）在杭州与父亲（右）合影

胡海昌少年丧母，胡葆良为了使儿子不受继母虐待，坚持不再续弦。他们父子共同构建了一个和谐的生活环境，但胡葆良的付出是巨大的，以他那时候的社会地位，再找一位夫人似乎不是难事，愿意给他介绍的人也不少，但年幼的胡海昌和姐姐不希望父亲给他们娶一个继母，胡葆良自身也有被后母虐待的痛苦经历，所以他做出了相当大的牺牲。回报他的是，后来他生病之后胡海昌的悉心照料。胡葆良九十多岁的时候生病住院，已经六十多岁的胡海昌白天上班，晚上到医院值班，他的事情被很多同事朋友知道后，都非常感动，一个六十多岁的老人照顾九十多岁的老父亲，是多么不易？何况胡海昌还有繁重的工作。

而胡海昌老年也多病，他的老伴身体也不好。这样两位老人一起生活，令他们的子女非常担心。在国外发展很好，家庭也在国外的胡闰莓，辞去国

1962年，胡海昌夫妇和女儿、侄女合影

外的工作，连同丈夫一起回国，在十余年的时间内，照顾生病的父母。

胡海昌去世后，他的老伴也成了植物人，胡闰莓继续辞去国内的工作，专职在家照顾母亲。

这是三代人的爱心接力，所谓上行下效。父母是孩子人生的第一任老师，所谓言传身教。他们三代人之间的这种爱的细节，深深地感染着每一个人。

5. 媒体报道点滴

胡海昌行事低调，不事张扬，他的工作性质也不允许频频见诸报端，所以对他的报道十分少，除了专业刊物上的一些介绍，仅有有限的几篇，描写了他不同的侧面。其中一篇是《蓝天青史写辉煌——记中科院院士胡海昌》，原发于1998年第13期《国际人才交流》，作者夏培卓，写得颇为生动。现摘录如下：

“我去？他来？争执不下，到底还是他来了。

“他见面第一句话是：‘车太挤了！’我呆住了。

“我要采访他，他却一定不要我去。非要自己来，他知道我的腿不好，怕我受不了这样的挤。可我没想到他是坐公共汽车来的。在今天的北京，一个乡村干部，一个中学校长，都有不叫‘专车’的专车，他，这个中国最高层次的学術拥有者——中科院院士，却‘出无车’，甚至连个‘面的’都舍不得打……

“我的心颤抖了。

“1米68的小个头在公共汽车里被拥挤的人群所埋没；一件灰色的旧羽绒服，在繁华大街的人流里，没有人能辨得出他的身影；平凡、普通，在中国960万平方公里的土地上，到处都可以看到这样的形象。但是，你要找他，他又被淹没在茫茫人海里。

“你知道在哪儿可以找到他吗？在蓝天上，在太空中，在射向浩瀚苍穹的火箭内，在环绕地球飞行的卫星里，都能找到他的力学理论的轨迹；在英文的、法文的、德文的、俄文的、日文的教科书里，专著里、文献里……你都可以找到他，他的名字，他的成绩。他是那样地不平凡，那样地光彩照人，他在十几亿中国人中脱颖而出，以他卓越的研究成果蜚声世界。

“他是谁？

“他就是中国科学院院士、空间飞行器总体设计部科技委名誉主任胡海昌先生。当然，他还有诸多的头衔：国务院学位委员会力学评议组成员、中国气功科学研究会学术委员会副主任、《振动工程学报》主编、北京大学兼职教授、浙江大学兼职教授、北京市政协委员、全国政协委员。

“也许你未曾听说过有个‘胡海昌－鹫津久一郎原理’，但是，这个原理却在国际力学界有着广泛而深刻的影响。

“1954年，胡海昌在《物理学报》发表了论文《论弹性体力学与受范性体力学中的一般变分原理》。当时，他刚刚26岁——风华正茂的年龄。第二年，日本学者鹫津久一郎在美国发表了和胡海昌同样结果的论文。后来，国际上正式把这个原理命名为‘胡海昌－鹫津久一郎原理’。这个原理得到了力学界的重视，在众多的专业性学术著作和文献中得到介绍和引用，为工程结构进行分析提供了一种更为强有力的手段。

“只可惜，当时要不是闭锁了中国人的声音，这个原理的名称可以更为简化——由胡海昌独占鳌头。还可幸，它毕竟没有像多少中国人的才智那样被埋没，总算出了头，献给了全人类。

“胡海昌先生的研究工作极富有成果。他掌握4国文字，先后发表的论文有120多篇，有3本专著，还有多本译著。他早在1956年就以研究‘横观各向同性弹性力学的空间问题’的成就获得中国科学院颁发的自然科学奖三等奖，同时，他参加的以钱伟长为首的集体研究成果‘弹性圆薄板大挠度问题’，获得了中国科学院自然科学奖二等奖。1981年，他的专著《弹性力学的变分原理及其应用》，获得全国优秀科技图书奖。1982年，他的‘广义变分原理的研究’获得了国家自然科学奖二等奖。1987年，他的合作研究成果‘线性弹性结构理论中两类算子的正定性和紧致性的研究’获国家教委科学技术进步奖二等奖。

“成果辉煌。辉煌成果！

“面对这位有着学者风度，宁静、祥和，却没有院士派头的长者，我真想知道他的大脑有着怎样的特殊构造，装进了怎样的不同于别人的东西？

“他的大脑里装的是国家、民族和人民。他有着浓重的口音，大概怕我听不懂他的方言，专门给我看了一篇他刚写好的文章。文章中说‘以名利刺激出来的动力，品位不高，能量不算很大’‘能成为国家和民族的栋梁和科技文化伟人的历史名人，他们的理想是为国为民乃至普渡众生’。啊，这就是胡海昌大脑里的‘基因’。

……

“胡海昌先生有很强的自学能力。也许是当年残酷环境的磨练，他从初中一年级就开始自学，以后，初中自学高中的课程，高中自学大学的课程，从不依赖教师的督促。他习惯于给自己布置作业，自己批改、打分数。当他上大学的时候，便集中精力去学那些他更有兴趣、今后可能更有发展的知识。大学生活结束时，他不但掌握了土木系所要求的全部知识，而且在数学物理方面有了长足的进步，在知识和能力上打下了雄厚的基础。大学毕业后他被分配到中国科学院数学研究所力学研究室工作，在钱伟长先生的指导下，很快就取得引人瞩目的科研成果。

“胡海昌先生是幸运的，他遇到了钱伟长这样的师长，是钱先生教导他不墨守陈规，鼓励他独立研究，热情推荐他的论文，使他的论文《论弹性体力学与受范体力学中的一般变分原理》能在鹫津久一郎之前发表。胡海昌先生又是不幸的，当钱先生被错划为‘右派’时，他也受到不公正待遇：本来，1956年在钱学森先生写给国务院的关于《建立我国国防航空工业的意见书》里，提名做高级技术工作的21位科技人员中，就有一个是胡海昌，但当时他却未能进入这支中国科技领域最先进的队伍，因为他曾在钱伟长的麾下工作。直到1965年，中国科学院开始人造卫星的研制时，他才进入这一神圣的领域，坚实而又卓越的学术理论终于找到了用武之地，时年他已37岁，早已过了‘而立’之年。

“30多年来，胡海昌先生在祖国广阔的科学原野上默默耕耘、无私奉献，既博采众家之长，又注意研究特色，特别是将数学与物理学紧密而巧妙地结合，使他在我国空间飞行器的研究、设计工作中，取得大量的、具有广泛影响的科研成果，以他报效祖国的宏伟理想，丰富的学识和卓越的才能，为国家、为民族作出了杰出的贡献。

“如今，胡海昌先生虽已是70岁的高龄，但还像年轻人一样充满了朝气，还在事业上充满活力。他更寄希望于下一代人，他说：‘科学的希望在人才，人才的优势在素质，素质的培养在教育，素质教育要早抓。’

“历史的发展是曲折的，人生的道路是曲折的，胡海昌先生是不幸时代的幸运者，而今处在幸运时代的青年人，他们之中当会涌现更多的成功者，涌现出更多的祖国的栋梁之才和科技文化伟人！”（文章有删节）

另一篇《我是留中国的——记我国自己培养的中年科学家胡海昌》，作者郑海宁，原发于1982年8月27日《光明日报》。

“胡海昌是如何在科研工作中取得成就的？他在接受记者的访问时风趣地说：‘曾经有人问我，你是留苏的，还是留美的？我说我是留中国的。’他这话正好回答了一种看法。现在有些人往往以为，只有‘留洋’才能有出息。胡海昌的成就证明，‘土生土长’的也同样能搞出名堂来。

“像胡海昌这样由我国自己培养起来的学部委员是少有的。

“1950年，胡海昌在浙江大学土木系毕业后，被选送到中国科学院，在钱伟长教授指导下，从事弹性力学的研究。弹性力学是力学中一门比较古老的学科，当时我国研究它的人还很少。胡海昌听说苏联对弹性力学的研究开展得比较好，就下决心掌握好俄语。三四个月之后。他就能读懂一般的俄文力学专著了。1953年，胡海昌用两个位移函数求解某类各向异性体的弹性力学非轴对称空间问题，取得成果，他的论文在《物理学报》上刊登后，马上受到中外力学界的注意。苏联、美国和其他一些国家的力学杂志曾相继介绍了他的研究成果。列赫尼茨基在1977年再版他的《各向异性弹性力学》一书时，特地增补了胡海昌的求解方法。

……

“胡海昌在科研工作中取得这些成就，离不开我国老一辈科学家对他的辛勤培养。钱伟长教授和钱令希教授经常教育青年们：‘要好好学习，为中国人争气，为国家出力。’这话使胡海昌立志为我国的力学科研事业创出一条路子来。”（文章有删节）

2000年3月20日，《科学时报》发表了侯艺兵撰写的一篇文章《胡海昌院士：装进套子里的书》从另一个侧面介绍了胡海昌的日常生活。

“胡海昌院士对书有‘洁癖’。书买回来先盖上一枚藏书印，签上姓名及购书时间，再登记卡片编目，读完后精心用塑料袋套起来放进书柜，在阳光照射下，整座书架熠熠发光，给每一位来访者留下深刻印象。

“二十几年前塑料袋还是稀罕物时，胡海昌为了给书‘美容’，他和爱人把用过的洗衣粉包装袋仔细清洁干净，然后给每一本书套上，无论放了多少年，随手抽出一本都是簇新的。胡院士说，‘既然喜欢书就要爱护书，有些书要反复读，读一本落满灰尘的书和读一本干干净净的书，心情是两样的。’

“‘文革’期间，他精心收藏的书籍经历‘抄家’、搬家过程丢失了不少，恐怕是先生爱书之名远播，丢失的书十几年后竟有人送还上门。老人幽默地说：‘既然他喜欢我再签个名回赠。’

“胡海昌除了专业书平时还喜欢读什么书？他说，‘喜欢读一些有哲理的书，读一些哲学名著，这种书常看常新，常看不厌。不太喜欢看文艺书。我们这些搞科研的人阅读一些社会科学、人文科学著作很有必要，现在大学理工科学生缺少人文修养，对今后的创造力有影响，应该提倡理工科学生读一些哲学书籍，学会怎样思考。’话题一转，他严肃地说：‘读书的目的是要找问题，找题目，搞科研工作的人，自己要会找参考书目，不要仅靠导师指点。不会找参考书，不会发现问题是搞不好科研的。’

“胡海昌认为对书的爱护可以有不同方式，真正爱护书不是把书供起来当装饰品，而是要读懂它。他特别叮嘱道‘爱书的内容，比爱护书的形式更重要。’”

胡海昌

胡海昌院士传记

Academician Hu Haichang's Biography

第九章

家庭生活

胡海昌的妻子陈小蘅，是他在浙大上学时开始交往的，大学毕业到北京参加工作后两人结婚，他们相爱一生，相濡以沫。他们的家庭生活是和谐美满的。

1. 相爱一生好夫妻

胡海昌的妻子陈小蘅，是他在浙大上学时开始交往的，大学毕业到北京参加工作后两人结婚，他们相爱一生，相濡以沫。胡海昌晚年得了帕金森综合征，陈小蘅的身体也很不好，少年夫妻老来伴，他们二人互相扶持，共同和疾病作斗争，并且参加多种社会活动，承担起家庭的重担。为给子女创造良好的生活工作环境，他们主动照看孙子，而且从中找到乐趣。胡海昌的文字中没有过多涉及家庭生活，但陈小蘅留下了一些回忆的文字。

1991 年上半年，陈小蘅无意发现，颈部左右两边出现了淋巴结。不疼不痒，也不在意。五月份体检时，发现脾大。当时体检大夫让她去医院门诊查查，她也不当一回事。到了下半年，她常觉得身体无力而且疲乏，日常的家务也不能支持，自觉健康有问题了，不得不去医院看病。10 月份经中医研究院西苑医院血液病专家诊治，诊断是慢性淋巴白血病，同时开始服中药治疗。为了更一步证实，她又去了协和医院血液病科由专家诊断，确诊为慢性淋巴白血病，建议用西药瘤可宁治疗。当时协和医院药房无瘤可宁，北京各药房都买不到此药，只好仍服中药治疗。

1994年春，胡海昌夫妇在中关村家门口

经过整一年的中药治疗，病没有起色，而且逐渐加重。本来前颈部有淋巴结，这时后颈部、锁骨上又出现淋巴结，颈部淋巴结有十多个，而且逐渐增大，腋下淋巴数也增多增大。脾也增大，人越来越虚弱，脸色苍白，失眠，偏头痛，精神不好，经常长口疮，腹泻，背部和手臂出现皮下结节。中药方剂使用药越用越多，多用有毒性大的药，所谓“以毒攻毒”，常因药的毒副作用而呕吐。

虽然中医是全面治疗疾病，可是无效，中药再服下去意义已不大。1992年，托人在香港买了“瘤可宁”以防万一。可是它的毒副作用也很大，它对肝、肠、胃均有伤害，能使骨髓衰竭，神经失常。内地不生产，就因它毒性大，药工反对生产。长期服用，不能不考虑它的毒性对身体的危害。不敢贸然服用，思想矛盾。

因此，她认为只有找一种能适合自己的气功来治病。练功能治疑难病，有的效果很好，又无副作用。练什么功法好，通过实践，郭林功对她无效，其他的后天功，她都不喜欢，对气功师发外气治病，抱以怀疑态度。这时她有幸识得了先天自然功，有缘读了《人生荟萃》，对先天自然功有了初步的认识，非常钦佩先天自然功，陈小蘅的个性很适合练，于是她开始尝试练习气功。她对自己的锻炼作了总结：

a）从装乐入门

“开始练功时要装乐觉得很难，总是乐不起来，常常忘了面带笑意。因为一向习惯板着脸没有笑容，又加上突然有了病，得了白血病，它意味着难以治愈，心里总不是滋味。就像被判了刑，沮丧、悲观、心中闷闷不乐。何有缘老师经常打电话提醒我要装乐，并让我家人要督促我装乐。我反复听课，知道练乐的重要性。不论静功和动功时都逐渐面带笑容。记得今年长沙魏老师到动物所来交流经验，谈他们的功友练乐深下功夫，对着镜子练乐，我也有同感。装乐是练功的第一步。魏老师见到我说我练乐还不错，这表明我练功已踏进门槛了。

b）遇到不顺的事，听到不顺耳的话不生气，保持经常乐，心平气和

“自从练功，我时时装乐，下决心不生气。有时难免遇到不顺心之事，我极力告诫自己‘不要生气，不要生气’，这样心情就渐渐平静下来。记得有一回在马路上被一位骑自行车的青年人撞伤了手臂。他连道歉也没有说，在车多人乱时竟骑车扬长而去。我站在马路边，安静地练了静功。虽然撞得很厉害，手臂瘀血青紫，但很短几天就恢复了。在家多半和老伴之间发生矛盾，老伴总是关心我身体健康，我老嫌他管我，太啰嗦，烦人。通过练功，明理思过，认识自己性急是不对的。我就想，他为我好，虽言语偏急，但无恶意。从关心的角度埋怨，何必计较语言的语调。我有什么好生气，笑眯眯地接受意见。

c）努力做到睡中乐，梦中乐，争取常乐

“生病的根源多是养性不好，生气是服毒药。过去我想不通这道理。经过几年的练功，这问题逐渐有所认识。我曾遇到一个剽窃成果的人，居然以此大发起来，一下子变成了专家。我真想不通。通过练功尽量想忘却此事，老告诫自己，如今社会上这种歪风，不止一起，还有不少坑蒙拐骗的人和事，看不惯要想得通，因势利导……逐渐把这事淡忘、冷漠。理智时知道自己何苦生气，对自己没有

一点好处。可是思想上难于彻底解决，白天即使不生气，在梦中想起了还生气。一次做梦又遇见这事，我在梦中非常生气。早晨醒来，我的左耳根连着腮帮和脖子发痛，而且肿了。这是生气的恶果。

“明理了问题就解决。第二天练功明理思过，就自行消肿。生气的确对人伤身。白天乐是自己理智控制自己，练性不够，不能常乐，不良信息在梦中干扰人的情绪。可见‘急、悔、怨恨、恼怒、烦’的不良情绪损害自身了。这是我的亲身体会，它对健康是多么危害，必须调整情绪，争取常乐。

d）家人互助，建立家庭康乐场

i. 互相提醒，互相帮助

“一人乐还得使全家乐，要建立家庭康乐场。我和老伴都练先天自然功，所以很和谐。我有病，他十分关心我。我们都老了，他工作忙，身体功能都开始衰老，心脑血管都有点病，只有练功才能恢复健康。两人互相照顾和关心，每天同时练功，互相提醒‘怎么不乐呀’，这样两人都乐了。在日常生活中都注意面带笑意，心平气和，乐观，宁静，和谐的气氛中。过去我常去农工大听课，他因工作忙没有时间去听课，我就记些讲课的要点给他传达。我们共同照顾他的老父亲，使老人心情愉快，身体健康，家庭和谐，康乐。

2000年夏，胡海昌夫妇合影

ii. 互相谅解，在力所能及的条件下主动承担家务

“今年（1995）四月份时，家庭生活发生了变化，我的儿子要把我小孙子送来让我看管照料。小孙子半岁了，他妈在电子所上班，送给我看管，最有利于她上班。我身体有病，要侍奉97岁的老公公，还要看管几个月龄的孙子，担子很重。今年身体逐渐在好转，开始自己怕身体累垮，几年的功白练了。可是自己又想人总得要有奉献，才有获得。在家庭里不勇敢承担责任，不奉献哪有快乐？亲戚朋友们都善意劝我，自己很矛盾。我是家庭的顶梁柱，就得我顶着。我请教了潘老师，解决矛盾心理，快乐地承担任务。儿子和儿媳他们当然很高兴，我体谅他们，他们也很感激我。他们安心工作，是我支持他们。我自己保持着练功生活化，照常抽出时间练静功两个半小时左右，生活有序化，不过度劳累。做到善内善外，在力所能及的条件下承担家务。如今经过五个月的时间考验，事实证明身体非但没有垮，反而比过去更有劲。虽然每天都劳神劳力，可是吃得多、睡得香。小孩子长得健康活泼，如今虽未满周岁，已牙牙学语，蹒跚学步，聪明快乐。给家庭带来无限的乐趣，使家庭康乐场更为巩固。”

2. 家书里的温暖

“烽火连三月，家书抵万金。”这是杜甫在《春望》一诗中的两句感叹。家书是从大约文字产生的时候孕育出的一种艺术形式。家书就是一个远在相当于现在外地或外国的地方时，家里人相互来往的信，信中包括了自己在外的事等，较多的是平安信。在电报普及之前，家书是主要的沟通方式之一，是维系家人情感的一种联系方式，其中包含着浓浓的亲情。

“江水三千里，家书十五行。行行无别语，只道早还乡。”这是明朝袁凯《京师得家书》中的诗句，万千家书都可以这样概括，当然，家书的内容是广泛的，比较有名的古有《郑板桥家书》《曾国藩家书》，今有《傅雷家书》，都曾经轰动

一时，其内容虽未超出“家书”，但其所涉及的范围则包罗万象。

今天，随着社会的发展，通信工具的进步，人们已经很少再写下洋洋洒洒的家书了，这也为今后的人研究我们这个时代造成了极大的困难。但庆幸的是，胡闰莓夫妇曾经在国外生活多年，他们和父母的交往，主要还是依靠家书，而这些家书又都保存了下来，每封或长或短的家书，记录的都是平凡的生活，充满爱的语言，也是他们之间感情的最真实写照，和对社会生活的最坦荡评论，这是一笔丰厚的财富，因为胡海昌从事的工作是不能道的，他也不可能写成任何文字，所以今天能找到的数十封家书，是他留下的最珍贵的心路历程。

可以想象远在异国的儿女，无时无刻不惦记年迈、多病的父母，不论在国外工作生活如何顺利，如何快乐，他们最期盼的却是父母的来信，传递信息，传递爱心，传递温暖。他们也急于把自己的工作、生活情况汇报给父母，请他们放心。“儿行千里母担忧”，身居北京的父母，何尝不牵挂自己的孩子，自己可爱的外孙？他们也同样盼望飞鸿至，一解相思苦。如今父母远去，这些信件传递的温暖，并未降温。

胡闰莓写给父母的信，字迹工整，清晰，把生活娓娓道来，充满情趣。胡海昌写给胡闰莓的信，简单，谆谆嘱咐深透其中，有时候是夫人陈小蘅亲笔，她写得有些密密麻麻，写完父亲对儿女的嘱托，她自己也要嘱咐一番。

胡海昌夫妇写给胡闰莓夫妇的信，较早的是 1991 年 8 月 15 日、16 日，胡海昌、陈小蘅分别写给胡闰莓夫妇的，信件如下：

“妈妈已详细说了我们去五台山的事，我们在五台山，火车站的一个宾馆开振动学术交流会，这次带家属的人不少，此时正在普及，我们实际开了一天半会，玩了两天。

“从山西回来，妈妈忙于刷墙，做家具，星期日不幸感冒，高烧到38.3度，幸亏服药对症、及时，半天后即退烧，第二天痊愈。近来妈妈常闹点病，有时失眠，有时肚疼，有时身上长疙瘩，大概是管的事太多，心安不下来，相比之下，我近来身体逐步好转，以往常犯的消化不良、感冒等长久不犯，这得益于锻炼和凡事量力而行，若不量力，每天24小时工作，也不会有空闲。近来妈妈晚上睡觉前也练十来分钟静坐的气功，愿她早日尝到甜头，坚持下去便好了，现在医院的医生常不负责，保健治病也得靠自己，妈妈这次感冒若上医院，恐怕至少得拖三四天。

“八月份我不外出，但到九月份要外出开会三次，大概有半个月在外边，过了十月，可安稳在家一段时间。”

以上是胡海昌的信，以下是陈小蘅的信：

“你7月27日托人在京发出的信，我们早就收到了，我和你爸7月27日去五台山玩了几天，7月31日晚十点回到家，我因长期没有出外玩玩，跑一趟，心里很高兴，但在五台山也非常惦着家，心情仍是有矛盾。就怕爷爷在家，农农和红红照顾不周，回家来他们挺好，我也就放心了。五台山山上只玩一天，跑了三个寺庙，你爸下山走不了，腿脚痛，我上山有点费劲，因此不像青年那样跑得快、爬得高。五台山气候清凉，那两天凉得太可怕了，事先估计不足，我没有带长袖衬衫和外衣，冻得顶不住，在五台山买衣服，无合适衣服可买，只好买一件男人穿的长袖衬衫，有照片作纪念……五台山天气很怪，一会儿出太阳，一会儿下雨，山头上飞来一片云立刻下三五分钟雨，云飘过去，立刻天晴。过一会儿又是一片云，又是一阵雨，你爸一心想买佛经，没有找到好的，其他无啥可买的。玩了一天恒山，恒山是悬空寺在修理，脚手架满布，煞风景，北岳恒山，不是想象的那么雄伟，和泰山比，相差太远。西岳、南岳、中岳，我都没有去过，此山不高，山麓到半山腰光秃秃，没有树，是黄土山，山里产煤，隔壁小山上就有个体户挖煤。恒山脚也有明显的煤层，黄土里夹煤层，如不是名岳，定也给个体户挖得千疮百孔了。

……

“这封信没准比小笛到得慢，但也得给你写，你身体复原了吧，还要多注意健康，望你今后身体健康，不再有病痛。”

1995年3月1日，胡海昌写给胡闰莓夫妇的信，信的内容主要还是沟通情况：

“长久没有给你们写几句，春节前忙于单位的工作，春节中忙于朋友的文稿，春节后出席了北京市政协全会，我挂名为常务委员，1994年一次常委会也未参加，全会再不出席很不好意思了，北京政协会后又忙于航天事故有关的事，我本来

1995年春，胡海昌夫妇在颐和园留影

未参加有关工作，这次找事故原因，也不能完全推却，明日起开始全国政协会，我决定不去了，在家休整一段时间。

“虽然忙，我和妈妈还两次去双安商场买抽油烟机，第一次看样问价，回来商量决策，第二次付款买货。那天乘公共汽车去，叫了出租带货回家，第二天就有人来安置好，本想叫又农来接线，恰巧他感冒发热，结果找人帮忙接线。现已使用两天，厨房里有抽油烟机、排风扇两件，家中空气新鲜多了，过几天我们准备在卧室窗上装一架换气机，让空气更新鲜一些。

“共有84集的电视连续剧《三国演义》看完了，人们常说老不看三国，我们看后的感受是老要看三国。三国里有不少人物，如曹操、刘备、诸葛亮、关羽等等，青壮年时才能出众，大有建树，可惜到老年后，或思想僵化、不听忠言，或私心大发，或不顾现实可能，最后导致悲剧，害人害己，十分可惜，看来善始易而善终难。

“美中关于知识产权事争执得厉害，还好最后达成协议，避免了一场贸易战。我讲一则中间发生的笑话，加州牛肉面大王状告国内其他加州牛肉面店侵犯他们的知识产权，法院也竟予受理，一方想趁机捞一把，一方想借机表明保护知识产权的决心，于是出现了知识产权中的一件新鲜事。

“你们家务重，但老、中、小三代的健康都要注意，另外要挤出一点时间学学婴幼儿的心理教育原理，以便保证小孩们的身心同步健康成长。”

胡海昌的信语言概括精炼，信息量很大，也正是他日常的生活，工作、帮朋友看文稿、开会。他对于《三国演义》的见识高明，同时表明他是个关注国家、国际的科学家，对女儿一家的嘱托也蕴含其中。

1995年4月23日，胡海昌的信，此信距前信五十余天，按照信中所说，中间似还有一信。此信内容也谈及国内时事。

“原计划半个月给你们一信，不料这次就拖到三星期，我身体恢复得很快，挂了五天点滴就基本复原，之后参加过航天工业总公司的一天会议，501的医生认为五天点滴太少，所以后来又加了十天。前五次在家点滴，后十天身体好了些，就跑到501门诊部点滴。走了去，单程30分钟，两周十次下来，身体已恢复，只是用脑时间稍长，就容易糊涂，这大概只能自己保养，慢慢复原。

“20日，我去回龙观饭店参加北京市政协常务委员会会议，这是我第一次参加较长时间的常委会，以前只参加过半天就结束的常委会，回龙观在清河与沙河之间，闰莓大概熟悉该址，据说是皇帝回京时歇脚的地方，故名回龙，回龙观饭店是近来才建造，饭店装饰着许多龙，是它的特色。

“又农他们三人目前移这里，来前忙于整理房子，这是写信晚了的客观原因。他们来后，爷爷和妈妈都很兴奋，于是我增加了一项任务，提醒他们量力而为，不可兴奋过头。老人感觉迟钝，常常做过头而不自知，我上月晕倒也属这类事件，所以互相提醒是十分必要的。

“北京市委常委、常务副市长王宝森涉嫌经济问题自杀身亡，此事国内尚未公开传达，但已发新闻到国外，你们可能已听到、看到海外的报道了，王宝森是已暴露出来的有经济问题的最高的官员了。”

1995年7月14日，胡海昌的信：

1999年，胡海昌和胡宇阳在中关村家楼旁

“上次6月25日寄你们一信，至今又有3星期了，近来我们身体都好，事情都比较多，因此感到时间过得很快，这应该说是好事，不知不觉，大家都适应了家中的新情况，宇阳（胡海昌的孙子）与奶奶很亲近，从不瞎闹，因而奶奶很高兴。宇阳大了些，事情也较好办些。

“我近来仍忙忙碌碌，虽然推辞了许多社会工作，每周仍有两三次开会，上星期公布王宝森的罪行和对陈希同审查的决定，北京市政协常委会为此开了两天半会，我出席了一天半，请假一天。据德红说，国外对此事件的新闻很多，不过你们大概没有精力去看这些消息，其他的一些会是直属上司开的，不便多请假。

“在反腐败的同时，提倡科学和批判弄虚作假和迷信活动，报上揭露了一些事，社会上弄虚作假的太多，而老百姓中不少喜欢封建迷信，所以事情相当难办。

“最近美中关系紧张，不知加拿大对此是何观点，德红去年走了，也算幸运，今年总要比去年麻烦点。”

1995年7月29日，胡海昌的信：

“7月17日来信收到，祝贺黄节升任经理，现在起你们是事业发达，家庭幸

福，这是过去努力的结果，望你们继续努力，创造更加全面美好的人生。

“出国人员当洋经理的很少，确实不容易，其实当一个土经理也难，各有各的难处。主要这里的经济秩序混乱，非劳动致富，劳动发家极难。有人说这里是个大噪声系统，许多正常才能难以起作用，另一方面也因噪声大，浑水摸鱼倒不难。

“你们不用送钱来了，我们月月有积余，月月有新增存款。有钱没有什么可花费，放在家中白贬值，存入银行也贬值，不过贬得少些。最近到期的几张保值储蓄，年利率达19.9%，但物价上涨率远大于此，所以有钱不好花白吃亏，你们如果要送钱表示你们的孝心，建议你们设立养亲基金，钱暂时放在你们那里，等我们有明确用途后再告诉你们。至于这笔钱如何保值、增值，请你们操心了，存入银行或买股票或其他办法都可以，总之暂勿送来。

“妈和我已适应了新的环境，健康状况良好稳定。爷爷操心孙子、重孙子的事太多，经常忘了照顾自己，因而健康状况有所下降。我多次劝他不要假想有什么困难和隐患来吓唬自己，使自己心神不安，但他不听，说要防患于未然。他一定要做一些损己不利人的事，我们也没有办法，最近看到一本书上说，有一种心理变态是以损己表示自己对别人的爱心。这话很有意思，的确人们有许多行为是为了对方受益，而实质上是介意表白自己的心态。爷爷年纪大了，耳目又不便，已无法纠正这种心病了，你们上有老、下有小，要注意自己的行为能促进他们的心理健康，而不要使他们心理变态。

“这半个月，我仍相当忙，上星期开了两天半会议，半天是业务会，两天是北京政协会，政协会在怀柔的云岫山庄开，它在雁栖湖畔，为世界妇女大会新建的，现在还未正式对外营业，因地点优美，又不紧张，所以参加了，早晚各两次去雁栖湖玩了，两次在水边，两次在小山顶上，风景果真不错。

“你们都很忙，要随时注意休息，忙中偷闲，调整自己的心态。”

1995年10月14日，胡海昌的信，谈及他父亲的去世，这是在老人去世五天，基本料理完丧事之后写的，一是报知女儿，一是表明自己身体尚好，不用担心，信中叙述仔细，饱含真情：

“爷爷于10月9日清晨3:00心脏病发作，经抢救无效，于4:00余在中关村医院逝世，遗体已于11日在八宝山火化，骨灰当日取出，暂存老山骨灰堂。

“爷爷在去年秋冬健康又有所恢复，听力增加，精力转好，今春开始，明显逐步衰退，听力又几乎全丧失，精力也减。10月5日下午，我去京西宾馆报到出席中科院院士会，不料6日他就心脏病发作，他连续4次每次5颗共服了20粒速效救心丸，逐步好转。妈妈早晨起床后才知有此事，立即电话叫我回家，至7日晨，看情况还可以，我又去开会，晚上回家，8日晚爷爷自觉情况良好，叫我明日起不用来回跑了，可住在京西宾馆，不料9日清晨大发作，我们也不很清楚究竟何时发作，在3:00左右被他的哼声惊醒，一看情况严重，一面紧急输氧，一面打电话给北京市急救中心，先乘一辆救护车，医生发现病情严重，又打电话叫来一辆大一点、设备好一点的救护车，立即送爷爷去中关村医院，到急诊室没一两分钟，双方医生一致断定已气绝身亡，那时大约4:20左右。

“我们发现爷爷病重，立即传呼又农，可惜他的自行车锁在公用车棚内，一时取不出来，他跑步前来，到家时我们已去医院，赶到医院时爷爷已去世。

“10月9日恰逢闰八月中秋，又是寒露节，寒露的精确时间是2:28。也可能就在这时心脏病发作，到3:00才惊醒我们，民间传说心脏病老人怕寒露，或有一定道理。

“9日星期一恰逢又农有一天课，开死亡证、销户口、领火化证全是我办的，火化是单位联系的，火化那天，单位派一辆车和办公室主任及一位医生同往。主任办过许多起丧事，知道该向谁送钱、送多少，送了以后果然办事顺利，我们于9:00左右到达殡仪馆，不要停顿地办了各种手续，并被告知在当日12:30—

13:00可领骨灰，又农、锦红留下取骨灰，我和妈乘单位车先回家，到家还不到10:30。

“现在余留的对外事只剩下去街道办事处销退休金、申请补助和报最后一次医药费，这些事预期17日可以办完。

“我护送遗体去火化，自己又受医生保护，这两件事对我都是首次，没有惊动医生，请你们放心，妈妈有几天晚上睡眠不好，现在已恢复正常，以后慢慢把东西清理一下，房间重新布置一下，这一切完成后，我们可休整一下。

“11日爷爷火化后，我在家休息了半天。12日上午先去单位参加一个会，随后去京西宾馆开会，此会预期15日上午结束。

“10月份你爸是开会月，15日下午航天总公司又安排了会，16日501所要开会三天，真是够累人的。

“你外公身体也不好，昨天一天没有吃东西，吃了就吐，一天吐痰两痰缸。今天小琴给他点滴补液，不是糖尿病的问题，不发热，今天情况好一些，在家观察情况。不写了，祝你们全家好！”

接下来的一封信是1995年12月3日写的，间隔时间比较长。

“这段时间家中一切正常，没有什么特殊的情况。今年北京天气偏热偏干，直到今日，还没有几天晚上气温在零下的，前几天听说外界又有感冒，我家没有人传染上，我们一直坚持冷水洗脸，作用很大。

“我的最后一位博士生于11月22日在北大答辩，他基础不太好，学习期限延长了三个月，论文也写得平平，不过在论文送审及答辩中，评价较好，顺利通过。在答辩结束后的宴会上，我坦率告诉他，大家的评价中含有鼓励的成分，希望他今后工作继续努力。一位北大评委说，在学风日下的今天，他能实事求是，不夸张，不自吹，很难得，希望他坚持这个好学风。最后一名博士答辩通过，我也了了一桩心事，又觉轻松不少。

“今年科学院增选院士的事，不知向你们说过没有。大连理工大学的副校长、钱爷爷的得意门生程耿东，在科学院选举中一路以最高票当选。他的推荐书以及会上钟万勰的发言都很朴实，去掉一些形容词和自我评价词，相反有几位推荐人，主观评价很高，推荐人说得越多，得票越少，看来高级知识分子中，对自吹自擂的学风已开始排斥。

“程耿东当选院士后，教委即任命他为大连理工大学校长。钱爷爷顿时轻松许多，但可惜时间已晚了一点，钱爷爷虽心情舒畅，但病情仍在加重。他们老两口在大连，且都有病，昆明和我都照顾不上。钱爷爷的工作现在可放心地交出去，但没有人能帮助料理家务和指导保健。

“11月28日，在北京市政协的组织下，我去参观了即将建成的北京西站。它的规模比现在的北京站大得多，参观者有人说气势雄伟，有人感觉装饰品太多，浪费太多。

“妈妈信中介绍的教孩子说话的方法是传统的方法，现在有种新法是先教孩子发韵母，再教孩子发声母。学会发音后，孩子仍不肯说话，那就要大人装傻了，孩子的手势、表情，以至于哭闹，一律装作不懂，只有他讲出话来，才满足他的愿望，这样才能使孩子知道讲话真有大用场。孩子讲话迟，多半是大人太‘聪明’，太能理解孩子的需要，孩子的需要本来不多，大人容易理解，使他认为没有讲话的必要。”

1996年1月7日，胡海昌的信：

“这一段时间我们都好，平平安安过来，中间有几天，气温波动大，出现一次流感，还好流感未入侵我们家。今冬气温偏高，昨日开始降温，今日最高1度，是今冬最冷的一天。

“新年快到了，买贺年片、寄贺年片大约共花了两天多时间。现在贺年片都已发出，春节前还将发一次，下次春节在1996年2月19日。

“半月前，我托又农买了台微型计算机，他选择了486，加上显示屏共花了7900元。买回后，他安装，并接上他拥有的多种软件，我本想立即学用，不料年前又忙了一阵，好在又农在用，机器未闲置。新买的486比又农原有的好，对他是很大的便利。这星期我出席了三个会，好在隔一日，不很紧张。

“今年来，国家教委大搞评比，想出了许多名目来比学校、比教师，要下面报表，接受检查和评审，我的朋友无不叫苦叫怨，你们走了，省了这些操心事。

“Peter和Phillip好淘气，说明他们有创新的天性，你们应因势利导，把他们的淘气引向创造，然后把创造性引向建设性的创造。当孩子有什么兴趣显现出来，你们立即因势利导，及时给予教育与引导，引向一生有用的心理素质，对孩子的心身（体脑）发育要兼顾，静动也要兼顾，这样你们要多动脑。

“闰莓两次来信劝妈妈不要‘锻炼’‘考验’，要保养，这是很好的意见，我最近也常用这句话提醒妈妈。

“钱爷爷和潘家铮各自获得1995年何梁何利基金科学与技术进步奖，每人奖金10万港元，不知何故，报上没有公布全体获奖人员名单。

“不久前我收到1994年何梁何利奖获奖名单和介绍，其中有一项奖令人吃惊，有位地质学家黄汲清获何梁何利基金科学与技术成就奖（奖金100万港元），介绍中说到是他发现了大庆油田，过去报刊上都说大庆油田是王铁人打出来的，当时传说纷纷说是李四光发现的油田，现在获奖者介绍首次说是黄汲清发现的，但报刊对此只字不提，其中内幕大概无法说清。

“寄去1996年年历一张，和一张剪报（笑话），你们看了这张笑话，不知能不能笑一笑。

“元旦前一星期我开始学计算机打中文报，中文专用拼音检索，会拼音的汉字打得很快，但是碰到不会拼的，要临时查字典找拼音，速度很慢，不过这样查查也好，有利校正拼音。

“元旦后开始学打英文论文，数学式子打得极慢，分子分母，上标下标，还有希腊字母和其他数学符号，手续相当麻烦，这可能是软件还不先进的缘故，我们使用的是微软5.0。

“下星期有好多会要求我去参加，有几天是一天两个会，我决定一个会也不去参加，这也算一碗水端平。”

1996年1月21日，胡海昌的信：

“正想给你们写信，收到你们的来信。你们一家多人感冒，一定使你们非常忙累。不过时间也巧，正在你休假期间，可不挂念外事，一心对付家事。加拿大的医生很好，不随便给药，我也赞成这样的观点，估计病人自己能战胜疾病时，不要用药，以便病人锻炼出免疫力，这里的医生好用大药、重药、贵药，结果一时是有效，但长期效果是病人抵抗力越来越弱，疾病反而越来越多，急功近利，不顾将来，已是这里的通病。

……

“最近我花了一星期为庆祝钱爷爷80寿辰写了一篇英文论文，在计算机边写，边打字，边排版，原来想在研究生和我合作的一篇文章基础上稍稍改动一下，哪知道该文错误很多，结果是先改文章，再写自己的新文章。现在常听说研究生或其他人员糊弄老专家的事，我这是第二次发现被糊弄，未发现的可能还有，因为用计算机算出来的结果，谁也没有工夫去校对，我本来不愿与人合作，现在更觉得单干好，上次信中提到孟子说过：‘相率而为伪。’现在有意‘相率而为伪’和被别人拉下水作伪的都大有人在。”

1996年3月17日，胡海昌的信：

“3月份我一直忙于开会，2日去京丰宾馆（在丰台）报到，3—13日开全国政协会议，中间有一个星期日休会，我回家住了一天。会议中发言热烈，有点争先恐后的现象，大会、小会都限制每人的发言时间。会议我还请假半天去参加北京市政协的一次常委会，以前北京市政协常委会开会，到不到会只有自己知道，从前年起开始公布到会者和缺席者的名单，年终公布统计数，所以我去年开始出席多了些，今年11次会，出席了6次，达50%以上。

“妈妈情绪有时不太稳定，有时想早点看望你们，有时又想晚一点，现在看来还是明年合适些，我准备下半年开始办手续，有半年多总够了。

“孩子想妈妈、找妈妈，是正常现象，但欲独占妈妈是不良倾向，独占欲发展下去，什么都想独占、独霸，那就很危险了，所以要及早教育、纠正，慢慢地、经常地与他讲平等待人的道理。

“22日我要去参加北京市政协会议，至26日，这几天又有多个小会，我把能推出去的事都推掉了，尚且如此忙，那些手长的人肯定工作极不负责，只管个人名利。”

后面附的是3月7日，陈小蘅的信：

“两个星期没有收到你们的来信，不等你们的来信就先写信了。你爸从3月2日去京丰宾馆报到开全国政协会，十三日会议闭幕，开了十多天会，中间在家休息了一个星期日，这期间都住在宾馆，是一人住一间，自由自在，家中也不必惦记，较为轻松，休息休息，…… 我和农农夫妻俩管一个宇阳 ……

“Peter和Phillip白天在廖老师家过得好吗？学会了些什么？说话有进步

吗？寄一份剪报给你们看看，孩子晚上回家你们抓紧时间，像教八哥那样教他们，等他们感到兴趣说话智力大开，进步就大了，不过孩子天性也有关系，有的孩子就是不愿说话，回想你们姐弟儿时，我和你爸没有尽责，你小时候在你外婆家，外婆对你还是很重视早期教育。上的幼儿园很有水平，进幼儿园前几年外婆在你几个月时就教会你说话。农农和红红正值‘文化大革命’时期，我和你爸生活不安定，你爷爷讨厌说话，丁阿姨也是语言不多的人，所以农农、红红的口齿都不伶俐，没有上过幼儿园，今天看来是个缺陷。如今我明白了道理，在宇阳的教育上花时间了，明年我能去加拿大，一定和 Peter、Phillip 多在一起生活，我是个爱说话的人，随时随刻和孩子们玩，对话，让他们先学中国话，上幼儿园再学英语。

“春节时和黄节的姑姑电话拜年，她已准备了一些东西，想我去加拿大时带给你们，这只好等明年了，她告诉我她的房子已买了，花两万多元。前天去海淀百货公司，看看商品，物价涨得很可怕，三年前我买了一件山羊毛的毛衣50元，如今是148元，其他商品也类似。

“听她告诉我，我觉得那房子最大的优点是地段好，其他没有太好的优点，如楼层高、西晒，都不可取。听姑姑说话似乎情绪很好，她告诉我今年法国和中国关系有所改进，年前法国大使馆请她去香格里拉饭店联欢吃自助餐，对饭店服务很满意。

“昨天下午接到闰莓3月6日的信，我是等信来写回信的，果然等到了。Peter和Phillip逐渐懂事，虽不能语言表达，可已有意向，等他们发现新奇，可告诉他们新奇的事物简单表达，加深印象。我们春节后买了微波炉，过了一天又买了一个高压锅，宇阳对微波炉高压锅感兴趣，他叫微波炉为‘乃乃炉’，高压锅为‘哇哇锅’，怎么教也说不清。想起闰莓小时候叫长颈鹿为‘矮笃笃’，总之他认识了微波炉与高压锅就行了。小孩看书报，他们知道那里有内容，于是就哇啦哇啦念，宇阳也是如此，我和你爸说他是‘宇宙语’，我们听不懂。现在可以教他们什么事该做，什么事不该做。Phillip的占有欲，慢慢地让他懂是不该的，好的表扬，不好的批评，教几回就行，他会看大人的表情。

“屈叔叔说得不对，我们想明年出去，有次聊天我说明年我的身体不知能允许我出远门否？他和王阿姨说，你今年就可以走，对于出远门，我还心里没有谱，等我条件齐全能出门，一定先到北美看你们和红红，说心里话，我很想你们，不过出门的手续太繁琐，办手续令人头痛。

“今天我和你爸去八宝山扫墓，你爷爷在老山骨灰堂，也去八宝山墓地你外婆坟，我们想给爷爷找个墓地，八宝山墓地贵，要7000元，八达岭墓地同样规格才两三千元，办这事要费时间和精力，等天气暖和后，再慢慢办，但一定在今年办，我们办好了，告诉你们。”

1996年6月25日，胡海昌的信：

“这两周的大事是宇阳生病和妈妈摔了一跤，妈妈这一跤摔得很重，但幸亏只伤头皮，未伤神经和内脏，现在正慢慢消肿。妈妈自己总结了经验教训，今后一定要注意自己年老体衰，果真能吸收教训，也算坏事变成了好事。

“告诉你们我们今后三个月有三件重要安排，一是我特于7月9—21日去参加中央统战部举办的党外人士培训班。早在去年年底就通知我有此一事，后来一直没有下文，最近才明确日期。据说这批学员是中科院和工程院两院院士二十余人。我不想去做官，不过若有利国利民的深化改革的措施总是支持的。

“第二件是8月上旬我与妈妈将去福建武夷山休养，连旅途共十天，这是五院组织的，以前也曾组织过，我都因故未参加，这次第一次参加这类活动。

“第三件是9月或10月里，我将去石家庄参加一个力学会议，妈妈伴同前往，这是柳春图叔叔邀请的，他承担两人的全部费用。

“我们正在写信时，收到你6月11日的来信，信写得很好。有利于妈妈放下思想包袱，以前你来信劝妈妈不要考验自己，这次考验不成，险些留下不可挽救的后遗症，碰过一次钉子，妈妈一定会改变自己的思想观点和思想方法，办事量力而行，并留有适当余地。

“妈妈说找我说话不易，我想找妈妈谈话也苦于机会不多，经常我与她约时间，请她有空找我。造成这种双方都想说，而苦无时间，主要是两人关心的事不同，我关心的是保健养生，以及如何改善生活习惯的思想观点、思想方法以适应社会，家庭的变化和自己逐年衰老的现实。说到不中听处妈妈就摇手说‘不要说了。’而妈妈说到离我们太远的事，明明是管不了、管不好，我就打断她的话说：‘我们精力很有限，管不了这么多事。这样双方都觉得话不尽意，你们看看有什么办法让两人关心相同的事？’

“你对外婆的分析很正确，我说得太含蓄。……”

7月24日，陈小蘅的信：

“收到闰莓在旅馆里写来的信。这封信利用时间好，一气呵成，内容丰富。没有公事和孩子们的干扰，没有黄节在圣诞节得奖，也没有这两天的享福，总算两个孩子帮你们，他们表现好，你们放心在外地休息两天，也多亏爷爷和姑姑，还有胡老师和廖老师帮助，住在高级宾馆目的是轻松一下，休息休息，多么潇洒。

“看了闰莓的信，我笑了，你爸是极典型的‘丁’型人，什么都要定计划，他一天到晚都忙，和他讲话，说要约时间，我一听就生气了，等他一本正经有时间时找我谈话，我早就忘了，也没有兴趣了，当然也没有什么可说。有时候遇到一些事和他聊，总是被他视为‘闲事’，是‘毫无意义’的事。他自己有些事，也认为是无意义，也不对我说。他不玩，也不看电影、电视，我白天要和宇阳打交道，或是在中关村内活动、购物，这事不是每天要干的。他忙他的，他认为他闲下来时我却累了，也提不起精神了。我那时写信告诉你们说你爸和我说不上话，主要是外公刚去世，文学所对待家属也太绝情，有些事你爸爸总认为我不该管，说也不让我说，后来宇阳生病，我又摔一跤，摔伤了，我也摔醒了。想想还是自己要紧，自己用不着自找烦恼，还应心情舒畅，情绪安定，达到善内善外、开心治病、练性化命的目的。以前多为别人考虑，总是体谅人、谅解人，这样对绝大多数明理的人来说，也会对你有好的回报，也会谅解，感情会更融洽，这样就达到交流。如果对感情木然的人，有时会枉费力气。

……

“你爸今天下午要回家了，整整半个月，他在西安、延安各来一次电话，说这次学习、考察很好，去了黄陵、壶口瀑布，那儿有水利发电站，等他到家，让他写信告诉你们这次学习的感受。

“下月7—17日我和你爸去武夷山和厦门休假。8—11日到武夷山，13—16日在厦门，你爸回家可以休息十多天，再出外玩些日子。我也是老惦记着到外面玩玩，散散心，是中组部组织的，我们来去的路费由501单位报销。

“刘东昨天来电话，他回京了，告诉我说黄节在八月中旬到北京出差，我告诉他我们要去武夷山，他说他将发e-mail告诉你们，你托他带的照片和信他准备寄给我，这样也省事，估计明后天能看到孩子们的照片。

“农农开始放暑假了。今天带宇阳到紫竹院玩，宇阳到9月1日去托儿所，让他锻炼锻炼，他很胆小，也不和小朋友一道玩。他的脾气介于两个哥哥之间，会动脑，不长肉，爱看书，要大人给讲书、念儿歌。也喜欢动物，到动物园能用树叶或草喂小鹿，喜欢猫和小兔、鸡，见动物不怕，就怕和小朋友玩，拉他到孩子群里，他会拉着你往回跑。喜欢音乐，听到音乐，听着找到感觉就能打拍子，很有点子，不知将来去幼儿园，对陌生环境能否适应。只要不闹病，在那儿比在家学得多，我也解脱了，我自己好好养养，清静清静。（23日写）

“昨天你爸回到家，感冒了，鼻子不通，咳嗽厉害。他说最后在西安的几天，给他们出难题，要对该省建设提意见，白天安排参观，晚上开会讨论，忙得无法应付，回到家，十分疲乏，说不给你们写信了，下次写。我也不写了，将信寄出去，免得日子拖得太长。”

1996年8月4日，胡海昌的信：

“我于7月9—7月23日参加中央统战部举办的部分两院院士理论研究班。学员共有两院院士22人，我们先在怀柔统战部培训中心学习五天，学习邓选，听五位副部级领导的报告，抽半天时间在附近参观了一个空军基地和游览了红螺寺，培训中心离红螺寺很近，汽车只需十分钟。

“14日中午，乘火车去西安，15日晨到达西安，吃过早饭，稍稍休息一会儿即乘汽车去延安，中途参观了洛川会议的地址和黄帝陵，到延安已是晚上7:30。在延安留了两个白天，参观了革命旧址，革命纪念馆，向烈士陵园献了花圈，访问了两处农村。此外，登了宝塔山，游了范仲淹祠。范公曾在延安当边官，地方安宁，百姓乐业，政绩显著，可惜宋皇帝难容贤臣，一年后即调离，当地百姓建范公祠以为纪念，不久前重修，可惜范公塑像一副武将相，不像出将入相之才。我在延安有所感，作打油诗一首，初稿如下：

延安精神，革命传统，光芒万丈，永世不灭。

国家兴衰，原因万千，天时地利，人和第一。

人贵素质，和靠政通，领导英明，上下心齐。

干部廉政，人民勤奋，虽有万难，终必大成。

“18日6:30乘汽车从延安返西安，绕道黄河壶口，观看了黄河上的瀑布，黄河在该处全是整块岩石，在壶口有一突发的深槽，水小时形成瀑布，黄河是泥浆水，颜色深黄，瀑布变成黑色，令人心惊，那天到西安已是晚上8:30了。

“在西安逗留了四天，安排了省市领导接见、座谈和宴请，参观了高新技术开发区，新建的历史博物馆，秦兵马俑，大雁塔。在历史博物馆中看到许多出土的唐朝妇女造像（瓷器），都是体形丰满，衣着多样化，且都自信、自爱，真是一派大国妇女风度。

“这次学习的生活安排得很周到，住、吃、行都是高标准，汽车都有空调，火车包一节软卧车厢。在陕西期间，由省市统战部领导陪同，外出有警车开道。室内全是空调，我把卧室中的空调关掉，室温仍比楼外低很多，我不适应忽冷忽热的环境，在西安患了感冒、咳嗽，幸好未发烧，也不影响吃、睡，回家后才慢慢恢复。

“明天我和妈将一早乘飞机去武夷山休假，先在武夷山风景区住几天，然后去厦门，预计8月18日回京。

2001年，胡海昌和孙子胡宇阳在北大孔子像前留影

“我们从福建回来后，如果我们的邀请信和证书已经寄到，我们就去办理出国手续，邀请信最好中、英文各一份，分别给公安部和加使馆用。”

1996年8月21日，陈小蘅的信：

“7月23日的来信，我们在8月4日收到。我正好发出给你们的信，5日，我们动身去武夷山，所以玩了一趟回家，再给你们回信。这次福建旅行一趟，非常开心，我是有生以来受到最好的一次享受，这次休假是中央组织部内知识分子组织的，邀请中科院院士和工程院院士和社会科学方面的专家组织的休假团。专家们携夫人同往。我们5日坐飞机去武夷山，那天动身时下大雨，稍晚点一小时起飞。武夷山天气晴朗，气候虽热，宾馆有空调，我们把空调调到25度，这样比室温凉爽，和室温不至于温差相差太大。你爸这次旅游身体健康很好，我也很好。休假团里闹小病的大有人在，福建省派了一名医生、一名护士保护，起先每人给专家们测血压，出外游玩遇爬山还带氧气包。陪同有公安部门派一部警车和好几名警卫，外出警车开道。中央组织部、省组织部、市组织部都派领导陪同，省长、部长接见。我对这些都不感兴趣，游山玩水感兴趣，吃山珍海味也不感兴趣。有些随行的工作人员常说笑，对美味是挡不住的诱惑，我也很节制，这次旅游能保持身体健康，也是自己小心的成绩。

“武夷山是朱熹的第二故乡，我们去游玩了朱熹讲学的书院。武夷山人非常自豪，他们之所以子孙后代文化素质高，是他们祖先遗传下的美德，他们每个人除讲福建方言外，人人都会讲普通话，甚至在撑竹筏的人都会讲历史传说、神话典故…… 进行导游。武夷山山清水秀，国内有好几个电影在武夷山拍外景，九曲溪两旁的山峰、岩石是武夷山风景之精华，在‘文革’期间电影《决裂》，所谓‘马尾巴的功能’就在武夷山拍的。我们在九曲溪坐竹筏，就想起《小小竹排江中游》的歌，还有《西游记》电视剧，《西游记》的外景有70%在此拍摄。我们在此地从8月6日—11日，玩了六天，8月12日去厦门，在厦门玩安排得比较紧，上午下午都安排节目。厦门的鼓浪屿风景很美，去陈嘉庚先生的家乡集美参观，我和你爸都非常崇敬陈嘉庚先生，如果我国多几个陈嘉庚先生，中国的教育该是第一流的了。厦门城市非常清洁，如今改革开放，城市建设飞跃发展，对高科技发展也很重视。17日我们乘飞机回家。

“回到北京天气仍非常闷热、潮湿，走进房间一股霉味。我们离京，农农他们都住在中关村，这两个星期几乎没有天晴过，宇阳在家正患荨麻疹，满脸满身的红疹，奇痒，真苦了孩子，也没有搞清是什么过敏，我认为是温热和孩子体弱引起的。今天已是20日，还没有退烧，今天仍在下雨，但不再湿闷，孩子的嗓子也哑了，消化也不好，营养也不吸收，缺钙的现象严重。有人告诉我，北美给孩子吃的钙片好，既是如此，黄节来京能赶得上，就给宇阳带点儿童服的钙片给他吃，最根本还是提高消化能力，加强脾胃功能才行。自从宇阳闹了场感冒后，一个多月以来没有好几天，一会儿发热，扁桃腺发炎、喉炎、感冒……接连不断，我也无能为力，孩子折腾苦了。我为孩子也是一片心而已，看管孩子还是要当妈妈的上心才行。

“赴美的邀请信，你们有空再慢慢办，好在要明年春天实行，不必着急，你们工作、家务都很忙，Peter和Phillip渐渐长大，除照顾生活，还要教育，是非常操心的。

“这次我们回到家，你爸仍是很忙，头绪多，事情杂，这星期六你爸要去北京医院体检，这是中央组织部办的一件大事。北京的院士和专家要享受副部长级的待遇，身体都要到北京医院体检，把过去的病历带着，进行仔细检查。大概是从六月份开始，几百位院士一直要检查到年底结束，院士们对这个措施非常满意。看你爸爸整天忙忙碌碌，我就说这次让他暂不给你们写信，等下次再给你们写。

“闰莓想要你外公的遗著，我知道《温故集》，家中只剩一本，我也没有，我只有《晚晴集》，现在也不知藏在何处。……”

1996年9月2日，胡海昌的信：

“邀请信和其他的证件都已收到，待我们稍有空闲即去申办护照。

“从福建回家后，一直忙忙碌碌，没空给你们写信，今天写几句。

“武夷山山清水秀，环境保护得极好，从飞机上看下去，只有这一带是青山绿水，沿途其他地方都‘黄山’‘黄河’。在地上看更令人神往，我们拍了一些照片，黄节来京后给你们，这次外出两人都很健康，都很高兴，主要是排得活动比较轻松，还有两个人可以互相照顾，几位同行者夸我们是模范夫妻。

“武夷山环境保护得好，是与当地的民风有关。山区总是田少人多，福建人上山砍树种粮的人少，他们的传统是漂洋过海，向外开拓，如果像西北地区人民那样上山砍树，现在想保护环境，已经没有什么树可保护了。在厦门郊区有些楼房顶上的球形水箱，画上了世界地图，这虽不能肯定主人胸怀全球，但总显示出开阔的思想境界。我最近跑了陕西与福建两地，发现许多事情都与民风、官风有关。

“我前后花了一个月去陕西与福建，所以回来后，本单位要我去南戴河开会，北京市政协要我开会，我都难于拒绝，只好都去了。南戴河去了四天，它位于北戴河之南，是一片新建的避暑地，街道、房屋规划得很整齐、美观，但缺天然景色，最可惜的是一年只有一个月有游人，因此所有的营业性旅馆都是亏损的，都由公家补上。不过各个大机关都愿来此造房，甚至远在新疆的省邮电局也在南戴河造了一个豪华的‘干部培训中心’，名为干部培训中心，实为干部休养中心。

“接着又去北京开了两天会，晚不在家住。

“我去南戴河后，宇阳于第二天（8月26日）就发病，先说扁桃腺炎，再说风疹，都不对，结果越来越重，满身疹子，体温在40度左右，多天不退。昨日（9月1日）才住进北京医科大学附属医院，闹得大家心神不安，劳累得很。现在的医院常有小病误诊，大病治不了，再一次表明保健、治病也都要自己努力。”

1996年9月7日，陈小蘅的信：

“8月16日来信收到，上次来信说建议（加—美—加）的信也收到，这次让你爸爸写信，他写好信，说过的话，我不重复了。

“你说北京发大水，是河北省大水，水大不让水进天津和北京，老百姓就倒霉了。现在救河北灾区，我们捐献衣物。去武夷山的那段时间，雨水特多，天天下，我们上飞机那天造成坐汽车是赤脚穿塑料凉鞋趟了水，最幸运的飞机只误点大约一小时，那天雨大，下午飞机场、公路桥又被水淹了，飞机都误点好几个小时，我们没有碰到麻烦。

“中关村下雨积水这几年都是积马路上，不进楼里来了。

“你不让黄节带太多东西，我也不准备让他带东西，只带筒武夷山的岩茶，送你们一个竹根雕的徐霞客人头雕塑的工艺品，放在你们的客厅摆设还是挺高雅的。（9月2日）

“宇阳闹病几乎出了大祸，9月1日住进医院，2日下午下了病危通知，说孩子血象低得令人可怕，淋巴结、肝、脾都大，初步印象‘白血病’，随时有大出血的危险。我们全家及锦红全家惊吓你们是可想而知的。孩子的血型是AB型，一时找不到AB型的新鲜血液，紧张了一夜，到4日孩子发热开始逐渐消退，在医院一面观察病情一面做各种检查，抽了骨髓，每天测血象，孩子在5日发热清退，血象逐渐回升，但医院还认为是骨髓有病变，怀疑是急性细胞病，弄得心里忐忑不安。……宇阳的血象今天已恢复到接近正常指标，孩子闹病的细节，黄节来京时详细讲给他听。在孩子生病的全过程中我始终认为是药物中毒，这几天被可怕现象弄得我十分紧张，如今虽已解除了骨髓病，但大夫没有明确说是什么病。我几乎被这一棒击倒，幸亏对一切发生的事情能用理智去对待，我希望你们养育孩子一定要科学，不能感情用事，不能左或右，处事谨慎。令我放心的是廖老师他们一家是教育家，对孩子很好，你们要尊敬他们，自己也要好好养育孩子们，生活上随时注意孩子饮食卫生，不可太粗放，也不可过于溺爱，都会出问题。

“宇阳可能于下星期三以后出院，到那时可能黄节也要到京，黄节八月份没有来是对的，八月份机关休假的多，无心上班干活，天气闷热，阴雨潮湿，也是往年所没有的。我非常希望黄节到京有空我和他多聊聊天，解除心中抑郁，我和你爸说话，他如果听不进的，他没有耐心听，这些话都是家务事，无法对别人说，所以我非常想明年去北美探亲，和你们相聚，有人和我聊聊。

“红红是否已去渥太华？这星期我们没有收到他来信，估计你们相聚在渥太华了。

……

“现在宇阳住院，锦红陪护，每天为他们操劳，农农一日为锦红送三餐，也附带为孩子做点食物，这样可以了解孩子病情，及时回家汇报。因为除每天三餐送饭，每次半小时可进病房外，其他时间概不许进病房，弄得大家都很累……。总之是生活无序，打破常规，现在总算幸运，孩子的命保住了，等孩子出院，好好总结经验教训，是当务之急。”

此前的通信，因家属未提供。此后加拿大和北京之间的通信都能对照上，这样读来，应该更有意义，更有针对性。

能看到的胡闰莓的信从1996年10月19日开始，此前一年多的时间应该一直在有通信，从胡闰莓这封信中看她的爱人黄节曾回国，刚从国内到加拿大，于是她的信从报平安开始：

1996年10月，胡海昌夫妇和女婿黄节（中）在中关村家窗前合影

“黄节回加途中一切顺利，回来后因时差反应，头几天总是有些昏昏欲睡的感觉，白天还要忙工作，晚上回来，由他负责照顾两个孩子吃饭，我的事情少了一桩。饭后，向他爸介绍国内情况：政治、经济、老百姓、当官的以及他爸的朋友的新闻旧事，总之好多事情要谈。

“接到你们的照片，我很高兴，从照片上看，你们俩都老了不少，白头发更多。黄节说你们都很好，特别强调妈妈身体比他上次见妈时要好。也许照片不能准确地反映人的真实面貌。非常感谢你们给孩子买的衣服，很好看，质量也好，我看了标价，一件棉毛衫要16元多，几倍于我们的印象，但是换算成加元，仍比这里便宜一些，主要是这里买不到这样的衣服。还有宇阳送孩子的书，很好。

“徐霞客的头像很好，可惜现在家里没有地方摆放，家里现在是玩具的天下，其余陈设都只好让开。孩子们还小，有的摆设对他们来说不安全，或是他们将摆设损坏，或是摆设伤了他们。

“黄节回来后我们一直忙忙碌碌，此信又拖了很久。两个孩子现在很好，会说不少话了，笛还教了他们一些唐诗，两人虽不懂诗意，但很爱说。Phillip是对任何有韵律的东西都喜欢，Peter则多半是要显能，喜欢大人表扬。两人现在26

个字母多半都认识，数字是0—12都认识。吃饭和睡觉都挺好的，就是不很胖。Peter现在是11.8公斤，26磅。Phillip略胖一些，两人都很好动，整天跑来跑去，这也是不胖的原因。

……

“我知道中国人的传统观念，感冒发烧后不能再受凉，但夏天洗澡只要屋内没有风，是不会受凉的。Peter和Phillip出生后几乎每天洗澡，从未因感冒发烧而中断过，洗澡时房间温度也不太高，只要洗澡水不凉，洗完立刻用一块大浴巾（干的）包好身体，不会受凉。Peter一次打了防疫针高烧不退，退烧药不管用，夜里因温度高睡不好，结果12点钟起来洗个澡，使他体温降下一些，才睡好了。

“10月12、13日这个周末是加拿大的感恩节，12日天不错，我们全家去看红叶了，然后中午出去吃了自助餐。孩子们的进步很大，这是他们第三次看红叶，第一次是全靠大人抱，第二次是他们刚会走路，在一个风景点走来走去，这次两人可以和我们一起去走一条湖边小路，上下台阶，走了不短的距离。”

以上是10月17日以前写的。

以下是10月19日写的：

“Peter在10月17日做了手术，一切顺利，术后恢复也很好，第二天就自己要下床玩，走来走去。

遵医嘱第二天活动不得太多，所以没有送他去廖老师家，我得时常提醒他不要做剧烈的活动。手术那天唯一不尽人意的是大夫的时间表拖了两个半小时。本来Peter的手术是定在下午1点，这样他从头天午夜之后就不能再吃固体食物和牛奶，第二天早上在10点之前只可吃果汁、白水或果冻。结果手术拖到了3点半之后才做上。Peter很乖，没有闹着要吃东西，候诊室里有很多玩具和小人书，他忙着玩了。下午1点多钟，我抱着他，让他睡了40分钟左右。因他不懂英语，我有些担心他不肯跟大夫去手术室，可是我是先和他讲好，手术室里有大机器，妈妈不可以进去，他到时就不哭不闹让护士抱着进去了。手术本身很快，大约半小时就完了，手术大夫术后见我说一切都很好。Peter在恢复室中待到睡醒才由一位护士推到一间病房，他因发现手上有点滴的管子，所以伤心哭泣，倒也没有大闹。我和黄节事先已在病房等候，给他开了小电视，表扬他一番，他很快就不哭了。护士进行了一系列检查：血压、体温、血液、含氧量等等，然后给他喝了一杯果汁，果汁喝下去过了一会儿没有要吐，又吃了一小杯酸奶。等到过了又近两小时，确认一切无异，才将点滴取下让我们回家。回家后Peter又喝了两小碗粥，当晚有些疲倦，肚子也有点疼，遵医嘱吃了婴儿泰诺，12点后就没有再闹，一直睡得很好。

“昨天（术后第二天）遵医嘱我给他换了绷带，伤口非常干净没有血迹，说明愈合得很好。一周后需要医院去复诊，估计也没什么大问题。”

1996年11月3日，胡海昌、陈小蘅的信。这是两人合写的，陈小蘅写了前半部分，胡海昌写了后半部分，或者说是两封信，陈的信没有落款，胡的信没有抬头：

“10月19日的来信收到，我知道你们忙，能给我们常写长长的信，就很不错了，孩子们身体好，你们全家身体好，我们就很放心。

“10月24日—27日四天，我跟随你爸到石家庄去了，你爸参加北方七省市力学会，柳春图是北京市力学会的理事长，在石家庄召开地区性的力学会他们是老朋友，就欣然答应了。我趁机去玩玩儿，四天里，头尾两天乘火车，中间两天玩儿，25日去正定隆兴寺（大佛寺），该寺是隋朝时建造的一个大寺……，我们如期回家。

“你爸仍是很忙，忙他自己的事占时间略多一些，我们身体都好，闰莓来信说我们都老了，这是自然规律，我们是七十岁的人了，近年来我头发白得很快，也完全花白，人也瘦了一些。精神好，体力也好，能吃能睡，气色好，争取病能逐渐好转。

“宇阳的身体渐渐好转，体重、身长都大了，农农现在空闲时间学中医中药，注意孩子身体健康，这是好事，平时注意预防，就不会闹病，10月份孩子没有闹病。

“Peter 和 Phillip 在这年龄段正是最能接受新事物，学习的好时机，记得闰莓在这年龄时学东西很快，很聪明，如今宇阳学东西也很快。农农和红红小时候，我们被混乱的年代弄昏了头，被撵到外面，顾不了家，糟蹋了时机，真是十分可惜，这损失很大。在那年代，受害者是普遍的，如果是和平的环境，我们是会关心孩子，对孩子负责，发挥孩子的天性和后天的培育。

……

“Peter 和 Phillip 能背唐诗，十分可爱，如果太公公在世，知道他们也能背诵唐诗，他该多么高兴。他们爱学，多鼓励他们的积极性，让他们快乐。宇阳也很爱学习，对他说应该怎么做，他听得很认真，懂了就直点头，能唱很多歌和歌谣，押韵的儿歌很快记住。他怕生人，但不哭，可是不友好，不愿交际，不叫人，我的朋友叫他叫 × 奶奶，他说我叫陈小蘅奶奶，不叫别人奶奶，真令人发笑。不写了，留下半张纸，爸说他写几句，就此搁笔。”

以上为陈小蘅所写，以下胡海昌所写：

“我们于10月15日将办护照的申请表送北京市公安局，那天妈妈和我一起去，因为怕有临时问话，需要当面回答的，没碰到什么麻烦，但也花了一天时间，移民证要翻译复制，下午才弄好，计划11月11日可以去取，我一人去取，如护照不能代领，妈妈再去跑一趟。

“今年年初有人愿意推荐我申请何梁何利奖，要我写材料，我一时赶不出来，只好作罢。现在又有人愿在明年推荐，所以我忙于收集整理国内外对我的工作的应用和引用的情况，如果来不及，只好再推迟。

“民航托运的箱子最大可多大？我们当然不想买最大的，不过心中有数，可避免买过大的。”

1996年11月6日，胡闰莓的信：

“你们的信已经收到一个多星期了，一直很忙，未能回信。

“Peter手术后恢复很快、很好。他是周四做的手术，周五就自己要下地玩，但需要一些止疼药。周六、周日我看他玩得很好，就将止疼药减量。周一去廖老师家也是一切都好，周三就不吃止疼药了。周五去医院复查、拆线，大夫说他一切恢复正常，完全恢复好仍需三个月。约了时间明年一月再去复查。

“爷爷将于11月7日做白内障手术，是用人工晶体取代已长了白内障的晶体。他原来不想做的，顾虑重重，怕手术失败，或术后需要特殊的照顾。这里的大夫很好，专门解答问题。另外，《人民日报》上述报道有医疗队去青海去做类似手术，可见已是成熟技术，所以最终决定去做，在这里条件好，有医疗保险，又不需要送大夫红包，去做还是对的。

“黄节回来后就忙，11月4日有他们的大老板要来，他们都忙着准备，11月2日3日那个周末和那之前一周几乎每天加班。好在两个孩子现在比过去好带多了，可以自己玩，吃饭睡觉都不费事。现在坐在饭桌前和大人们一起吃，下一步就是要训练他们大小便，这是一项艰巨的任务。

“10月31日，是西方的鬼节。孩子们装扮起来，晚上出去要糖。Peter和Phillip今年懂事一些了，带他们去邻居家不再害怕，再去另一家，只喊‘还要，还要’，各要一大包糖回家，控制他们吃糖成了新的事情。

“我的工作也忙。现在搞的产品在年底要推出新版本，目前正是最后的测试、修补边边角角的阶段。我的任务总还能按时完成，所以自我感觉还是不错的。

“妈信中说了要我们不要回中国工作，中国现在的样子，我已经很不习惯。我还是喜欢北美，起码守法还是美德，像我们这样的人可以靠自己的能力去创造自己的生活，不受太多权势的限制。考虑回中国，主要是为了事业。中国对于全世界各国的大电信设备公司来说好比一个战场，要想取胜，就要用又懂技术又懂中国的人。北电现在在中国有些用人不当，用了一批港人，既不懂中国，技术又不在行。黄节若是回去，会有用武之地，提升也会很快。另外，他一直想从工程转到市场和销售方面去，因为仅搞工程很难提上去，这样回中国也是有利的。我们现在的顾虑也是因为孩子，中国现在的大环境不利孩子的生长，空气污染，无活动空间，治安也不好。最近一年内，黄节对回国也不甚热情，因为公司在中国已被港人治成烂摊子，他对收拾残局也不怎么感兴趣。北美这边目前发展的也还是不错的，所以先不做回国的打算。

"别的不多写，急于付邮，祝你们好！"

1996年11月29日，胡闰莓的信：

"来信已经收到一周了。每次都不能及时给你们回信，很是抱歉。

"爷爷的白内障手术很成功。术后第二天摘除眼罩后，他自我感觉接受手术的眼睛就清楚多了。一周后去复查，大夫查视力，手术前他是首行大字全认错，手术后全认对了，而且第二行小号字7个认对了5个。大夫很高兴，他也很高兴。现在眼睛正在恢复阶段，两个月后稳定下来，可以去重配眼镜，因为现在的老花镜已不合适，他还想着去做第二只眼睛。

"训练Peter和Phillip大小便也有一定进展。（以下是一些细节略去）

"上次和一位朋友谈到你们明年来访一事，她说你们最好在拿到赴加签证之后，在北京就申请一份赴美的签证。她说这样容易，到加后再申请美方会认为有'移民倾向'而拒签。我已经告诉了红红，让他给你们寄材料。这样你们在先拿到赴加签证之后可以去试一试，如拿到了赴美签证，也算了却一桩事情。如很困难，那也可以到加来再试。

"箱子一事，不必考虑你们的箱子大于航空公司的标准，关键问题是不要带太大的箱子！！你们只要带上你们家常穿的衣服就行，如有余力，给我们带少量的东西，但是千万不要将旅途搞得很疲劳。现在机票还没有买，所以不知道是否要换机取行李。如需途中取行李，箱子大了极其不便。

“圣诞节快到了，北美就像是中国过春节一样，各样活动很多。公园里已经开始开圣诞晚会，还有专门给孩子们举办的活动。今年冬天又有异常，美加都有一些地方下大雪，有个地方24小时内降雪75 cm，近一米，还有的地方很冷，加拿大的卡尔加里前几天冷到白天 –24℃。渥太华还算好，迄今下了几场小雪，这几天白天 –4℃—5℃，无风还算好。两个孩子今秋一直没有什么大病，令人宽心。11月16日那个周末是渥太华的圣诞老人游行，那天气温 –1℃，我们全家去看。黄节和他爸都不听我的劝告，穿少了，冷得很，两个孩子穿了全身的棉衣、棉鞋，总算没有挨冻。Peter最喜欢看热闹，彩车、鼓号队都爱看。Phillip不大喜欢看热闹，喜欢‘听’热闹，有乐曲、歌唱时才有兴趣。

“这封信写了一周多，昨天（11月28日）收到了你们11月18日的信。需要的材料都不成问题，我们马上动手去办，然后寄给你们。

“我寄给你们的T4是最新的。T4每年只有一张，用于交个人所得税，我给你们的是1995年的，1996年的要到1997年2月底才能收到。

“爸录的那句英文评价，我问了一位从英国来的同事，他说那句英语不是完美的英语，但全句意思是Hu–washizu优于Hellinge–Reissner‘has an edge over’他做了一个手势，是压倒的意思。我想中文可否译为‘在计算上Hu–washizu原理远优于Hellinge–Reissner原理’。

“别的不多写，还有一事是申请签证时一定要注明你们计划赴美的日期。加美规定不同，加拿大给一个入境截止（即某日之前必须入境）。美给一个入境许可日（即某日之后才能入境）。若加给的日期过了，到期来不了，是很麻烦的事情。箱子一定不能大，我记得每人可托运两件行李，所以宁可4个小箱子，不要两个大箱子，衣服带少了也没关系，这里买的反正也是中国产品多，价格也不是很贵。”

1996年12月5日，胡闰莓的信：

“上周接到了你们11月18日的信，因担心你们着急，赶快将手头一封未完成的信写完寄出。结果周末得知有朋友回北京，所以赶快去办理需要的文件，办好的可与此信一起拖她带回，也许你们先收到此信。

……

“红红周末来了一次电话，他一月初将去佛罗里达开会，是个美差。北边的人如能在严冬去一趟南方很不容易。他的助学金很高，两年省出一辆车还是不奇怪的，我已经反复告诉他不要在吃上节省，我想他不会的。可以算一算账，我们全家的收入尚可，我们由于没有时间，常买一些熟食，有时在唐人街买一些鲜鱼，这都比较贵。红红那边是农业州，食品比我们便宜，假定他一周伙食30美元，一年是1500美元，他住房都是和别人合住，这样每月大概在200美元，每年2400美元，他不嗜烟酒，不买衣服，没什么其他开销，这样每年花费在4000—5000美元就行了。

“Peter和Phillip现在会说很多话了，很可爱，也淘气，和大人学舌、抬杠，两人个性很不同。Phillip虽比Peter好哭，但他比较听话，很注重大人的评价。来了客人让他问好，他总是问好，受到表扬很得意，挨了批评就要掉泪。Peter是不论受表扬或批评都‘泰然自若’，喜欢参与大人的活动，看大人做事情。我给他们借的图画书，两人都爱看，但Peter喜欢故事情节，Phillip喜欢画面。Phillip是什么东西都要有偏爱，学了几首唐诗后，现在最爱念‘白日依山尽，黄河入海流……’其次是‘离离原上草……’

“黄节的工作证明信开来了。银行的结算单我将最近几个月的寄给你们（我每月都要对账、结账，所以结算单上写得很乱，因为从未想到还有别人要看我的结算单），因10月的尚未寄到，我到银行让他们打印了一份临时的。领事馆的这一要求我觉得是过分，他们没权利了解我没有的收支细账，以后有机会要到选区议员那里去提意见。另外给你们带了7个一元的加元硬币，还有一张20元的钞票。以后不一定再有人回去，你们来时身边带些零钱，万一有需要可应急需，不一定能用上。”

1996年12月14日，胡海昌的信：

“你们托人带的东西已经收到。

“你说让我们在北京办理去美国的签证。德红已经寄来他的银行存款清单，他说其他信件将陆续寄来，11日，我去了美使馆签证处，不巧星期三不办公，在墙外橱窗里拿到签证表和看到有关签证的说明。表比加拿大的简单，要求的证件总数也比加拿大少，不过要证明按时离开美国，因未见到使馆人员，不清楚自己写一份申请是否算数？还是要别人或单位担保，等有空我再去一趟美使馆，把要求问清楚。

“我们从北京赴加，中途不要安排去朋友家或旅馆住宿，妈妈晚上碰到什么新鲜事，晚上就睡不着觉，旅途中新鲜事多，思想高度兴奋，哪能睡觉？且多一事多一次兴奋，所以不如在机场候机室坐着休息一会儿。

“两个孩子性格不同，你们发现得早，还可及早因势利导，因材施教。这两种性格各有其优点，也各有其不足，不大计较别人表扬，批评或其他反映的人，接受某个思想、观点后比较巩固，不受别人威胁、利诱的影响，这是优点，不足是要接受新观点并不容易。计较别人反映的人，容易教育、诱导，但不巩固，一旦换一个环境，就易不分好歹随大流，现在先发扬两人的优点，有机会时抓紧弥补他们的不足。”

1996年12月15日，陈小蘅的信：

“11月29日及12月5日的信都收到。

“Peter和Phillip两个孩子挺可爱，凡事要有耐心，不要着急。

“这几天我们打算买箱子，箱子问题不大，我知道买多大、什么样式会省力……

“关于飞机票的事，北京也好买，有次看到广告，旅游、旅行社之类去加拿大多伦多只有五千多人民币，我们下次查到确实的价钱，告诉你们，如果合算，不必你们买。

“邮费涨价，20克内邮资6.4元，于是放了三张照片，凑成18.5克，这样才不吃亏，国内邮资涨的比加拿大和美国都高，向富国看齐，可是我们的工资，大概要向最穷国看齐了。”

1997年1月2日，胡海昌的信：

“12月17日来信收到，我们暂定4月15日赴加。办签证的证明文件都已办好，为了万全，我们准备再去公证处办个亲属关系公证。我暂不急于去加使馆，三月份去，时间仍很充裕。

“我为请奖所要收集的材料，已差不多了，少量复制下来，多数抄摘几句话，下面是要把这些材料用精炼明白的言语组织起来，这也相当费时间，如果没有旁的意外事情干扰，时间还是来得及的。元旦前后，本想多干些自己的事，不料来了三件难以推辞的事。其中一件是钱令希爷爷要求的，有人请求他为一本书写篇序言，他把书稿给我让我写，我看了书稿发现有严重错误，是一本不该出版的书，我把差错告诉了钱爷爷，等他决定如何处理。现在有些教授们写文章、写书，连错不错也没把握，今后黄节跟这些人打交道也宜小心谨慎，不可给人坑了。

“我和妈都感到日子过得很快，这是我们身体健康的好转，和生活比较顺利的反映，有病的人，工作生活不顺利的人，总存度日如年的感觉，我们现在是度周如日的感觉。”

1997年1月2日，陈小蘅的信：

“12月17日的信已收到，今天给你们回信，已是1997年的元旦了，你们的圣诞节的假日已过完了，一切都恢复正常生活，孩子们要去廖老师家，寒冷的天气，会给孩子外出添不少麻烦，其实是父母的麻烦。我们这儿昨天开始下雪，雪不大，薄薄的一层，今天刮大风，气温－3℃，天气晴朗，有风我就不外出了，不然每天都跑出去走走。今天早晨黄节姑姑打电话来拜年，我又失礼了，每回都是她先打电话来，春节我一定记住先给她打电话。姑姑说他和姑父身体都好，姑父视力好了，心情舒畅，这是好事。

“Peter和Phillip大小便训练有进步了吧，要完全会控制可能还得要一段时间。

……

“你爸申报评奖资料，素材基本上备齐，1月份可以开始着手整理。爸的杂事仍然很多，多方面的事情找他，虽然他已辞掉学会、学报的事务，但仍要找他，还有不知什么时候攒出事来让他办，推也推不掉，将来到北美探亲，可能清闲一段时间。你爸辞掉一些事，对他身体大有好处，朋友们见到他，都说他气色好，可见人老了不能追逐名利过分，要超脱。

……

“我们如果是4月15日左右动身，我们可能仍得将羽绒衣随身带，我们带多少换洗衬衣和单衣，记得出去读书的孩子带内衣是很多的，我们是不是也得如此？你们需要什么，可以来信告诉我，我可以在方便的时候准备，我想不出什么是国内的特产，是你们需要的。”

1997年2月2日，胡海昌的信：

“妈妈的感冒已痊愈，虚弱的身体正在逐步恢复中，大家都很高兴，能过一个健康愉快的春节。

“春节过后不久，就接连召开北京市政协和全国政协两个会议，这中间有几天空档，如有空，即去加使馆办签证，不然到三月初去。

“你们提出的随身携带的物品的建议很好，我们将参照办理，计划到三月份，天气暖和些，我跟妈一块上商店跑跑。你们工作忙，每周集中洗一次衣服是‘优化’的选择，我们在加没事，每周洗两三次衣服是可能的。

……

“你们替我们买机票再寄到这里，不知要多少时间？等拿到签证再购票，还是两事平行办理，目前我们仍计划4月15日或稍后一点起程。”

1997年2月2日陈小蘅的信：

“好久没有给你们写信了，上次你爸写了一封简单的信，告诉你们我感冒了，如今病已好，亲自写信，免得你们挂念。我从1月8日开始发热感冒，起先我不以为然，觉得感冒两三天就会好的，因为农农发烧两三天，宇阳接着感冒两三天都好了，可是轮到我，事情就大了。无怪大夫一直对白血病患者说‘不要外伤，不要感冒’。我发烧最高是38.7℃，烧了三天后退烧，但咳嗽十分厉害，夜间不能平躺，不能入睡，烧退了，我以为病该慢慢好了，哪知1月11日又发烧，12日退烧，12日夜间又发烧，13日早晨退烧，13日中午又开始发烧。忍不住去中关村医院，因为我怕感冒转肺炎，又担心血液病恶化，因为几天发烧，人明显消瘦，全家担心。经化验血液和胸透两种病被排除。血象指标趋向正常……明显白血病在好转……这和疾病斗争，打了一个胜仗，今后再继续努力。我和你爸都很高兴，这次我生病使你爸精神负担甚重，日夜不安，影响他的健康和工作。本来你爸一直在准备进行申奖的工作，这样为我耽误了一个月的时间。爸说时间来不及了，他不申请了，我病了影响他的大事，实在使我不安。

“春节快到了，今年似乎流行领导到家中慰问，联谊会、团拜会。你爸有近十个邀请，他一个也没有去，原因是我病了，也怕流感。据说今年的流感病毒已30年没有出现，这次又再现于北京。

“Peter和Phillip教育得很好，这是你们当父母有较高文化，素质好，有卓见，孩子才教得好。圣诞节礼物之事以后都要这样处理，平常日常生活，要把两个孩子同等待遇，不要使孩子觉得你们偏心。孩子和爷爷、爸爸、妈妈之间不要搞特殊化。孩子从小特殊，长大了也不会感到父母对他们的养育之辛苦，不孝的根子从此就埋下了。

……

"不写了，等春节过后再给你们多写点，祝你们全家春节好！"

1997年3月8日，胡闰莓的信：

"最近工作忙是因为我组里的几个主力相继离去，有的去了美国，有的去了其他公司，有的去本公司其他的组，所以我成了仅有的'老资格'。剩下的人来得最早的是去年秋天来的，而且人数也少。我自参加BNR来就一直在这个组，已经有三年多了，但中间因孩子8个月没有工作，1995年年初回来上班后，一直没有机会担任主力，这次是个很好的机会，本来我也有这个实力。但现在人手实在太少，产品又处在关键阶段，所以仍是很忙。BNR人才损失的巨大原因是工资不够高，经济不好时，工资涨得少，人也愿留在大公司，因为工作比较有保证；但经济一好，用人处增多，中小公司出高价雇人，同时美国现在经济好，工资更给得多。BNR这样的大公司，一年前就已经意识到工资没有竞争力，但任何改动都有规程：要市场调查、研究、做预算，这一切完成之前，人已走掉很多。据说今年的涨工资幅度要大，这到3月中下旬便知分晓。我今年也很有可能要提一级，已经和老板谈过此事，估计要到年中。我的顶头上司很多人不喜欢他，说白了是他不会笼络人心，不甚关心组员的升级、提薪，也无甚表扬、鼓励。他倒也不使坏，不给人小鞋穿。他在现在的级别已经干了多年，当年的下级基本都是同级，有的已是上级，不知他是怎么回事。

“黄节也很忙，他干得不错，也在寻找机会，希望从搞工程技术转入市场销售。如能转成，多半也得去美国北电的一个分部。现在仍在看机会，他今年工资也可望大涨。

“家里一切都好！爷爷的第二只眼睛做了手术，恢复良好。现在做手术的那家医院已经关门，因为渥太华地区医院太多，政府负担不起。现在省和联邦政府都在缩减开支，减少浪费，我们作为纳税人是受益的，那些享受福利的人都不高兴。不过也没办法，政府已经再也负担不起高福利，其实很多都是浪费。

“两个孩子很好，今冬至今没有感冒。我和黄节总结经验可能有几条：1.他们每晚洗澡，家中温度21—22℃，也并不给洗澡间额外加温。热水快洗，洗后大毛巾一包，赶快擦干，在睡觉的房间穿衣服，皮肤受锻炼。2.廖老师家暖得很，在那里只穿单裤、短袖，皮肤也受冷暖锻炼。3.吃多种维生素，也提高免疫力。4.生活有规律，渥太华至今仍是冰雪满地，唯一的春天迹象是白天温度已多半在−5℃左右，相比−20℃，变化已很显著。Peter和Phillip现在什么都会说：‘但是’‘而且’‘一边’‘一边’‘所以’‘因为’等等，两人现在可以互相交流，所以一起玩的时间多了。可是两人的兴趣不太一致，有时也玩不到一起去。Phillip就是爱音乐，听CD、听磁带，而且偏爱每个CD上的一首歌，这正在得意，因Peter还不会。Peter在运动上有些天才，他们的玩垒球，他拿棒球，爷爷给他扔球，在地下室玩，他居然能击中。两人喜欢在地下室赛跑，从一侧跑到另一侧，另一侧放了个旧床垫，两人就在上面跳、打滚。在廖老师家，大孩们念中文学校的课本，Peter先听会，自己念：‘中文学校开学了，老师发给我一本新书，我打开一看，有的字是生字，好像在对我说：朋友，你别害怕，老师慢慢教，你就认识我了。’念得字正腔圆的，然后Phillip很快也就会了。我发现小孩子和大孩子在一起，能学不少东西。廖老师没有烫头发，也是短发，两个女儿，一个儿子，孙女、外孙女，还有一个女婿不在渥太华工作，偶尔也回来，他全家都很喜欢 Peter 和 Phillip。我们从年初起，给廖老师涨了工资，她很高兴。

“你们体检一事，不必过分在意，妈的心脏、血压都好，目前不依赖任何药物，所以短期访问应该不成问题。出国办签证，至今尚未听说过有顺利的，多半都是几番周折，好事多磨搞得人都没了情绪。希望你们的运气会好一些。机票不要你们出，我们现在财务没有问题，房子借款已还清，今年还要涨工资，你们的钱实实在在是辛苦钱，留着你们在国内旅游时再用吧。（以上3月7日写）

“今天出去给你们买了一点小东西，有两瓶维生素给宇阳。Peter 和 Phillip 今冬一直吃这个，我觉得不错，说明上写的是4—12岁每日一粒，我将一粒掰开一分为二，每人半粒。这种维生素是嚼着吃的，一粒是长长的，做成小动物形状，很容易分开，孩子们也爱吃。

……

“别的不多写了，再整理一些照片带给你们！你们和黄节姑姑分一分吧。”

1997年3月25日陈小蘅、胡海昌的信：

“小笛一转眼就要回渥太华了，我们的签证还不知怎么样，今天还体检：内科、胸部拍片以及其他的项目。……我让小笛给你们带一点东西：1. 美元

1600元。2.两件小毛衣，这衣服是家翠送孩子的，她买的毛线，在业余时间编织的，这是她的心意。……3.云南茶叶，给爷爷。是我中学同学送我的，因为是云南的，可能爷爷思念家乡，喝点云南茶，解解乡愁，这是不是名茶，我们是外行。4.还有一张挂历。…… 体检真麻烦 ……

“这两天你爸又开始忙了，上次告诉你们，我因病几乎一个月，把你爸申请何梁何利奖的兴趣都弄没有了，因为没有时间整理，想放弃，可是钱令希先生一定要推荐你爸去申请，这事有很多朋友劝你爸申请，他们要推荐，被你爸婉言谢绝，可是钱先生的话‘有份量’，你爸听，于是又动笔开始整理，所以时间紧了，又加之去加拿大，时间也得到五月份，估计材料能整理好。不过推荐院士的工作有干扰，经常要开会。

“红红寄来了英文的邀请，你爸想让他按爸的思路写，应该不困难吧，这样中英文一气呵成，可能对申请签证有利，到美国大使馆签证，排队拿号很紧张，不过有人说可找‘黄牛’拿号，到时我们可能去找这种人出点钱免得受罪，去美也要体检，又是麻烦事，不过此关不行，过去不体检，现在都要体检，真讨厌。”

以上是陈小蘅所写，以下为胡海昌所写：

“妈妈已经告诉你们了，钱爷爷要我写材料以便他推荐我去申请奖金，我还忍得住气，老先生忍不住了，只好抓紧时间编写，不然将使他更着急。我一忙，妈也跟着忙，有些本来两人一起管的事，只好让她一人做了，我不会让她太忙，千叮万嘱，一定要量力而行，我们的格言是健康重于小康，我们不会为了奖金而冒险苦干。”

1997年3月31日胡闰莓信件：

“先后收到你们的两封信，第一封是妈写的，第二封是你们合写，有爸爸给红红起草的信。信写得很好，用意都好，我会与红红联系，将用意都在英文信中表达出来。我的想法是，信固然重要，但更重要的是你们到美国使馆面谈时将你们的意思表达出来。以前听人说，美国使馆面谈的人都是‘中国通’，汉语很流利，你们可不必顾虑有语言障碍。

“我们给Peter和Phillip申请的幼儿园已经同意接收他们，正式入学要到9月份，申请时我和黄节专门约了时间去参观了他们的教室。他们是3—5岁的孩子混合编班，但是入学的孩子只是4岁以下的，这样班里的大孩子入学已经1—2年了，熟悉了情况，小孩子跟大孩子学，学得很快。Peter和Phillip就是因为在廖老师家跟大孩子学，语言和其他方面都有很大进步。幼儿园的教育方法是遵循一位教育学博士的理论与实践，与一般幼儿园不同，中心思想是让孩子在不受压力的环境中以个人学习的速度学习，激发对学习的兴趣，同时给条件让孩子们模仿大人的事情，例如擦洗桌椅、洗碗、洗菜等等，培养自主能力。3—5岁班每班24人，两个老师，教室里的活动不似我小时候那样是老师组织活动，而是孩子们自由活动。教室里有各式各样的玩具和教具，孩子们在玩中学习，老师在需要时给予指导。教室里有小水池，孩子们用的小围裙，清洗用具，孩子们愿意时就抬张桌子来，自己动手擦洗。幼儿园每年10个月有课，两个月放假。两个孩子的费用平均到每个月是每月1000元多一点，这包括他们每天的午饭。法律规定5岁以下的孩子每天必须吃热午饭，由幼儿园提供，5岁以上的孩子，家长可以选择吃热午饭还是自己带饭。我们觉得将来去幼儿园，Peter肯定很快就能适应，Phillip恐怕要哭几天，还好幼儿园不是上课，比较自由，否则更困难一些。两人现在很有意思，附上廖老师、胡老师的记事2页。你们看了一定发笑。两人现在兴趣不同，Peter显得比Phillip大不少，他喜欢各种大人的活动，玩球类、积木。Phillip只是对音乐最有兴趣，早上睁开眼睛就急着下床、下楼，自己将激光唱盘打开，听他喜爱的歌曲，他已成了操纵激光唱盘的专家，重复放某一首歌曲和随机顺序放曲都会，其他方面大都不及Peter，也不及Peter爱运动。只有两项比Peter强，一是会前滚翻，二是会爬大人的床。因他找到了窍门，知道脚蹬何处。Peter现在要管事，还要规定事情，某些玩具在楼下玩，不准别人拿到楼上去，想象力还特丰富，有时半懂不懂的，特逗人。例如乒乓球，他听大人说了，以为是冰棒球，还有听唱歌《弹起我心爱的土琵琶》，变成了《弹起我心爱的肚皮吧》。另外是爱抬杠，皮得很。歌里唱'喵喵喵，猫来了'他偏说成'猫猫猫，猫来了'。Phillip性急，要说对，他就故意逗弟弟，弟弟后来学会了，也要逗他，说'猫猫猫'，他就说：'弟弟不要说猫猫猫，说喵喵喵。'每天要提100个问题，什么都问，观察力还很强。

"我们1997年的工资数额已经下来了，我涨了12.6%，黄节涨了10.9%，按百分比，我的工资已经涨了很多，但因数年来积压的问题，绝对值仍不算高，但也很值得庆贺了。去年的鉴定，虽然没进入最高档，但具体评语已经写得相当不错。但是现在所负的责任也比过去大，比过去忙得多了，但工作都能胜任。原来我负责的那部分软件，现在已经非常稳定，目前接手人家的软件部分，经发现并解决了很多问题。"

1997年5月20日，胡闰莓的信：

"前后已收到你们两封信，至今未回信，非常抱歉。

“我和黄节反复考虑后决定，如果你们拿到了赴加的签证，就不必在京申报赴美的签证了。红红一定已经电话告知你们了，原因是红红说赴美签证最近很难申请。你们在加拿大可以申请赴美签证，但不能提探亲一事，只说是去旅游，有儿子在美读书一事也只字不提，这样获取的可能性会大一些。一旦签证到手，到美国去干什么就没人管了。如果你们在京申请而被拒，会留下一个不好的记录，只怕在加也不好申请了。

……

“你们拿到签证后，速请王阿姨给我一个e-mail，我们好赶快办理机票等物，来加不要给我们带东西。我会经常打电话，了解你们的情况。今年北美东部春寒，至今外面温度也只在10—15℃之间，但这边天气变化无常，24小时内气温变化20℃是常有的事情，所以你们来时衣服要穿好，冷至毛衣，热至衬衫，冷穿热脱，以适变化。

“黄节多年的夙愿，从搞技术转成搞销售很快就要实现，但是我们要搬到美国去。我们公司在美国得克萨斯的分部，有一部门愿意要他，他也愿意去，工作机会很好，提升机会也大。‘转业’过程可以缓缓办来，他可先在渥太华开始转向新的工作，然后再慢慢转过去。那边分部也有适合我的工作，我也可以转去工作，但我要在这边提了级再过去，否则很吃亏。我这边的老板是个老脑筋，他也早承认我已够提级标准，可是老是拖着不办，我已催过他，还准备去找老板的老板去谈。我们这一‘转业’过程大概要到1997年秋冬才能完成，所以不影响你们赴加。你们若此次去不了美国，将来我们去了美国，你们去探我们，应不成问题。

“黄节这边的单位也想明年提升他，所以肯定要挽留他，他还没有对他本单位提转业一事，移交过程肯定要有一定的时间，也许1997年内还转不过去。但他已决定要在北美搞几年销售，有了经验后可以去中国，再回北美都行，如果光在中国搞销售，虽然提升快，但以后再回北美就很困难了。”

1997年6月15日，陈小蘅的信：

“好久没给你们写信，你爸痰培养要等到7月24日看结果，能否签证取决于培养结果，此事就暂时等候。你们的工作还是按照你们的计划进行，小笛去芝加哥工作一定很好吧，两个孩子平日缺少姑姑照料和陪伴，该想念姑姑吧，爷爷该更加忙了，幸好孩子们天天长大，懂事了，能听话，哭闹要少些，自己会独自玩玩或合伙玩。

“今年夏季一开始就很炎热，气温在30℃以上已半个多月，这两天都在34℃上下，上午室外气温还好，到中午就不出门了。

“7月1日香港回归祖国，活动很多，北京将热闹一番，庆祝放假一天，并燃放礼花，天安门有庆祝会。政协也组织天安门有活动，因考虑要搞通宵，你爸体力不行，请假不去，盛况我们和你们一样都是在电视上看。

“宇阳已准备在9月份入幼儿园，是我们楼前的第三幼儿园，报名体检缴费之事都已办妥了……

“闰莓工作一定很忙，你们忙自己的工作，没有工夫写信就少写，接到我们的信没有空可给屈宗明发e-mail报个平安就行。这样省时间，免得我们挂念你们。

1997年6月底，胡海昌在天安门广场为庆祝香港回归留影

1997年6月底，胡海昌夫妇在天安门广场为庆祝香港回归合影留念

“红红那边的 e-mail 已通了（还有苏先樾那儿也通了），屈叔叔给他发的他收到了，并有回音给屈叔叔……”

1997年6月16日，胡海昌的信：

“这段时间没什么事，在家闲着。大家知道我要出国探亲，因而无人找我办事，有些多日不见的朋友，还以为我已探亲回来了。我本想利用这段时间在北京玩玩，不料气温升得很快，现在已不适合出门远游了，只能在家附近走走，妈妈上午带宇阳活动，我晚饭后出去散步，白天在家锻炼，做舒展筋骨关节的操，不做增加耐力的操。我小时严重缺钙，小腿畸形，全身各处关节的活动范围都比常人小，经过约一个月的努力，活动范围有所扩大，灵活性和平衡适应也有提高。

“妈妈乐于在做事过程中活动，不愿做专门的动功或操，我说她是被动锻炼，而非主动锻炼，被动锻炼的活动总量是够的，有时可能超量，但活动的分布常常很不均匀，有些部位可能活动得不多，甚至没有活动到。

“前星期，妈妈与我共同制定了一项锻炼身体和培养共同爱好的计划，使我们老有所为，老有所思（钻研养生之道），老有所喜，老有所为，我已经开始行动，妈妈的行动不多。签证费时，只能随遇而安，但事已至此，只能安心等待，你们也继续按你们工作变动计划办，不要让签证事成为心理上的干扰。”

1997年6月23日，胡闰莓的信：

“很久没有给你们写信了，也很长时间没收到你们的信了。你们一切都好吗？加拿大姗姗来迟的夏天终于到了，夏天好像比冬天更忙一些。一到周末，总有很多活动，而且还总是尽量带孩子们去参加，夏天短暂，总是希望能充分利用。这个周末是我们公司的野餐会，其实主要是为了孩子们玩，有不少大型游戏机，Peter和Phillip坐了小汽车，又坐小飞机，后来玩碰碰车，Phillip不习惯。别的活动有：小高尔夫球，参观警车，巡逻艇，都可以上去坐，Peter非常高兴，平时开车去廖老师家，他总是抢先爬上司机的位置，号称他要开车，每次非强行抱他出来不可。这次在警车里可以随便‘开车’，不受限制，他可高兴了，坐在里面舍不得出来，结果车外小朋友只好排队等候，我们只得赶快将他抱走。Phillip拿着高尔夫球直接扔进洞里，玩得很开心。小家伙们真是十分幼稚可爱。

“黄节调动工作一事已经基本定下来，新单位已经给了他书面的‘offer’，工作关系在8月初直接转过去，两个月后搬家过去。我也要开始找自己的工作，首先要跟这边的老板谈，告知要走的消息，这些都准备近期去办。Peter和Phillip原是定了在这边9月初去幼儿园的，我和黄节考虑再三，决定仍让他们在这边上一个月的幼儿园。原因是他们因语言不通，上幼儿园可能不习惯，但在这边，除了幼儿园，其余都是老环境。搬到得州后，那边的幼儿园，黄节已经联系好了，可以10月份开始，在那边，所有的环境都是新的，若再加上幼儿园，可能会更不习惯，有了一个月上幼儿园的经验，到那边去会好一些。

“现在最大的问题是你们访加。我们很后悔当时没有催促你们早动手。虽然有思想准备可能会节外生枝，但没有想到会拖这么久的时间。我们想来想去，仍是觉得你们此次还是要尽量争取到美国的签证。有一个方案：不申请到美国探亲，而是申请到美国旅游。如果7月底，爸爸的初审结果出来，认为体检不合格，那就没有什么办法了，只好去换护照，重新申请去美国。但体检不合格的可能性极小。如果合格，那么在9月份拿到赴加签证后，再到美国使馆去申请一个旅游签证。理由是：1. 已有加拿大签证，原计划在加探亲期间赴美短期旅游，但美驻渥太华领馆说了，这边绝不可能给，必须在中国境内申请才行（这是实话，黄节去美领馆问过）。2. 计划在10月或11月份初去华盛顿和波士顿旅游两周，华盛顿是首都自然要看，波士顿是几个著名学府哈佛、MIT，当然也要去看一看。3. 去旅游将由女儿或女婿陪同，开车前往，可将我和黄节的公司雇佣证明信出示。4. 不要说有儿子在美国念书，只说在美没有亲戚。申请旅游签证只需一天，当时决定是否批准，如果给，那下边的事情就好办了。

（写到这里收到了你们6月16日的信）

“如果你们拿到了去美的旅游签证，那你们可以取道加拿大，然后去美国，既可见到我们，又可见到红红，在我们搬到美国之后又可在美相会，最后再取道加拿大回中国。你们持旅游签证，从加拿大入境，在美国边境上，海关会给一张卡，编号I94，有这张卡，可在美国待六个月，如果从美直接返中国，I94会在飞机上被收回，如果从美进入加拿大，I94就无人收，换句话说，何时离境，无法查起。办旅游签证时问很多问题，反复问，主要是看回答是否合理，一旦给了签证，签证上只有在某日之前入境，并无目的地和逗留时间，所以有了签证后到哪里都行。如果美国不给旅游签证，问题就麻烦了，但加拿大的签证不会很快过期，可以再去申请赴美的签证。总之，如能拿到赴加签证，即使我们已经离开加拿大，你们也可取道加拿大赴美，以免护照的麻烦。我非常想念你们，可是反复考虑，觉得你们若是在我们搬家期间来，又不能去美国，实属下策，你们远道辛苦，又不得休息，又不能旅游，实在不值得。如果你们能有赴美的签证，我们搬家就没关系了，反正在加落落脚就去美国，至少能看看红红，也能看我们，只是不知道赴美的签证是否能拿到。

“5月底我正式被提一级，从band5升到band6，年薪也长了。虽然我早已在做 band6 的工作，但提级加薪，仍是值得庆贺。可惜我很快又要离开，今天我正式通知我的经理，我要在9月下旬离开，他觉得很惋惜，但也没有什么办法。我在美的工作应该不成问题，这边的上级都愿意帮忙，看看那边也有对口的工作，下面就是去动手联系的问题。

……

“另外，如果7月24日结果回来，没有问题，那可到加使馆请求加速办理签证，为什么一定要拖到9月？9月份在加拿大已是秋冬，天气已冷，就说女儿女婿说了加拿大夏天十分美丽，错过了夏天万分可惜，问问能否尽早办理签证。

“别的不多写了，7月1日香港回归，北美各大城市都有庆祝活动，7月1日又逢加拿大国庆，英女王已来加，会很热闹。”

1983年，全家在中关村合影

3. 子女眼中的父亲

胡闰莓的一些回忆，这是2013年9月15日写下的：

我爸爸是不是个书呆子？

“一般人对‘书呆子’的定义其实很宽泛：非常集中精力于钻研某种学问而不过问那种学问以外的事情；日常生活中不善于与周围的人交往，缺乏灵活性；缺乏实际生活的技能，沉溺于书本，等等。如果要举例子，那知名度比较高的，文学作品中属孔乙己，现实生活中属陈景润。我爸爸经常被我妈妈、我外婆和家里一些其他的亲戚称为书呆子，我幼年时和青少年时期也是这么认为，尽管我们不完全都是贬意。我成人以后，逐渐有了不同的想法。

“首先，我爸爸确实是个非常集中精力钻研他的学问——力学的人。但是如果周围的大环境不允许他钻研，他也可以不钻研，不是非要做这件事情不可。‘文革’的时候，我从来没有看到他做过任何力学方面的研究，家里也看不到任何学术书和期刊一类的东西。卫星方面的研究工作，他都是在单位完成。显然那些工作不能使他‘满负荷’，于是‘文革’期间他开始自学中医。我现在觉得我爸爸当时选择那样做，不能简单以‘胆小’‘明哲保身’来解释，我觉得他主要

1989年5月，胡海昌游览慕田峪长城

是为了自己对家庭的责任。家里上有老下有小，如果他自己不小心挨了整，连带家里一起遭殃，这种事情在‘文革’中甚至‘文革’前早已屡见不鲜。

“其次，我爸爸非常喜欢理论，也十分擅长。但是他不是为了理论而理论，他掌握理论从来就是为了解决实际问题。而且，他在用理论解决实际问题方面有非凡的能力。工程中的实际问题，一般都非常复杂，受很多种因素的影响。要把已有的理论应用到实际中，不得不进行一些假设，设立一些条件和限制，忽略一些影响不大的因素，而这个过程其实有很大的学问。如果条件、限制、忽略过多，理论推导出的答案没有实际意义；如果不够，得不出答案；如果不当，可能得出错误的答案。我虽然所学的专业和我爸爸不同，他也很少在学术上指导我，但是他给我的很少的指导中总能体现出他的思想方法和一般人的不同之处。举两个例子。1974年，在‘文革’中有短暂的一段时间，由于邓小平的复出，学校开始重视文化课教育。当时我在北大附中上初三，学校要组织课外数学小组，并为此进行了一次数学能力的测验，考题偏重数论方面（类似现在的所谓奥数题）。我参加了测验，成绩平平，不过也达到了参加数学小组的标准。可是我参加了一段时间后，把数学小组的学习内容告诉我爸爸时，出乎我的意料，他大不以为然。他说，这些东西学了没有用，有时

20世纪90年代初，胡海昌在紫竹院以新建的北京图书馆（现国家图书馆）为背景留影

间有精力要学的话，应该迅速把中学的代数、几何学完，把概念搞懂了即可，然后尽快学微积分等高等数学，那才是学了有用的东西。要学就应该学有用的东西。第二个例子是‘文革’以后，1977年我考上了北京邮电学院（今北京邮电大学），但是被分配到了数学师资班，因此我大学本科也学起了数学。大二时学微分方程，有一次我感觉题非常难，实在无从下手，就去请教我爸（一般我很少因学习的事问他）。他看了题，完全不讲如何分析，只是说：‘你看这个方程的样子，它的解应该是某某类型，你猜个解，假设个边界条件，代进去试试，成了就对了，不成你就知道大概该如何调整你的猜想，大不了再试几次就出来了。’我当时听了大吃一惊，从来没有老师教过我‘猜’答案的。可是我爸不是胡猜，他的直觉很精准，后来我才慢慢体会到，微分方程很多都是有实际问题背景的，他能猜是基于他对数学函数的熟悉和实际问题的理解。这个功夫不是一天两天就能练出来的。

“我爸爸在日常生活中确实不善于和各种各样的人交往，主要是他并不能和所有的人都有共同语言。和他有共同语言的人都说他好，没有共同语言的人常说他‘呆’。我后来终于‘悟’出一条和我爸爸有效沟通的途径，就是：一般我们为了和周围的人有效沟通，需要把专业、学术的东西用日常生活的语言来表达；而为了和我爸爸有效沟通，需要把日常生活中的事情用数学语言来描述。比如，别说‘差不多’之类的词，最好说‘发生某事的概率是10%（50%、80%……）’；别说‘某事不做不行，但做了不一定管用’，最好说‘此事必要但不充分’。

“我印象中我爸爸只是在‘文革’期间在家里做些家务事，因为那时他有空闲的时间。‘文革’后他就非常忙了，我们孩子们也都大了，我妈妈一般就把家里的事情都管了，让我爸爸集中精力做学问，他的时间也确实十分宝贵。家务既不是他的强项，又不是他的兴趣所在。他对吃、穿、用都没有特殊要求，‘好伺候’。但是他做事不做也罢，要做就很认真。我小时候在家洗碗，他要求我洗筷子时一双一双地洗，我问他为什么，他说否则你怎么保证洗干净？总之他有些想法确实让人觉得‘呆’。”

爸爸的音乐天分和爱好

“我爸爸非常喜欢听西方古典音乐，最喜欢贝多芬的作品。他喜欢贝多芬的思想性。对莫扎特的作品，他也听一些，但是他说，莫扎特是艺术家而贝多芬是思想家。中国的古典音乐，他也喜欢。这应该是受我爷爷的影响。我爷爷是李叔同（弘一法师）的学生，他会弹古琴，对中国的古典音乐很欣赏。

据说我爸爸会拉二胡，而且拉得很好，但是我从来没有看到过他拉二胡。我妈妈说，50年代他在中科院数学所工作时，曾经教同事王元（也是位著名数学家）拉二胡，后来就把自己的二胡送给了王元，以后就再也不碰了。那时已经是‘反右’以后，我爸爸再没有心思玩乐器，又担心被说成是‘资产阶级’，所以不仅自己不碰乐器，后来也不鼓励孩子们学乐器。

“我爸爸是什么时候接触到西方音乐并发展到对西方音乐的爱好，这个我也不知道。‘文革’时，他有时间，但是不敢在家听音乐。‘文革’后，可以听了，但他没有时间了。所以那时我们家里经常是在吃饭时听贝多芬的音乐。我爸爸肯定是特别喜欢那强烈的、富有感染力的音乐，可是我和我弟弟们有点‘被迫’，后来我们都有点‘过敏’了。但是最终我们都受父亲的影响，比较喜欢西方的古典音乐。我爸爸听音乐，对音响效果不太追求，但是对指挥和演奏家的处理很苛刻，他也能听出区别，经常说：‘我不喜欢这个指挥，某某段不应该这样……’听到兴奋的时候，他会不由自主地跟着哼唱。因此他极少到音乐厅去听音乐，一方面是没有时间，再就是曲目不一定是他喜欢的，再就是他也不喜欢正襟危坐地、安安静静地听。他的听力非常好，就是能听出音符，英语叫作 perfect pitch。可惜他年老以后，听力神经退化，听到的音乐和以前不一样了，因此他也就拒绝再听任何音乐。2000年前后，钱令希先生送给他一把二胡，让他为了保健再恢复拉二胡，但是他最终还是没有再捡回这个爱好。”

我爷爷

“我小时候不喜欢我爷爷，我认为他重男轻女，不喜欢我，思想老旧。成年以后，逐渐悟出一些道理，方才觉得他是个‘奇人’，很少见。这并不是因为他一生有什么成就，而是因为他一生经历的苦痛。

“都说人一生有三大不幸：少年丧母、中年丧妻、晚年丧子。我爷爷很小的时候他母亲就死了，他应该是被他的奶奶带大的。我的奶奶在我爸爸年幼时就死了。我爸爸还有个姐姐，1958年（我爷爷60岁）前后失散了，后来有说是死了，但是也没有见到遗体，一直到1995年我爷爷去世，这个姑姑也没有消息。我爷爷是长子，虽然他的父亲也死的早，但是他必须资助后妈和后妈的几个孩子，这个职责他应该是努力完成了，因为他的几个同父异母的弟妹后来都对他很好。考虑到他经历了这么多不幸，本人又吸烟、喝酒，最后还活到97岁，我感觉真是奇迹。

"我替他总结的'长寿秘诀'，第一条就是'胸无大志'。用词虽然有点贬意，但应该比较确切。从我爸爸1952年的思想总结中其实也能看出我爷爷的这个特点。我爷爷就是不关心太多的'国家大事'之类，对本人的发展、对名利都没有什么追求，对孩子的要求也很一般。1958年他退休后，从杭州搬到北京，和我爸爸妈妈住在一起。我爸爸很孝顺，我妈妈也很贤惠，我爷爷自己的要求也不高。抽些一般的烟，喝点黄酒，自己出去买些下酒菜，听听收音机，看看报纸。从1958年到'文革'后第一次涨退休金，他的退休金一直是29.5元/月。70多岁时，他被我大弟弟强迫戒了烟，从此改为喝二锅头。80多岁时血压高了，戒了酒后改吃大蒜和甜食。1988年春90岁时犯了一次心肌梗死，在中关村医院住了2个月后康复回家，然后生活依然自理。直到1995年第二次心肌梗死，没有挺过来，97岁高龄去世。

"我爷爷曾经是李叔同（弘一法师）的学生。他学的是师范，中国画、古琴都会一些。'文革'前他的房间里挂着他自己作的画，也摆着他的琴。'文革'开始后这些东西都收起来了。我现在回想起来，觉得他应该受佛教和道教的影响，'万事皆空''无为'，因此特别能随遇而安，与世无争。这种思想也应该是他对抗生活中诸多不幸的武器。可是从另一个角度看，他就显得比较'自私'了，完全不关心公众事务。当看到他年轻时曾经主持在家乡修庙，感觉有点难以置信。或许他那时还没有看破红尘？"

胡闰莓2013年9月21日写的回忆文章：

时间和效率

“我爸爸对衣食住行的要求都比较简单，不嗜好烟酒，也不喝茶、咖啡等‘提神’饮料。他最珍视的是时间，他自己绝对不做‘浪费时间的事’，家里其他的人，除了我爷爷，也经常被他批评‘浪费时间’。那么什么事情他认为是浪费时间呢？举例如下：

“读小说和一些文学作品；

“看太多的报纸；

“聊天，聊一些‘东家长、西家短’的事情，现在的说法是‘八卦’。

“他做事特别讲究效率。该做事的时候，集中精力，做完就休息。每天的生活非常有规律，早起早睡，中午午睡片刻。晚上从来不熬夜。我上中学的时候，他晚上8点就让我睡觉。白天他要是看见我打哈欠，就会批评‘该提神时没精神，一定是该睡觉时没好好睡觉’。他坚决反对在已经困了的时候不睡觉，靠喝茶和咖啡提神，继续做事。幸好我和我弟弟们上中学时都没有赶上应试教育，否则真不知道他如何解决这个矛盾。不过他的生活习惯确实影响了我们。我上大学期间，在宿舍里是晚上睡的最早的，白天最抓紧时间的。那时我们的学习非常紧张，77级能上大学不容易，同学之间比着努力，学习风气非常浓厚。考试之前，别的同学熬夜复习，我一般是提前复习，考试前夜肯定是早早睡觉以保证第二天精力充沛。这个学习习惯已经由我又传给了我的孩子。虽然我无法要求他们晚上8点睡觉，但是在他们上中学期间，我还是努力保证了他们有足够的休息。而且他们自己也意识到了良好的生活习惯和学习习惯对有效学习有很大好处，所以他们自己能够自觉地去做。

“我爸爸后来把他自己这个生活、工作习惯总结为‘满负荷而不是超负荷’。‘文革’过后，一段时间内，知识分子的心态多半是‘把失去的时间夺回来’，这

1983年8月1日，胡海昌登山留念

对健康非常不利，接连传来知识分子英年早逝的消息。所以我爸爸在他的学生和同事中提倡‘满负荷而不是超负荷’，希望能对大家有所影响。我不知道效果如何，应该还是不错的。起码导师不以‘超负荷’来压学生，总是好事。可是另一方面，我私下也认为，生活习惯的形成，成年以后很难改变，而且基本上没有‘娱乐’的生活，一般人很难做得到。一般人总得做一些‘浪费时间’的事来消遣或放松，像我爸爸那样的人真是极少。

“我爸爸还有一个‘名言’叫做‘牛刀杀鸡’。意思是，尽可能用‘强有力’的工具来做事，不担心工具‘太强大’，牛刀杀鸡不是更加干脆利索？他这里的‘工具’，多半指解决工程问题的数学工具。他不止一次地对我说过，小孩子学数学，没有必要在加减乘除、初等代数上费时间，只要学懂概念，解题技巧学了、练了也是白练。小学时的‘难题’，中学时学了列方程解未知数后就变得很简单，同样，中学时的‘难题’，学了微积分后也就变得很简单。因此，小学中学时的题海实在是浪费时间。学速算，搞人和计算机比赛，既无聊又无知。能用计算机完成的计算任务，人就不必再费时间，而应该尽快往深处学，理解和掌握新的理论和工具，充分发挥人脑的作用。这也就是他经常强调的‘效率’。他这个思想，是经过他多年的研究实践形成的。可是在‘文革’以后才能公开说。‘文革’期间常提倡‘土法上马’，‘知识无用’论横行，他的思想说出来就得挨批。”

爸爸给我推荐的书、人、事

“我小时候我爸爸给我买的书不多，又正赶上‘文革’期间。1966年7月我刚上完小学二年级，三年级一年就根本不上课，四年级开始‘复课闹革命’，每天就上2节课。而我小学上的是北京景山学校，二年级学完就认识3000~5000字，阅读完全没有问题。所以那时候读过的不多的书都是反复读，印象非常深。记得我爸爸不鼓励我看‘小人书’，他说要看‘字书’。下面是文革时期他给我的‘字书’：

“《燃烧以后》：作者叶永烈。这是一本非常好的科普书，讲科学家们怎样一步步揭开燃烧的化学原理，既好懂又引人入胜。我读这本书时是小学生，书中讲到的化学原理是中学化学课的内容，等学校讲到时我早已知道。但是这书最好的地方不是化学原理，而是揭示、理解原理的过程。这对孩子接触、学习科学的思维方式非常有益。

“《中国古代科学家、发明家故事》（大概是这个名字）。里面收集了鲁班、李冰父子和都江堰、张衡、祖冲之、孙思邈、李时珍、活字印刷、詹天佑等人和故事，是我在科学史方面的启蒙书。

“《光芒万丈新安江》：这是一本新安江水库建设过程中的先进人物报道集。当时我也不知道这书的渊源，后来长大了才猜想一定是潘家铮（我爸爸浙大的同班同学）送我爸爸的。潘家铮是新安江水库的总工程师。书中不止一次提到过‘潘总’。

“《西游记》：我刚开始看《西游记》时是小学四年级，家里有个版本是竖排本、繁体字。不过我爸爸鼓励我看，我反正也没有别的东西可看，后来我看过多遍，这也是中国古典小说中我看得比较熟也比较喜欢的书。后来我中学时看了《三国演义》，虽然那个年纪不敢说能懂多少，但相比《水浒传》和《红楼梦》，我还是更加喜欢《西游记》和《三国演义》。我高中时首次看《红楼梦》，实在不会欣赏。我看文学书主要是追求情节，我实在不喜欢书中那些‘家长里短’的事情。后来大学期间虽然又都读过这四大名著，理解得尽管深一些，但仍然保持少年时的喜好。

“‘文革’后期我上中学期间，他好像没有推荐我看过任何书。他只是不喜欢看到我读小说，那时也没有什么小说可看。北大附中当时还开图书馆（现在回想起来对我的老师们特别感激），我从学校里能借到一些《钢铁是怎样炼成的》之类的书，但是都是背着我爸爸偷偷看。

“但是‘文革’后期，就是20世纪70年代中期，他有机会参观一些外国在中国举办的科学和工程技术展览。那时这些展览都是'内部人员'才能参观，多半在北京展览馆举办。非常偶尔的机会，他会带一些展览会上资料回家。记得最清楚的是一次他带回一张瑞典某公司的介绍，是中文的。我从上面第一次看到了公路立体交叉的俯瞰照片。我爸爸解释说，这种公路交叉不需要红绿灯。我对那张照片特别着迷。从解说中还了解到瑞典在第一、二次世界大战都没有经历战火，国家发展未受影响。这些资料虽然都没能保存下来，但我脑子里的记忆保存下来了。还有就是那时他可以从中科院的图书馆借书。有一次他借来一本书，好像叫《技术》，是一本很大很厚的、图文并茂的书，讲技术的发展史。我和我弟弟们都很喜欢。我仍然记得的是，从那本书中我知道了轮子是人类最早最伟大的技术发明，因为自然界是没有轮子的。

"1976年3月我高中毕业到北京郊区插队劳动，1977年12月恢复高考后我考上了北京邮电学院。当时我可以有3个高考志愿，我爸爸和我商量，不要报北大、清华，原因是这两所学校是'文革'的'重灾区'。他建议我报北邮电讯类专业，他认为这是今后非常热门、非常需要人才的新科技领域。以后的发展证明了我爸爸的远见。可是不巧的是，我高考数学的成绩太好，就被分配到数学师资班。不过当时能有机会上学已经很不错，谁知道高考这一政策是否能坚持下去？所以我就上了师资班，学起了纯数学专业。我爸爸当时说，学数学也好，数学和物理这两个专业都属于'势能'高的专业，尤其是物理。所谓势能高，就是从这两个专业学出来的人，以后转专业相对容易。这又是我爸爸一个高明所见。我以后事业的发展，证明了他说得很对。

"刚刚恢复高考后，各高校对77级学生都非常重视，老师们都恨不得使出浑身解数，学生们也都极其努力。但是毕竟国家那时百废待兴，教育资源非常贫乏。我们的教材和参考书都不太行，英语教材还是'文革'中给工农兵学员的那套，《Chairman Mao is a red sun in our hearts》(《毛主席是我们心中的红太阳》)。

我爸爸那时并没有对北邮的教育妄加评论，而是鼓励我努力自学。大一时，他把他自己的一本英文《小代数》给我，让我自己看，从中学英语。他那本书是他上大学期间买的二手书，是数学领域的名作。我中学时英语没有好好学，当时看这本书开始很吃力。还好书中的数学内容是熟悉的，连蒙带猜带查字典，很快就能读下去，并学会了数学方面的英语词汇和常用句型。后来我爸爸不知道从哪里给我买了一本英文的美国科学家的小故事，当时该书应该是'内部交流'，书中介绍的人物有爱因斯坦、富兰克林、发明飞机的莱特兄弟等等，作者是美国人，因此书中对人物的描写和评价对我来说都是新的。这本书成了我学英语的工具。后来我爸爸经常从科学院图书馆给我借一些英文的数学专业参考书，对我的帮助很大。

"我爸爸不喜欢议论别人，对家里的亲属、他熟悉的同事、他的学生，以及社会上的名人，他都极少评论，负面批评没有，正面赞扬也很少。我觉得他不是没有看法，而是不说。他也不是不愿意对孩子说，我认为他对我妈妈也不说。因为我妈妈和我经常会交流对一些人的看法，如果我爸爸和我妈妈说了，我过后也会知道。（我个人不认为这是教育子女的好方法，因为父母通过交流才能把自己的价值观传给子女）我觉得他不说的原因可能是因为怕惹事，

1992年，胡海昌（中）在京西宾馆参加中国科学院学部全体大会时与闻邦椿（左）、杨叔子（右）合影

中国的事情一贯是‘祸从口出’，还有可能他确实觉得说这些事没有意思，不能改变任何人，浪费时间。我记得他大加表扬的只有两个人，一个是闻邦椿，另一个是应怀樵，都是他的同行。下面一一介绍。

“80年代初（查了百度，1983年）发生过一起著名的劫机事件：卓长仁等一伙人劫持了一架民航客机，想飞台湾，结果停到了韩国。当时‘文革’刚结束不久，国家刚刚开放，中国百姓对中国以外的事情几乎是完全不了解，外语、国际惯例等等根本不知道。韩国那时理论上还算是‘敌对’国家，和中国也没有外交关系。在这样的大背景下，一飞机百姓被劫持了。当时闻邦椿是东北某大学的教师，他比我爸爸年轻，那时还应该算‘中青年’，他恰好在那架飞机上。面临危机，他临危不乱，站了出来，以他的外语能力、理性思维能力、谈判能力和领导能力，带领机上的乘客和劫机的人以及韩国政府人员周旋、说理、坚持正当要求，最终保护了全体乘客的尊严和权益，赢得了韩方的尊重，使全体乘客最终安全体面地回到中国。这件事，闻邦椿立了大功。我爸爸当时特别自豪地告诉我，闻邦椿是他的朋友，他还说，有知识有见识的人才能在危机时刻挺身而出，才能不慌乱、正确思考，作出正确决定。而且有知识有见识的人也有责任在危机时刻带领大家渡过难关。我爸爸的赞扬让我对闻先生充满敬佩，可惜我一直没有机会见到他。后来他当选中科院院士，来北京时就会来看我爸爸。我见到闻先生是在我爸爸去世前不久，我爸爸住在721医院重症监护病房，闻先生来探望。这时劫机事件已经过去近30年了。

“1988年我出国前，一次我回家，家里有位客人。客人走了以后，我爸爸以赞赏的口气告诉我，这位客人自己办了一个研究所，民办研究所！后来我逐步了解到，该客人叫应怀樵，他办的研究所叫做东方振动和噪声研究所（查了百度，是1985年办的）。当时那绝对是新鲜事物，而且‘不正统’。我没有想到我爸爸会赞赏这件事。我爸爸自己是个学者，做学问可以，但是要让他经营一个机构，自负盈亏，他的能力肯定是不可及的。可是他自己不擅长的事情，并不影响他支持、认可擅长的人去做。他对东方所一直很支持，为此应怀樵十分感激。我现在体会我爸爸的想法，觉得他支持民办科研机构是对的。国外这种机构很多，中国的科研，不可能永远都靠国家出钱。2007年前后，我爸爸身体已经很不好，应怀樵的身体状况据说更糟。20多年的奋斗，应怀樵也实在是不容易。业界同行对他的评价参差不齐，我想人总不会是十全十美。另外如果他经营成功，发了财，损贬他的人可能会更多一些。而他做商务，也不得不宣传自己，这也会让人看不顺眼。我爸爸一定是个比较理解他的人，比较宽容，因此他对我爸爸心存感激。”

2013年10月4日，胡闰莓的回忆：

关于钱令希

“我从小叫他钱爷爷，他头发白得早，其实他仅比我爸爸年长十几岁。‘文革’前我童年时对于钱爷爷的记忆是：他是我爸爸的老师，他在大连工作，来北京是开会，住在前门饭店。钱爷爷来了，我妈妈会带我去饭店看他，饭店里有地毯，可以坐电梯，或许还有一顿好吃的饭。实际情况和我的记忆差不多，钱爷爷在

1984年7月，胡海昌（左二）和钱令希、钟万勰、程耿东等在大连码头合影

大连工学院（现在的大连理工大学）工作，同时他从‘文革’前就是全国人大代表，来北京开人大会就住在前门饭店。‘三年困难时期’，食品很少，即使有钱也买不到。他来开会时，我妈妈偶尔会带我去‘蹭’一顿饭。

“从‘文革’前直到‘文革’结束，我印象中都是钱爷爷来北京，我爸爸从来没有机会去大连。1983年我在北邮读研究生，黄节（当时我们还没有结婚）和我是研究生班的同学，他有个小姨住在大连，我们就利用暑假去大连旅游了一次，住在他小姨家。去之前我就和我妈妈商量，要去看钱爷爷。当时钱爷爷已经是大连工学院的院长，在大连也是名人，可是我们当时不太了解这些，也不是特别关注。我妈妈印象中，东北很苦（‘文革’期间确实是这样，我舅舅和姨妈都住在东北），所以我们准备了广东香肠、富强粉挂面等食物，准备送给钱爷爷。当我和黄节告诉他小姨我们要去看钱令希，她很惊讶，看到我们准备的‘礼物’，她更是难以置信，说：‘你们就带这个去见钱令希？’她心目中，钱是大人物，我心目中，钱相当于家中的长辈。

“我们到钱爷爷家时，他特别高兴。那次是我第一次也是唯一一次见到钱奶奶。钱奶奶说，远道而来，真不该带东西，大连都有。钱爷爷却笑着说，没关系，带什么都很好，来者不拒，这才让我释然。钱爷爷那天情绪特别好，请我们吃西瓜，说了很多话。其中一段我印象极深，至今回想起来，当时的情景仍历历在目。

“钱爷爷说，闰莓，今天看到你和黄节，我特别高兴，让我想起1950年在浙大。有一天我在校园里碰到了你爸爸，那时他和你们现在这样年轻。那天他的情绪看起来很不好，我就问他怎么了，他说，土木系的全体毕业生都被统一分配去治淮了，可是他对搞工程不太感兴趣，他想继续从事理论研究工作，因此情绪不高。我听了他的话，心里很难过，于是就去找军代表，当时学校还是军管。我对军代表说，人和人是不同的，土木系的胡海昌，如果让他去治淮，他最多就是个平平常常的工程技术人员，而如果让他去搞理论，他肯定能搞出成绩的。那时军代表还是非常尊重教授的意见的，所以土木系的毕业生都去治淮了，只有你父亲到北京做了研究工作。

“如果1983年我还太年轻，还不能完全理解钱爷爷帮助我爸爸走上理论研究的道路对我爸爸的一生有多大影响的话，30年来我多次回想起这件事，越来越感到钱爷爷对我爸爸和我们全家都是恩重如山，用语言难以形容。

“有一点需要说明的是，后来我看到我爸爸1952年的思想总结时，关于他为什么没有去治淮，原文是这样的：

“我们的这届毕业生第一次统一分配工作，事前大家都不知道，因此到快毕业的时候，各种机关到处拉人，同学亦都自找出路。我希望毕业后留在浙大当助教，因为杭州就是我家所在地。可是我最接近的一位先生，钱令希，却不同意我的看法，他认为我不宜做助教，一定要送我到科学院来。事实的经过大致是这样的，数学研究所筹备成立之后，周培源就托王淦昌到浙大来找学弹性力学和流体力学的人。王淦昌找到钱令希，钱令希就把我推荐出来。我起初不愿到科学院来，因为觉得北京人生疏，天气寒冷，生活不习惯。但是想到将来可专门研究弹性力学，心里很高兴。另一方面，我感（谢）钱令希一向对我很关心，并且是真诚的，他的（意见）大致不会错，这样最后同意到科学院来。后来政务院通知统一分配毕业后，我由科学院提名，华东教育部批准，遂于九月中旬到达北京。在我可能去工作的许多机关中，特别值得提起的是南京水工试验馆，他们在治淮工程中起了很大的作用。如果我到那里去工作，多少亦能做出一点有用的事情，可是我到数学所之后，拿了薪水一无所成，感到万分惭愧。

“我认为钱爷爷去找军代表的事，可能一直就没有告诉我爸爸。

“还要提一句的是，我和黄节拜访过钱爷爷后不久，一次大概是钱爷爷来北京出差，见到了我爸爸。我爸爸回家对我说，钱爷爷表扬黄节了，说这个孩子很好。我爸爸对钱爷爷看人的能力是100%信任的，因此我猜他至此对黄节彻底放心了。

“2003年我和黄节把家从美国搬回北京，一方面是他在外企驻中国部门工作，另一方面也是为了照顾家中的几位长辈。我爸爸那时身体已经非常不好，2003年全年他都只能住在医院里。2003年4－6月北京‘非典’时期，我爸爸住在北京医院，那时我还在美国，黄节已经在北京工作，经常去北京医院看我爸爸。后来钱爷爷知道我们从国外回来了，很欣慰，他一直就很关心我爸爸的身体，担心他晚年的医疗保健无人照料。一次他到北京，我们见了面（具体时间不记得了，应该是在2004年或2005年）。他特意对我说，闰莓，你回来了就好了，你爸爸有人管了。我的两个学生，你爸爸和潘家铮，身体都不好，可是潘家铮在水电部当官，会有人照顾他的，就是你爸爸令人放心不下。我已经拜托了科学院院士局的小艾（艾新源），让他一定照顾好你爸爸，你有事就去找小艾。当时钱爷爷已经80多岁了，胡和潘这两个学生也70多岁了，80多岁的老师还这么细致入微地关心学生，真让我万分感动。可是钱爷爷万万没有想到的是，小艾先他和我爸爸而去，他50多岁时突发脑干出血离世，非常可惜。这个消息我一直没有敢告诉钱爷爷和我爸爸，当时他们也都病重住院了。

“钱爷爷的个性与我爸爸完全不同，他富有幽默感，谈吐风趣，和任何人（大学教授、学生、工人、干部等等）都能打交道，善于沟通。他说一口带江浙口音的普通话，循循善诱，和蔼可亲，一见面就能令人尊敬，是那种可敬又可亲的人，不是那种可敬又可畏的人。他说话非常有逻辑性，带着你思考，又不是特别的咄咄逼人，说出的观点，常出乎你的意料，又让你觉得，哦，对呀，我怎么没想到。”

关于钱伟长

“50年代初，我爸爸和钱伟长之间就应该是正常并且融洽的师生关系。1951年我爸爸写的工作总结中就有这段话：

“本年度的计划能够全部如期完成，并且在某几处超过了它，不是偶然的，主要的原因有下列三点：

“首先是因为有正确的领导。导师钱伟长先生一开始便说服了我的‘先数学，后应用’的错误看法，然后便以问题为中心作一联串有系统的学习，使得学习效率大为提高，保证了计划的顺利完成。在学习已有相当基础之后，钱伟长先生立即引导我进入目前的中心问题，因而避免了一切可能发生的迂回曲折的道路。本年度研究工作能顺利进展，全赖这一正确的领导。

“另外从同一篇总结中也可以看出，我爸爸当时的学习除了主要学习弹性力学并做部分研究之外，还包括德文、电磁学、热力学。所以钱伟长是在全面培养学生。1951年我爸爸23岁，钱伟长39岁，中年老师指导青年学生。国家刚刚结束战乱，各方面都是百废待兴。力学方面有很多问题，理论的、应用的，等待他们去解决。我想他们当时的想法和目标都很单纯，就是要做好学问。1956年，他们一起（还有叶开沅）获得中国科学院自然科学奖二等奖。1957年3月《人民画报》以《科学家的荣誉》为题刊登了一些获奖科学家的照片，其中一幅的说明是：

“著名力学家钱伟长（中）以及合作者胡海昌（右）、叶开沅，其论文“弹性圆薄板大挠度问题”1956年获中国科学院自然科学奖二等奖。

“可惜好景不长。1957年‘反右’改变了一切。

钱伟长成了‘著名右派’，他的很多学生和同事受到牵连。叶开沅据说也被打成‘右派’（这事我不能确认），并被‘发配’到兰州大学。我爸爸当时为什么能幸免？他自己从来也不谈那些事，我也从不敢问。据我妈妈说，他是因为在‘反右’之前的‘大鸣大放’期间没有给党提一条意见。那时不提意见也是要承担巨大压力的，但是我爸爸说，他确实不懂政治，实在提不出意见。结果后来风向突然变化，提意见的人都成了右派，他却得以幸免。

“根据我的观察和思考，我认为钱伟长和我爸爸，虽然都是力学家，还有师生关系，但是他们分属完全不同的两类人。我爸爸仅仅是个科学家，这点他自己非常清楚。不论社会风气舆论如何变化，不论在科学家都是‘臭老九’（‘文革’期间关于‘阶级敌人’的说法：地、富、反、坏、右、叛徒、特务、走资派、知识分子，知识分子排第九）的年代，还是在科学家被加上各种光环（政治的、经济的、社会的）的年代，他都谨慎小心地履行自己科学家的职责和义务，仅此而已。钱伟长不仅是个科学家，他还有志于从政治上改造社会，因此他关注的事物和发表的言论，远远超出力学甚至自然科学的范畴。我爸爸是钱伟长的学生，从他那里学到很多，但是他并没有也不愿意把自己变成钱伟长那样的人。

“最后谈谈我爸爸和钱伟长之间的矛盾。我爸爸在家里从不谈论这事，因此我一直认为是学术上的争议。力学我不懂，但我也从事自然科学，明白学术上有争议太正常也太平常，不从事该专业的人实在也没有必要去关注，早晚真理越辩越明。2011年那段从网上抄录下来的文字，当时我也没有当回事，后来就淡忘了。现在因为写回忆，在电脑上才又发现。那段文字中有人提出，因为胡海昌在60年代扣发了钱伟长的文章，致使钱的研究成果未能及时公布于世，为此两人之间埋下了忌恨的种子。这个说法是否成立？当然因为胡海昌是我爸爸，我的观点或许带有偏见。可是我还是试图尽量客观地分析一下。首先，60年代我爸爸在《力学学报》到底有多大的话语权？即使到1966年我爸爸也仅38岁，职称是副研究员（哪年提升成副研我不知道）。力学界的泰斗当时不少，例如周培源。以我爸爸的年龄、职称和资历，虽然小有名气，但在力学界根本还就是个小字辈。他可以为《力学学报》审稿，但是我认为他没有决策权。其次，是不是因为我爸爸说了不利于钱伟长文章的话而导致该文章没能发表？我认为，可能性不大。换个角度提问，如果我爸爸当时大力推荐钱的文章，钱的文章能发表吗？我认为也不能。钱当时是大‘右派’，在那种政治气候之下，《力学学报》的决策人敢发表他的文章吗？第三，动机。那时我爸爸怀有什么个人目的而打压钱伟长吗？如果我爸爸当时追求政治进步，那他必须与所有‘右派’划清界限。可是我爸爸从来就不追求政治上的进步。‘反右’前他成名的时候，曾经被动员加入共产党（我妈妈说的），可是他说自己不懂政治，觉悟不够，不符合党员条件，从来就不写申请书。‘文革’后他也不加入任何其他党派，他的政治面貌一直就是‘无党派民主人士’。从‘反右’到‘文革’结束，一个人如果没有政治上的追求，那他也不可能再有其他方面的追求了，发财不可能，成名不可能，做学问是资产阶级。所以我认为如果我爸爸有个人目的，那这个目的就是为了自身和家人的安全。这我就绝对不指责他了，反而非常感谢他。”

我妈妈陈小蘅

“我妈妈的家庭背景和我爸爸相似。她祖籍安徽省南陵县（南陵位于芜湖到黄山之间，是个半山区半平原的皖南小县）。祖上几辈是中医，到她爷爷辈上已经在县里小有名气，除了行医之外还开了药铺。我外公陈友琴是长子，但没有继承祖业。他生于1902年，上过大学，学的是文学。30年代直至抗日战争结束，他大部分时间的职业是中学国文老师，抗战前在上海，抗战期间在浙江衢州附近的山区。他在衢州中学教过的一个学生后来很有名：金庸。他也写文章，特别是几部游记。抗日战争结束后，我外公到了杭州，在杭州师范教书，后升任副校长。解放初期，他参与创办杭州幼儿师范并任首届校长。1953年他调入当时的北京大学文学研究所，后来该所变为中国社会科学院文学研究所。他在文学所工作直至离休。1996年去世。

1998年春，胡海昌夫妻摄于美国达拉斯植物园

“我爷爷和我外公两家祖上都不是名门大户，也不是穷人，他们大概都属于‘中产阶级’。‘文革’时，祖上越穷越自豪，说明自己‘革命’‘根红苗正’。现在完全反过来，祖上越有钱有势越自豪。我小时候曾经遗憾自己的出身，但现在我非常为我的出身自豪，因为随着对历史和社会的了解，我悟出：中产阶级最勤劳，最重视子女教育，最少不良习气，从不仗势欺人，凭自己的本事吃饭。中华民族的优良传统最充分地表现在这些人身上。我小时候在外公家长大，受外公外婆很多影响。我外公常说，安徽人被称为‘徽骆驼’，就是说我们最能吃苦耐劳，最坚韧。我妈妈就是在这样的家庭环境中培养出来的，性格外表温和、乐观，内心非常坚韧，特别有责任心，凡事大局为重，自身为轻。

“我外公1948年在杭州加入共产党，当时是地下党。我舅舅和我姨妈也都是共产党员。直到‘文革’，我妈妈在政治上都还比较积极，但是她一直没能入党。她1947年高中毕业就在杭州工作了，没有上大学（应该是没考上），后来在60年代初她报名上了夜大，并坚持修完了全部要求的课程，拿到了一张夜大的文凭。她的工作是生物实验室的技术人员。1952年她到北京后，先在医学科学院的抗生素研究所工作，后来调到中国科学院生物物理所，一直工作到退休。她在自己的专业方面很在行，经验丰富，技术高超。虽然她的理论水平达不到做科研带头人的高度，但她参与的科研团队都有不错的成果，这与她的实验能力分不开。

“有两件事很能反映我妈妈的性格。第一件事是关于‘维酶素’。‘文革’后期，有一阵搞‘开门办所’，北京市海淀区的豆制品厂与生物物理所合作，用豆腐渣培养某种微生物然后生成核黄素，后来他们把这个东西称为‘维酶素’。这样富含核黄素（就是维生素B6）的豆腐渣可以用来做鸡饲料的添加剂，使圈养的肉鸡营养均衡，抗病力强，生长快。这个项目的理论早已解决，起初并不是由我妈妈管。但是实际操作时开始一直不成功，在微生物培养时的污染问题总解决不了，生物物理所的科研人员去了也不行。后来生物物理所就派我妈妈去帮忙，把生产中的污染问题解决了，项目获得了成功，豆制品厂获得了效益，对我妈妈非常感激。本来此事到此就结束了。但是不久‘文革’结束，不久科研单位也可以做技术转让并获利了。这样生物物理所有些人就开始推广‘维酶素’，并用它来赚钱了。这本来无可非议，可是他们在赚钱时完全不提最初解决理论问题的人（该人不是生物物理所的），把该项目的知识产权全说成是自己的了。这让我妈妈很生气，她也对这种行为很不齿。尽管她自己当时是‘维酶素’生产方面的专家，也还在生物物理所工作，尚未退休，但是她坚持要讲真话，为此她和当时的所领导以及所里的一些人关系搞得很僵。另一件事就是关于她患白血病的事。关于患病、治病和恢复的过程，她自己写的体会中已经都有了。从我的角度看，有几点补充。她患白血病的起因是什么？我个人的猜测是，她多年参与研究放射性对人体的危害，研究中所用的实验动物都是受到不同剂量辐射的。当时放射性钴源就在中关村，虽然防护措施是专业的，但是‘文革’时期很乱，难保会有意外。另外1970年她和所里的一些同事被派到江西的铀矿去工作，那里的防护措施就不一定特别好。记得她后来对我说过，那里的工人都多少受影响，后代很少有男孩。我妈妈他们从‘文革’前就开始的一项研究就是证明放射性对人体生殖系统的影响最严重。1988年我出国时，她还嘱咐我，如果生了孩子就送回国，她帮我照料。后来我一直没有怀孕，她也就不提此事，我在国外没有在意，没想到她是病了，一直瞒着我们。那时通讯就是写信，电话很贵，基本不通电话。我们在加拿大不可以打工，靠奖学金生活，不宽裕。1989年，加拿大政府特许中国留学生申请在加居留，这个申请过程很长，申请人在这个过程中不能离开加拿大。因此黄节1988年1月出国、我1988年9月出国以后，他直到1992年冬才回国探亲，我直到1993年夏天才回国探亲。他回国后，才知道我妈妈病了，而那时最糟糕的时期已经过去了。我妈妈的治疗过程，完全是控制饮食，开始除了吃没油没盐的水煮胡萝卜外其他一律不吃！每天一公斤水煮胡萝卜！我相信除了我妈妈外别人很少能有这种毅力和自我控制力！而她就这样坚强地一直活下去，很大部分的原因是为了我爸爸。黄节回去时，发现了她的‘秘密’，她私下对黄节说：‘我不能死，死了闰莓爸没人照顾。万一我死了，你和闰莓一定要把爸爸接去住在一起……’”

航天事业

“我不记得我从什么时候开始知道我爸爸是从事航天事业的，大概是第一颗和第二颗卫星发射以后了。我爸爸在家里从来不提，也和遵守保密纪律有关吧。我上中学时期和卫星以及我爸爸同时有关的记忆很少。有两个小故事。一个是关于陀螺。有一阵子我爸爸对陀螺突然很感兴趣，给我买了好几个来玩。他说，你看这陀螺很奇妙，如果它不转动就不能直立，转起来了，就能直立。我当时确实觉得很奇妙，后来我才知道，卫星在空中必须像陀螺一样自转，否则就不能保持垂直于轨道平面。还有一次大概是在1975年，我在上高中。那时我经常晚上出去慢跑锻炼。有一天我爸爸下班回家特别高兴，看他就止不住地自己在笑，后来他告诉我和我妈，一颗卫星发射成功了，我说我早就知道了，前几天广播里就说了，他说，那颗卫星又回来了！我当时完全不知道卫星还可以回收，他给我简单讲解了回收卫星的种种好处和难处，我们都很高兴。谈完不久，我就出门跑步去了。那时是冬天，天已经黑了，我就在中关村小区里跑，我跑出不远就听到身后有脚步声，像是有人在跟着我跑，我停下来一看，是我爸！追得气喘嘘嘘的。发生了什么大事？结果他说：'我刚才告诉你的事不能和别人说！后天才见报，要保密！'我说：'明白了，你等我回去再告诉我也不迟呀。他说，万一你跑步时碰到个同学，就说了怎么办？从此我就对卫星回收的技术'含金量'牢记在心了。能让我爸爸高兴到那个地步的事情实在是不多。后来我又看了《中国航天报》那篇文章，我爸爸确实对卫星回收做过具体的贡献，难怪他那么高兴。

"'文革'后，80年代初的时候，很多新知识、新观念介绍到中国，其实不能说'新'，主要是那之前太封闭，我们什么都不知道，不让我们知道。记得有一次和我爸爸谈起系统工程，他说这是一门极其重要并有用的学问，你有时间应该自己去了解一下。搞原子弹、搞卫星，其实就是巨大的系统工程。科学原理早就解决了，但是要把实际的东西做成，就是靠系统工程。接下来他忍不住感叹道：花了足够多的钱，投入了足够多的人，花了足够多的时间，把该犯的错误都犯过了，总是能把它搞成的。我当时太年轻，不太懂他的意思。过了30年现在回过头看，我觉得，当时国力非常有限，把如此有限的国力用于发展‘两弹一星’，而不是其他，一定是有争议的。我爸爸在航天这个行业里，他一定非常清楚这个事业的‘代价’，可是他的观点是什么，我无从猜测。

“2005年《中国航天报》的记者来采访他时，他的帕金森病已经很厉害。我陪着他和记者谈过一次，后来记者只能放弃和他谈，而去采访他的同事了。但就是这短短的一次，给我很深的印象，那是我听他系统地在家里谈他的航天事业，可惜仅仅开了个头。他讲的细节后来没有完全被记者采纳，这也很正常，文章的篇幅毕竟有限。他从头讲起，说开始时，搞卫星的人来自各种不同的专业和研究机构，有材料学的、电子学的、通信的、光学的等等。开始碰到的第一个困难就是相互很难沟通。各专业有不同的术语和概念，大家在一起‘听不懂’别人在说什么。于是，第一件事就是大家在一起，搞‘科普’，介绍自己的专业，学习别人的专业。然后这个团队才能共同来完成做卫星这个以前谁也没有做过的任务。我听了我爸爸讲的这一段印象特别深，因为我自己本科学数学，研究生时搞遥感图像处理，后来在加拿大和美国工作时是通信方面的软件工程师，做过交换机和电信网络管理方面的软件。我自己的专业不停地在换，这就要求我不断去学习其它专业的知识和术语，向那些专业‘大腕’学习。我从这些经历中获取的经验就是，每个专业都有一套自己的思维方法和‘语言’，搞专业的人搞的时间长了就习惯了自己的‘语言’，有了惰性，不太能够自觉地跳出自己的圈子。这时如果其他专业的‘外人’能够主动跳进这个圈子，沟通就能顺畅，问题就容易解决。如果谁都不主动跳进别人的圈子，沟通就困难，问题就变成了扯皮。听到我爸爸讲他的经历，我的感觉是：‘原来他们当年也是如此’。”

2014年6月2日，胡闰莓的回忆文章：

“文革”期间

“我的印象中，‘文革’初期，相比我的外公，我爸爸受到的冲击好像不是特别厉害。他不是党员，没有历史问题，没有出过国，家里也没有海外关系，因此最多不过是个‘资产阶级反动学术权威’。而我外公1948年杭州解放之前入党，30年代初以中央社特派记者的身份采访过川东一带，写过一本游记。因此‘文革’初期很快就被斗被整。当时我和外公外婆及舅舅的女儿一起住在北京城里朝内大街201号，中国社会科学院的宿舍大院。1966年7月我刚上完小学2年级。记得我父母每个星期日都来看望我们。我的表姐和我同岁，比我大6个月。她也是从小就住在爷爷奶奶家。我舅舅和姨妈都在齐齐哈尔工作。‘文革’开始后我们都不用上学了，我爸妈说服了我外婆，让我们代替她出门买菜，一方面外婆年纪大了，我们也长大了，另一方面我爸妈也担心街上的红卫兵抓住外婆‘造反’。后来，星期日有时是我从城里到中关村看望父母。外婆家里不仅是买菜，去邮局、银行等事情也是我和表姐办理。

“我爸妈的单位，‘文革’时有一段时间变成了军队单位。我一直仅知道我爸在科学院力学所，我妈在科学院生物物理所。上小学、中学期间填家庭情况的表一直就这么填。完全不知道我爸爸的工作与卫星、导弹有关。‘文革’中有一次爸妈居然在八一建军节那天放假了，给了我一个大惊喜。记得当时他们的工作证上写的是‘中国人民解放军××××部队'，但是他们不穿军装。直到前几年我才知道这是聂荣臻和周恩来为了保护科学家和科研工作不受冲击而想出的不得已之策。

"可是每个单位总有'造反派'，工作秩序和生活秩序想一点不受影响是不可能的。1967年，中关村家里曾经挤进了一家'造反派'，3间的单元房被占了一间，厨房和卫生间共用。那时我小弟弟虽然还没有出生，但是中关村家里也是老少3代人，所以非常不方便。还好，后来那家人搬走了。

"1969年秋天，来了'林副主席一号命令'，即为了备战，北京要疏散人口。我外公所在的社科院，要所谓的'一锅端'。就是所有工作人员都要去河南的干校，家属或者跟着去干校，或者自行回老家（如果老家在南方），总之北京一个人不留。我爸妈的单位，当时还没有让去干校，但是我妈要被派去下矿，就是到江西的铀矿，因为她当时参与的科研工作属于放射生物学。当时家里我爷爷71岁，我外公67岁，我外婆66岁，我和我表姐12岁，我大弟弟5岁，我小弟弟1岁。不知道家里大人们的决策过程是什么样的，反正最终决定是：我外公跟单位去干校；我外婆、我表姐和我，还有我爷爷和弟弟们，全都一起去我妈妈的老家：安徽省南陵县城。我外公的弟弟在那里是个'名医'，还有他的子女，可以帮助照顾我们。这个'搬家'过程，给我父母造成的困难和压力，不仅我当时作为一个孩子理解不了，就是现在作为一个成人，也无法完全体会。很多年后我和我妈妈谈起，她只是淡淡地说：'那时真是被扫地出门了'。

"到了南陵以后，我爸妈才发现自己是太天真了。县城的生活居住条件，用当时他们的话来说就是：'想不到解放这么多年了，还是这个样子。'没有自来水，没有下水道，烧柴灶。而且到那里时正好是初冬，天气越来越冷，又没有暖气。因此过了不久，我妈妈决定还是把我爷爷和弟弟们接回北京了。我外婆、表姐和我留在了那里，一直到1972年才先后回了北京。但是我妈妈仍然要下矿，我爸爸在1970年也去了干校，所以有一段时间，北京家里就是爷爷和两个弟弟还有一个保姆。

“1975年我妈妈去了科学院在河南的干校。在那之前因我小弟弟年纪小，我妈妈一直没有去干校。干校大家轮流去，每‘届’1年。1975年我小弟弟7岁，我妈妈觉得再不去干校说不过去了。没想到她那年正好就赶上了河南发大水。干校所有的房屋、农田都被水淹，牲口都死了。还好人都转移出来了，无一伤亡。当时对灾害封锁消息，我们在北京什么都不知道。等我们听到小道消息时，科学院已经派卡车把人都接回了北京，以后干校就被取消了。”

关于出国

“我爸爸从来没有因公出过国，这在他那个年纪和地位的人中很少见。我听我妈妈说起过，‘他没有出国的命’。据我妈妈说，1956年他本来要作为优秀青年劳动模范的代表出访波兰，可是出了匈牙利事件，出访取消。1966年本来定了要出访朝鲜，结果‘文革’开始，出访又取消。‘文革’以后，当然就不要再谈什么出国了，没有被扣上‘崇洋媚外’‘里通外国’的帽子，就已经是很幸运的了。

“我爸爸对学外语很重视。英语和俄语都能达到读写本专业文章的水平，还学过德语。‘文革’前家里有不少英语和俄语的大部头书，应该都是和力学有关的，当然那时我是一点儿都看不懂。‘文革’初期那些书还保留着，后来就都不见了。据我妈妈说，如果我爸爸是在1949年前大学毕业，那他或许就出国留学去了。1946年上大学本科时，家里没有钱，所以上了浙大。我爸爸从来不谈这些‘如果’，我觉得他并不认为没能出国留学是多大的遗憾，他对自己以及很多和他一样，中国‘土生土长’的科学家们，非常有信心。‘文革’后，我和我弟弟们上大学、读研，我爸爸也从来没有特意鼓励我们出国留学，尽管他十分鼓励我们学英语，大一大二时就鼓励我直接读英文书和文章。1982年我考研时，填报志愿时可以选择‘如符合条件是否愿意出国’，我就没有填。后来因我的英语考得很好，我的同学都替我惋惜，我自己也不觉得吃了亏。后来到1987年，我和我先生黄节都已经在北京邮电大学当上了讲师，学校里诸多吸引留学人员回国的优惠政策没能吸引多少人回国，反而把我们‘吸引’出国了。

“‘文革’后，我爸爸应该有不少出国的机会，起码参加学术会议，应该是名正言顺的，可是他一直没有去。我听到过他的同事和他谈起这些事，言谈中他会说，我不习惯穿西装打领带，我不习惯吃西餐，中午不睡午觉我不习惯，我不喝咖啡，不习惯喝冷水。我认为他说的都是实情，可是归根结底，当时出国对很多人来说是一种‘待遇’，我爸爸不愿意和人家争这些事。如果两个人都符合出国的条件，一个人想去，另一个无所谓，那当然是想去的人去比较好了。我自己后来在加拿大和美国读书、工作共15年，我认为这15年对开阔眼界、解放思想，还有很多‘正面’影响对我的作用是非常非常大的，在出国之前是根本想象不出来的。因此我现在觉得我爸爸放弃很多出国的机会是很可惜的。

“我在北美定居后一直想请爸爸妈妈去北美探亲，住一住、看一看。但是他们不放心爷爷，就一直没能成行。直到1995年爷爷去世后，他们才开始策划出国探亲。最后在1997年10月成行，在达拉斯和我们一起住了9个月，在明尼苏达和我弟弟一起住了3个月。”

1998年春，胡海昌夫妇同胡闰莓一家在美国达拉斯植物园

2014年5月28日，儿子胡德红的回忆：

关于我的学习

“我上小学的时候，‘文化大革命’已经结束，国家搞改革开放。对在学校的中小学生来说，有一句话非常形象，‘千军万马过独木桥’。孩子们都很清楚，如果学习不好，竞争不过其他学生，今后就上不了好的学校，好的工作也成了问题。老师们的做法就很直接，片面追求升学率。所以学生的功课很重，压力也大。那时，我父亲很清楚学习好的重要性，但是他不再给我增加学习任务，除非有时我心里骄傲，学习不安心。相反，他很注意劳逸结合，学习有兴趣。这样学习效率高，效果好。我在上小学的时候，有一次老师布置的家庭作业太多了。从放学回家开始做，做到晚上11点，还没有完成的希望，而且明天就要交。这该怎么办？一种方法是家长帮忙代替，但这是学习中的不诚实行为，我的父母是不会做的。于是，我爸就不让我做下去，然后他写了一个纸条给老师，说：‘我认为这些作业不需要做了。’第二天早晨，我来到学校，其他同学交了作业。我除了交了一半的作业，还有那张我爸的纸条。我那时心里非常嘀咕，不知老师会有什么反应。老师接到纸条，以为我生病，我爸为我请假，写的假条。因为我经常生病，经常收到病假条。她仔细读了这纸条，眼睛发直，哑口无言，什么也没有说。这事以后，老师布置作业有了限度。如果放学回家后立即做，是有希望做完的。

“既然完成学校的作业都有困难，我爸就不给我额外的学习任务。我知道我爸的数学非常好，但他从来不主动安排我学数学。等到我有问题向他请教时，他才教我。虽然他教我的时间不长，我每次都大有启发。比起在学校里老师的照本宣科，真的是时间短、收获大。

“我爸对我的影响不是在安排具体任务和作业，而是强调重要性，让我认识到重要性以后主动去做。他非常强调数学和英语的重要性。我上中学时，数学还算好，也参加数学竞赛。我在竞赛中取得了成绩，他也为我高兴。但他不鼓励我花很多的时间在数学竞赛上。他认为学习数学是为了解决实际问题，而不是用来抢锦标争金牌的。后来，学校在我的同学中发现了有希望得金牌的那一位，实行重点培养，我就不再被召去参加数学竞赛。后来此人在全市、全国数学竞赛中成绩名列前茅，最后她取得世界冠军，数学奥林匹克金牌。我深感我爸当初的想法正确，知道我没有得世界冠军的潜力。既然没有金牌，还是实用技术重要。

“我上大学学的是化学专业。在常人眼中，搞化学的人使用的数学知识很简单。只需要称重量，计算百分比浓度，会加减乘除就足够了。化学系提供的高等数学课要求很低。很多年过去了，我仍然研究化学。但是工作中的化学绝不是简单的计算百分比，很多深奥的数学知识都涉及。虽然当初我把化学系提供的数学课都学了，我现在深感数学知识缺乏，也深感我爸的远见。

“除了强调数学的重要性，我爸还强调英语的重要性。从我爸的经历和擅长来看，他强调数学的重要性容易理解。然而强调英语的重要性，就不容易理解了。我上学时，我爸从来没有脚踏出国门。我爸的同事当中，有些是海外留学归国的科学家。他们在‘文化大革命’中，全部受到虐待。其中一些成就出众的人命运更加悲惨。我的父母经常提到这些事情，我爸在‘文革’中没有被整，其中一个重要原因是他从来没有踏出国门。我开始学英语时，出国热还没有兴起，但我爸非常有远见，很强调英语的重要。但那时，我除了英语课本以外见不到一本英语书，也见不到一个讲英语的人，我对学英语实在兴趣不大，我连中文都学得不好，更不用说英语了。很多年过去了，我住在地球的另一边，一个讲英语的国家中，现在和土生土长的说英语的人们交流，无论当初英语学得多好也是不够的。英语的重要性太容易理解了，再怎么强调也不夸大。”

关于工作

“我父亲的工作单位关系航天，有保密的要求，他从来不讲他的航天工作。在家中，他经常和大学的教授和研究生探讨力学问题，没有航天的事情。有一天，他下班回家，对我说，晚上记住开电视，看新闻联播。他没有讲是什么事。以前也有过类似的事，他回家后说看新闻，但不讲发生什么事。然后我们看新闻，中国又一次成功地发射了一颗卫星。这次听说有新闻，我问他是否又发射卫星了。我爸神秘一笑，说不是，只管看新闻，其他没有多说。到了电视新闻联播的时间，打开电视，第一条新闻，美国航天飞机‘挑战者号’升空爆炸，场面令人十分震惊。惊讶之余，我很有感想，航天工作涉及秘密，肯定有许多关于保密的纪律规定，我父亲严格遵守规定，保密的工作从来不向家里人和外人讲。中国的尖端技术确实应该保护，我很理解，但是美国的航天事件就没有义务保密了，但是我爸是在工作单位得知美国航天飞机的事情，既然消息是从单位得到的，不是从公开媒体上得到，就按习惯不讲了。

“我父亲严格按规定办事，但是照规定办事不一定顺利，他申办期刊就是一个例子。他和其他科学家一起筹办一本科学期刊，设立一本期刊需要得到批准，审批的过程需要送礼。有人向我爸建议审批的过程中送礼，但是我爸坚决反对，认为这是不按规定的做法。申办科学期刊是合法合理的，没有必要送礼。这事的结果是，他们没有送礼，但是他们的期刊也没有得到批准。第二年重新申请，情况和结果完全一样。有人建议送礼，我父亲反对。结果是没有送礼，申请也没有被批准。第三年重做，结果还是一样。在我父亲的眼中，不违反规定比当期刊主编重要，所以他坚持一年又一年不送礼。这事在别人的眼中，肯定是书呆子行为。当时我见他的做法，很有感触，过了这么多年以后，我现在更有感触。在中国的社会中，照规定做不成事，已经司空见惯了，所以人们养成了习惯，把规定不当成规定，随意践踏。人一旦习惯养成，改就难了，人从中国搬到美国，还保持着老习惯，把规定不当一回事。在美国践踏规定的后果与中国不一样，我所在的工作单位里，有中国人违反规定，出了事故，结果是自己倒霉，同事和领导也受连累。这种事例多了，于是我所在的单位出了一本中文版的《安全手册》，美国的国家实验室有中文版的安全手册，听起来很怪，按照单位的说法，出版此手册的原因是：'这里的工作人员来源广泛，考虑到个人的语言和文化背景，实验室需要有效地把安全规定传递给每一个人，于是用各人的母语把重要事项编纂成手册，发给大家。'真的是用心良苦。中国人的英语不一定很好，因为'语言'关系出版中文版《安全手册》是一个好办法。出版的原因还有'文化背景'，这听起来很有意思。什么是中国人的'文化背景'？美国人也发现了中国人的'文化'就是拿规定不当一回事，所以想尽办法，让这里的工作人员，尽快地从外地的文化转成本地文化，就是一切照规定办事，千万不要违反规定。"

关于家

"家中的事情，我妈管得多，我爸也管，但要看他有多少时间。'文化大革命'期间和改革开放开始，我爸工作后的时间多，在家管很多事情，后来他带学生、写文章，做科研管理工作，下班回家后有许多工作上的事情，家就不管了。他的时间花在家务事上就应该算浪费了。我小的时候，正值'文化大革命'后期，我爸下班回家后没有什么事情，后来他说，在那时如果努力工作，就有可能被

2007年夏，胡海昌夫妇和胡德红一家在北京家中

批斗，所以还是少做的好。他有了多余的时间，也不闲着，他利用空余时间学习医学知识，特别是中医。他说，花时间读一些医学知识，如果能少生一次病，时间早已收回来了。他的医学知识真的有使用的地方，我小的时候体弱多病，我的同学们生病发烧一天就好了，我却每次发烧一个星期。别人发烧时照样玩，我却卧床不起，所以我爸的很多时间就花在我的身上。去医院看病、吃药成了家常事。

“我上小学的时候，我爸利用晚饭后的时间教我骑自行车，学会以后，我爸经常在晚饭后带我骑自行车郊游。我家离北京的很多著名风景地不远，北大校园，清华校园，圆明园和颐和园外的乡间小路的风景非常美，骑自行车成了一个很有兴趣的活动。后来，我爸晚上的事情渐渐增加，写文章，带学生。我也渐渐长大，他就不常和我骑自行车郊游了。

“虽然我爸的工作很忙，但是他很重视我的学习生活。他深知全家人在一起的重要性，即使在家他做他的事情，没有和孩子们一起玩，他在家的时间仍然对孩子们很重要。同时他还给孩子们做榜样，努力钻研，热爱工作。在我准备高考的最后时间，他特别计划半年不出差。他其实有很多社会工作，需要去外地的事很多。他的同事朋友，因为旅行出差多，被叫成‘千里马’。他把这半年的事全部改掉了，坚决不做‘千里马’。他说他在家‘坐阵’，即使不帮助我学习，对我还是很重要。我非常同意这个观点。后来我读了一篇文章。据统计，家中父母双方都在家吃晚饭的家庭和父母经常不在家的家庭相比，孩子的学习成绩明显高。我还听到一家的故事，只要父亲一出差，孩子就生病。这些事都说明父母在家的重要性。他也做了一个榜样，为了孩子，他可以在事业上做一些牺牲。过了多年，我现在看到许多人为了自己的事业，晚上很晚回家，甚至不回家，天天外出旅行。现在交通方便，信息传播方便，人们的关系网充满全地球。特别是从事科研、商业、管理工作的人，全球旅行，成了空中飞人。现在‘千里马’已经不稀奇了，‘万里马’已很常见。这样做，对事业有好处，但对家中的孩子却没有好处。”

胡海昌

胡海昌院士传记

Academician Hu Haichang's Biography

第十章

白绢斜封

胡海昌是力学家，但他的思维不仅仅在科学领域，他是一个善于思考、热爱生活的人。在那个通信尚不发达的年代，他与他的友人们有着频繁的书信往来。

1. 李慎之的信

胡海昌是著名的力学家，但是他的思维不仅仅在科学领域。他是一个善于思考、热爱生活的人，所以他有朋友，有交往，有信件往来，当然他交往的圈子大多是力学界的人，比如钱令希、丁皓江等。但是他和一位大名鼎鼎的中国知识界、思想界人物李慎之，也曾书信往来。这也不难理解，因为李慎之曾经供职于中国社会科学院，他和胡海昌的认识顺理成章，但是我们不知道他们更广泛的交往，只能找到李慎之复印给胡海昌的一些文章和一封信。

目前能见到的胡海昌与友人的通信，主要分为三部分，一部分是与社会人士，探讨问题范围广阔，主要代表是李慎之先生。第二部分是和师友通信，量最大、保存较多的是与钱令希的通信。还有一部分是与他学生的通信。我们容易找到，能看到的都是回信。

通过胡海昌的这些通信，能看到他们或探讨问题、或需要帮忙、或探讨学术，当然也有生活上的互相关照。在此，引用几封信。

李慎之，中国共产党党员，1923 年 8 月 15 日出生于江苏无锡。1941 年至 1945 年，先后就读于燕京大学经济系、圣约翰大学经济系（1950 年 8 月并入上海财经学院，即现在的上海财经大学）和成都燕京大学，期间参加中国共产党外围组织，毕业后担任过中学教师和杂志社编辑。其经历颇为曲折，1980年调入中国社会科学院工作，1985年后担任中国社会科学院副院长兼美国研究所所长，1988年任中国社会科学院党组成员。1990年免去社科院副院长和党组成员职务。1995年离职休养。晚年主要研究自由主义，对中国近代以来的历史和政治进行了深刻反思，在海内外有较大影响，被中国的自由主义者誉为中国世纪之交思想领域的领军人物。

“慎公”，是中国知识界、思想界对李慎之先生的共称。这位博学通识、铁骨冰心的学者，生前曾任中国社会科学院副院长，却并无专著问世，也没有研究员、教授之类的职称。他自1990年后方重新从事著述，平均每年只写三篇文章，产量不能算高，然而几乎每一篇出来，都能不胫而走，成为思想界的新话题，引起议论纷纭。

李慎之娴于国际问题，是德高望重的国际问题专家，先后任多位中央领导人的外交秘书或助理，他的一生，用一位评论者的话说，可谓经历了20世纪中国政治文化的跌宕起伏。同时，对身处全球化浪潮下的中国进行了前瞻性的思考。他写给胡海昌的这封信也是在谈他关心的社会问题。

“海昌同志：

“从美国读书、探亲、访友9个月归来，才看到你6月21日的来信，稽迟裁复，抱歉之至。

“拙文谬承推许，实不敢当。因为我从来说这里是一些很不成熟的思想，还得深入研究的。不过引起您的注意，倒也是我抛砖引玉的初衷。

“我去美国的主要目的是应wilson contei之请在那里读了三个月的书。在向大家介绍我的宗旨时，我曾说中国现在好像是比过去一世纪中的任何时候都更接近现代化了。但是实现现代化有三个必要条件：一是市场经济，二是民主与法治，三是道德秩序。现在第一个条件好像已开始形成了。第二个条件也已有人注意，第三个条件却似乎无人顾及。然而一个社会里如果没有道德秩序是树立不起来的，而我则愿意为此努力。你说我的文章是‘卓越的预见’，其实它只是一种深沉的忧虑。

“你所谈到的你自己的思想，有一点是与我共有的，就是科学迄今为止似乎还是一种盲目的力量，它确实在推动人类飞速前进，但是到底是前进到更为开阔光明的地方去呢？还是前进到堕落以致毁灭的深渊去呢？

“为尽自己微薄的力量，我为自己的暮年选定了研究与振兴中国哲学的任务，我的想法是要把对宇宙生成，生物进化，社会发展，心灵的提升的探索统合而一之，然而我自知才薄力弱，在江河日下的社会思潮面前，常常感到孤立无援。同时我也感到自己的知识的浅陋，比如说对自然科学我就懂得很少很少。

“老实说，我对中国自然科学界的印象，老觉得它太偏颇，从二十年代科学与玄学的论争开始，中国就产生了一种对科学（确切点说只是对技术）的盲目崇拜，结果，套用 Max Weber 的术语来说，就造成了价值理性的发展跟不上工具理性的发展的形势，不过，这倒也并不是中国一国的情况，而是全世界全人类的情况。

“送上近作几篇，请你指教，也希望在今后的研究中得到你的指教。”

专此奉复，即颂

研祺

李慎之

93.10.16

另一封信只有一个时间的落款，具体年份未落。

“胡海昌教授：

“您的事务忙，健康又不佳，再次请您读看文稿，实在有些过意不去。好在志趣相投，故再大胆。

“那文稿中所谈到的‘平常心’的话题，是人们常爱谈起、但含义较模糊的辞语。我也是初步概述，较难准确、稳妥。昨夜，又再思量，感到其中有些用语，仍然有改修的必要，故现将改修的两段再奉寄，请予推敲。

“平常心并非消极心，而是一种顺其自然的中庸心。它善于将‘天道’（客观规律）和‘人道’（主观努力）和谐统一：顺其自然而有为，执着有为顺自然；不妄思，不贪为；取舍有度，对人对己不苛求。故平常心实属智者的大道心！它能使你在谋事立业中从容进退，理得心安。

“平常心既如水，又如海，它，既有柔性、柔力，又能壮，能吞。它的最大特点是宽容、大度。它能使你虽身居纷繁人世而能不烦不乱。处之泰然。

“又，文中有‘夜半不怕鬼敲门’一语，似改为‘夜半敲门心不惊’较宜。

“明日，我就要到外地去，估计要1—2月才能返京，那稿如何处理，请代夺决。如不便代投，就等我回来后再说吧！”

祝大安

官杉

29/4晨

鹫津久一郎的一封信，这封信写于1981年6月30日，是一封英文信，信的内容是关于胡海昌赠送他的一本书的回信：

“尊敬的胡教授：

“非常感谢您寄给我的《弹性力学的变分原理》副本，尽管我的汉语程度有限，难以流利阅读，但我可以大概猜到书的内容，我发现这本书写得非常好，我确信您的书会很受读者欢迎，从而引发洛阳纸贵的效应，我很高兴，您我在学术领域仍然有共同的爱好和研究方向。

“再一次衷心感谢您，期盼未来会把我们带到一起。”

真诚的鹫津久一郎

2. 钱令希信中的深情

在现有能看到的信件中，和胡海昌通信最多的当属他在浙大时的老师钱令希。他们的关系可谓亦师亦友，可能朋友的情分更深一些。信中充满温情。

较早的一封信写于1982年2月4日，是一封探讨学术的信。从内容看应是胡海昌写给钟万勰的，因钟不在大连，钱令希代为回信。

1992年1月30日钱令希写给胡海昌的信，谈到潘家铮出版的书《春梦秋云录——浮生散记》：

“你托人捎来的信和《气功若干思考》收到了。

“想不到你对气功如此深思熟虑。讲一次是不够的，不知将在何处发表？钱学森先生看后有何反应？

“潘家铮的《春梦秋云》也出版了，同样我也一读再读。

“你寄来的评议意见，我没有什么意见，现在寄回给你，同时附上我写的意见，你看看如何，如果可以，就替我封上寄出去。

“昆明一家将来大连过春节。

“祝你全家春节快乐！”

1992年5月8日，钱令希写给胡海昌的信，提出“以善求乐”。

“收到你寄来的‘先天’气功简介，确是与众不同。这是儒家修身养性之道，不过亦像佛家的四大皆空。清华有人在修此功，并称已有成效。看简介，似乎并不要求具体的练功，而是随时随地的‘以善求乐’。不知有无进一步的说明。

“我现在执行的是每天一万步，尽量放松，再暖和一点。‘六字诀’的一伙人，又要开始做功了，时间是晚饭之后6—7时。

“足底按摩，还是有点效果，睡眠有所改善。”

1992年5月19日，钱令希写给胡海昌的信，关于气功减肥：

“最近昆明来了趟大连，谈起苏州有个气功师到北京传功，每人交35元，从早到晚讲一整天，非但当天大家不进饮食，随后一个星期可以不吃饭，而无饥饿感。

“与昆明同车来大连的一个电大同事，就是亲身参加的。路上一天一宿，只吃一个鸡蛋。据说减肥者很有效，不肥者亦不怎么掉秤。不知你有所闻乎？你可以打电话问问昆明。”

1992年8月21日，钱令希写给胡海昌的信，是关于养生的：

“你寄给我的论文，早已收到。

“现在又收到手疗和食疗两书。手疗一书，我已读完，有道理，比之足疗、耳疗更为简单易行，我想效果不会差于足疗，因为道理是相通的。食疗一书，也翻了翻，也很有价值，需好好看。谢谢你和小蘅，老关心我。我也该争气点才是。”

1992年8月29日的信中说：

“西安之行，让你一阵感冒，愈后如何，甚以为念，以后你也应多自重，幸亏你懂得医道，但也要注意。

“我近来，缺少运动，竟然走路觉得心慌，已注意锻炼，散步。

“大连一向自满，最近换了书记和市长，发现大连已落后甚多，号召上新台阶，上上下下，压力很大。

“不久前，钱伟长夫妇来大连视察，我见了一面，他说正在研究非 Kirchoh 假定的薄板理论。

“看你寄来的食疗一书，知道吃葵花籽最有益，但可能要吃生的葵花籽，不知生熟有多大关系，你懂不懂。我不习惯吃生的东西。”

1992 年 11 月 20 日的书信是关于自己出的一场车祸：

“上次在京，你和小蘅给我传递了信息，回来读了一遍书，有了点感受，试着装笑静卧，心里还是难以入静，不过比起过去不入静的负担小了些。

“10 月 2 日我出差，应邀去无锡讨论长江公路桥。坐飞机到南京，无锡派车来接，行至丹阳，为避农民两辆摩托车，司机把车开到路旁水道中去了。幸亏开到水道中，如果从高高的公路上摔到别的硬土坡上，不是碰撞，就是覆灭在水中。水不深，只淹到嘴边，还能呼吸。吃了几口水，总算被人拉出车子，救到岸上。车已废，司机重伤（头撞在玻璃上），我在后座，轻伤右手臂而已。到医院检查一番，未伤及骨骼。第四天开会，人家还觉察不出什么来。我也泰然接受了这个遭遇（虽然当时是惊慌恐怖了几分钟）。10 月 15 日回到家里，才告诉家里的，我已活生生的毫无问题。由于淤血要排，动了个小手术，现在已收口。这场灾难跟昆明掉在电梯井里一样，居然没有太严重的后果。现在剩下的影响就是坐车子容易莫名其妙的紧张。12月初有四个外地的会，医生不让我出去了。我也乐得休息。

“出事以来，没有写信，赶上我家电话又坏了（现在刚修好）。

“钟万勰又去美国了。学部推荐名额，你替他保留一个月可以吗？”

1992年12月9日，钱令希写给胡海昌的信：

“承寄来气功新门派的材料。这里我还收到‘香功’的材料，这些新气功确乎比较合理自然，我完全用听其自然的心情和方式，每天静息几次。

“自10月15日回到大连，一直没有出去，好几次的邀请，都请了假。今天收到清华力学来信，说12月底要我去主持他们博士点国家教委教学奖的鉴定，不好推辞，只得去。我想也有你，那时可以一起去拜访你介绍的高师。

“不过一月初（1日，2日），我必须回大连，所以我想提前几天去清华，以便开完会就可回家。

“应该说，我的身体，特别是神经系统还不稳定，希望这次出差不要出

中国科学院技术科学部增补学部委员会议（后排左一为胡海昌）

毛病。”

在1993年1月20日，钱令希写给胡海昌的信中，他向胡海昌说了自己要从人大位置上退下来，并表达了自己的心情，信中说：

“下一届人大，我退了出来。

“退了人大，有轻松之感。从此可以少问世事了。”

1993年1月29日钱令希写给胡海昌的信，谈了自己得病后修补的经历：

“收到你的信，所作分析，当然有道理。我几次大病确实靠自己修补，一是50年代那次植物性神经失调，医生的治疗不起作用，还是靠几个月的体力锻炼，天天上山，越上越高，最后头发变黑，并发卷，体力好了，神经衰弱也好了。二是60年代多年胃病，靠少吃，连胃出血也好了。三是80年代，口腔和舌头，连绵半年多，吃药无效，还是靠饮食自疗。四是几十年的糖尿病，没大发展，也是靠饮食控制。只有一次，前几年严重贫血，是靠输了两次血（400cc），霍然而愈。近来睡眠不好，做简易的自然功，已有进步。香功十分简易，正在试做。

“力学学会来函，通知推荐学部委员，我写了一张推荐钟万勰的，希望能入选力学学会和科协的名单。问题是我不一定专程去开会（力学学会），以后教委、科学院的会肯定很多，我大概不能不去。如果这次力学学会估计能通过钟万勰，我就不去了。如果你看形势不定，请临时通知我（电话），我再赶去。

“钟的直接推荐，由你我二人联名好不好。

“绝食试验，已进行否，盼你和小蘅不要勉强，每天吃一餐如何？”

1993年2月2日，钱令希的信：

“来函收悉，特别要感谢小蘅的信，增加了我们的信心，她勤于练功，收到了显著的效果，可喜。我们练的是香功，实际是放松体操，不知小蘅是怎样练法的。

“我记得你曾寄我一篇关于气功的铅印演讲稿，讲的发展气功的意见，现在找不到了，可否再寄我一份？谢谢。”

1993年2月9日，钱令希在信中回复了胡海昌：

“钟万勰大概去上海了吧，我希望他能听听你的指点。”

1993年3月25日，钱令希给胡海昌的信中说：

“政协会开完了，电视上看到了家铮。希望你们都带夫人来大连参加校庆（5月22日），学校请柬不日即可发出。”

在1993年6月20日的信中，钱令希嘱咐胡海昌帮助钟万勰找学术方向：

“钟万勰这次去北京，希望你们能比较深入地讨论，特别是对他今后的学术方向，你给指点。现在他精力很旺盛，所以方向就特别重要。”

1993年9月2日，钱令希的信中更多的是谈学术问题：

“Brebba编一本书，刚出来，第九章是参变量变分原理接触问题，钟和一名助手写的，很长的一章。按你的要求，我还让钟写些关于参变量变分原理的国内外反应素材，供八月份开会用。

“寄上我写的一篇文章，你给我看看，有无意思。

“我记得1984年你为北大写了一份《多自由度体系的特征值》讲义（不知后

来出书没有？）其中有一章，结构力的策略思想，当时我看了印象比较深，现在把它翻出来又读了一遍，想看看我这方法属于哪种策略。你说的‘先修改，后复原’，这里的修改应是降维或向子空间投影，控制理论中叫集结。由于是精确集结，所以无需复原了，叫什么为好？”

1993年9月15日，钱令希写给胡海昌夫妇的信：

“信已经收到，今天去医学院买了回春生和促菌生各40盒，现托钟万勰带京，他将在京西宾馆跟海昌一起开会，恰好是涨价前夕，用批发价买的。

“钟已写好了几页素材（关于参变量变分原理），供你使用的（还将带点其他资料）。他最近想出一个非线性问题的积分的好方法，甚为得意。

“老伴昨天验了次血，白血球升至4.4万，淋巴0.8，学校的医生有点紧张。今天我去医学院请教专家，专家认为不必紧张，升到110万也不要紧，只要不感冒，淋巴结不大，无贫血，‘慢淋’无碍寿数。我就放下了心。老伴，1985年确诊的，迄今8年。我也说小蘅的病情，专家说只要能坚持自我调理，努力提高自身免疫力就没有事。小蘅是了解病情而能自我治疗的，比之我老伴的不自觉，更为积极些。这里有两位教授，都是血液专家，小蘅有什么要请教的，我可以去问，他们都是很热情的。

“关于我那篇文章，海昌提的意见很重要，我已修改。只说计算结果很精确（确实如此），不提正确。

“万觎20号左右去京。”

1993年12月16日的信中，钱令希还是念念不忘钟万勰：

“钟万勰夫妇去上海无锡转了一圈，回来了。见了一面，没有谈什么。等我出院后，我想劝劝他，专心搞搞学问，关心关心大连这个力学摊子，这里有很好的工作条件，希望他能把参变量变分原理在理论上，再深透一点，在应用上多开展一点。他老是说，这个我搞完了，让别人去搞，我干别的去了。我是希望他的才能应该抱个结实的大西瓜才对。”

1995年1月29日钱令希的信。

“收到你们的信和贺年卡，谢谢！

“你们坚持练功，生活有规律，是长寿相。昆明告诉我，老爷爷真真是老寿星的样子。

“闰莓的一对双胞胎，相片上看来，表情各有特点，而十分健康，却是完全一样，想来闰莓夫妇一定是够辛苦的了。待孩子稍大一点，你们俩人，可一定要去看看两个外孙，享受一下天伦之乐才是。

“我的肠胃和消化都好了，现在主要是晚上起夜，白天打哈欠，心动过速

胡海昌在大连理工大学留影

（90—100次／分）。至于左脚感觉异常，还是老样子，没有发展。”

1996年1月3日钱令希的信：

“刚才打过电话，现在把力学评委会的名单告诉你。

“程当了校长，我不由自主地为他操心，我也知道操心也没有什么用。”

1998年3月1日的信祝贺胡海昌和潘家铮当选全国政协委员。

“祝贺你和家铮当选了全国政协委员。

“我将于3月8日晨和武际可同志一起从大连飞北京，10日到力学所开会。12—13日技术科学部常委开会，我大概住中关村专家公寓（常委会在那里开会）。

“气功的改革，有了新气象。正如你所说，道理虽然还说不清，但总有一天可以说清楚的，问题是如何对待这个说不清。你在文章中的论述我是很赞成的。那文章有没有正式发表，反映如何，我想你应该再写篇好文章，谈谈你对现在这‘新潮’的意见。”

1998年12月1日，钱令希在信中邀请胡海昌夫妇参加大连理工大学建校五十周年的活动庆典，并作学术访问。信后注了一句：

“刚想发信，北京开会回来的同志给我带回一本《工程力学进展：恭贺胡海昌院士七十华诞》。非常精彩！”

3. 学生的信件

丁皓江是胡海昌的学生，在浙大任教，他是和胡海昌交往较多的学生，目前发现的通信也最多。

2006年8月3日信件。

“杭州酷暑之时，暑假已过半，前些日子忙着给学生们讲点‘特征函数展开’技术，至今日才结束，明日要去海岛——桃花岛休息四天，然后回来再去参加

20世纪80年代末，
胡海昌在讲课

建工学院暑期工作会议。

“8月1日浙江大学新校长杨卫上任，这是一位力学家，从清华到教育部再到浙大。前任校长潘云鹤已任工程院党组副书记、副院长。我将校网上的两则内容打印后，附上供老师一阅。浙大已有了很大发展，仍需不断努力，真希望老师能来母校看看。

“上次接到老师来信，知道还有不少工作要老师去完成，很想看到老师的各种作品，一直到现在我这里还在讲您的《弹性力学的变分原理及其应用》一书。如果需要我这里做的事，尽管吩咐。

“前不久，建工学院讨论了我的回聘工作，2006年9月—2008年8月两年内仍要工作。去年已在浙大退休，但学院一直表示希望我继续工作，因此改为学院聘任，但实际我已是退休职工。只要身体还行的话，会再做几年。”

2006年8月16日，信中说：

“8月6日来信刚收到，因为这段时间常在外地开会避暑，不是天天去办公室，也正好与我给老师的那封信错过。

“钱令希先生九十寿辰文集事，于不久前在外地开会时得知，文集正在购买中，到时可以拜读。老师的max、min的有关工作，以前一直未好好读过，如果对计算有帮助，会有现实意义。我的两位学生还在搞计算，安排他们去学习学习，到时或许还得请教老师。

“上个月任永坚从美国回杭州，在萧山开了一个公司，搞软件，刚开张很忙。我从青岛回来后，想约他见个面，谈谈情况，他后来在美国又念了个博士，其论文被牛津大学出版社出版成一本书，很有水平，但教育界找不到工作，只能做生意（在美国也是办公司）。

“师母身体好否？望保重身体。”

2006年8月22日信件：

“8月10日来信收到，由于8月17日去青岛，20日返杭，21日才见到。前一封信是早已收到，我回复过。

“8月18日，杨卫校长召集力学系有关人员了解情况，已准备参加力学的一些工作，招博士生等，我没有去参加，力学系对他寄予巨大希望，有机会会转达老师的祝贺。

“昨日任永坚从萧山开车过来，聚了一次，知道他已辞去美国的工作，在萧山创办一个软件公司，由一位农民企业家出资，但公司法人是他，一切由他做主，准备用3—5年时间来创业。这期间完全是投入，没有产出，而每年投资上千万元，对浙江的这些企业家则是一两个小数目，就是五年后全部损失掉也无所谓。因为投资人只是初中毕业，30多岁，父亲搞纺织赚了很多钱，交给他，希望搞高新技术，加上区政府也很支持，但是在浙江找好的人才还有困难，不如北京，他急需助手，我也帮不了他的忙。”

9月12日信件：

“9月6日来信收到，非常高兴地感到老师的精力恢复得很好，已可开展一些研究工作。我很想得到您的帮助，但确实也要顾及老师的身体，有问题总会来找您请教，寻求帮助。

“钱令希先生文集，大连理工大学会寄过来的，我们也有私人联系渠道，不麻烦老师。

“我目前在从事两方面的工作，一项是‘功能梯度梁板壳的解析解’，另一项是‘压电体弹性动力学研究’。近十年我已放弃数值解方面的工作，开展精确解析解工作，当然都是在弹性力学范围之内，目标是在国际刊物上发表，十年来已取得一点成绩。其中的一些难点，容以后给老师详细叙述。

“由于人在土木系，博士点在力学系，我不可能带力学系的好学生，以前我在力学系，好学生几乎全报我的研究生，就是外校的好学生要求保送到我处，也受到阻击，至此未有一例通过，因此我只招外校博士生（考试进来）。力学系也很可怜，招不到什么好学生，主要是没有什么吸引人的方向，进来后也未能好好教学生。因此，我从不相争，我依然支持力学系各项工作，他们申报各种事情，我均支持，提供我的材料等。年岁大了，一切事都看淡，没有火气了，我有我自己的天地，顺其自然。今年某大学一位好学生要求保送名额，就被阻住了，有的考试通不过，我也没办法，现在在读的博士生只有一名。由于学校去年让我退休后，不再能申请国家基金，现在的基金还有两年，因此经费还有，准备再招两年，以后就停了。好在一些年轻教师，愿意做点我的研究，因此，每年还是会有所进展。我与学生们（已毕业的）关系均好，不少已晋升教授，有的还在接受指导的努力中。现在还在帮两位年轻教授指导各一位博士生。

“我将于9月29日—10月5日去台湾开一个会，作学术交流。

“任永坚的选择，实是无奈之举，他在美国的博士导师Elishakoff教授，对他的离开，力学界曾说过：‘力学界少了一个天才。’他一有时间还想做点力学研究，但我无法给他找到一个合适位置，现在恐已没有可能了，因为没有空的时间。”

胡海昌

胡海昌院士传记

Academician Hu Haichang's Biography

第十一章

晚年探索

从小时候起，胡海昌的身体就一直不好，常年用脑过度，晚年患上了帕金森综合征。由于胡海昌读过不少中医的书，所以他一直尝试用中医的方法治疗。

1. 练气功要讲科学

从小时候起，胡海昌的身体就一直不好，常年用脑过度，晚年患上了帕金森综合征。由于胡海昌读过不少中医的书，他对于西医治疗并不十分感兴趣，所以他一方面尝试用中医的方法治疗，另一方面他积极锻炼，想通过锻炼的方式使身体有所恢复。当时中国正流行多种多样的气功，胡海昌和他的妻子陈小蘅，就尝试气功锻炼，并有不少体会，他也和自己的老师钱令希在通信中交流练习气功的所得。

出于一个科学家的本能和胡海昌严谨的做人态度，他对于气功也进行了深入的探索，他不盲从、不偏信，事事从理论到实践，有感悟，有体会，他于1989年12月7日，在《中国青年报》发表了文章《练气功要讲科学》：

"这几年学练气功的人愈来愈多，不少学气功者盲目推崇'信则灵'和'从一而终'。在练功无效时一再反省自己是否'信'得还不够，而忽略了检查其他方面的原因，以致贻误病情。

"其实学练气功要见效，不是靠盲目的迷信和虔诚，而必须把握住'真、适、诚'三原则。'真'是指所学功法是真的，教功者有真功夫。时下公开传授的气功功法名目繁多，各人对气功的原理和功法的理解参差不齐，其中难免有鱼目混珠、以假冒真之事，学练气功者应有‘谨防假冒’的警惕性。‘适’是指所学功法要适合自己的特点，有些功法适用范围较窄，尤其是专用于治疗某种疾病的功法，对此病有效，对彼病可能无效甚至有害。万不可一味迷信盲从一法一师。‘诚’是指练功者要真心实意。‘诚’主要表现在潜心学习，勤奋修炼，并认真总结经验，这里‘诚’力求建立在‘真’‘适’的基础上，发现‘不真’或‘不适’时，绝不‘从一而终’。

“有些练功者拜在一位气功师门下后就终生不改，学了一种气功就不再接受其他功法。这样做只能是画地为牢、局限自己的眼界。练某种气功不见效，就应该从多方面查找原因。因为气功功法各有特点，因时、地、人和病种而变化繁多，而人的素质和练功目的也差异悬殊，学什么功法应根据自己特点有所选择。可是大多数初学者既不了解自己，也不了解功法，加之各种社会条件的限制，选择的余地实在有限得很，只能碰到什么就学什么。初学头一次就碰到适合的功法和气功师是很少的。所以，中途换功法或换老师，甚至放弃气功而改学其他祛病健身之法都是正常的，大可不必‘从一而终’。‘择其适者而学之’才是明智而科学的态度。”

这就是一个科学家的态度。胡海昌的文笔很好，他还写了不少有关气功的文章发表在各类刊物上，不再一一摘录。他除了写论文，写其他文章并不多，在一本《院士思维》上有他的一篇《科研选题的思维经济方法》、可谓弥足珍贵。

2. 科研选题的思维经济方法

思维特色形成背景

“我自小学四年级起至高中，都是在抗日战争中度过的。日本帝国主义的侵略造成国土沦丧，百姓妻离子散、家破人亡的惨象深深印入我的心中。抗战救国成了当时的学校中老师和同学无日不谈的话题。在这种环境下，我在小学阶段就有了富国强兵的愿望。当时学校中读书救国、科技救国的思想盛行。我对此深信不疑，并身体力行。我把学习看做将来救国救民所必须具备的准备工作。当时学校搬迁频繁，有一段时间几乎天天有日机来袭，上课时间无法保证。艰苦的学习环境促使我奋发图强，努力自学。到高中，尤其到大学后，我对科技救国的各种主张有了自己的选择。我认为哪个国家都不能一味模仿别国，走别人的老路，而必须根据本国的国情选择发展道路，我国的特点是穷与弱，因此发展科技必须要求省和快，必须强调实效，切忌追求形式。”

思维之光

“我在科研工作中除注意一般的技巧和窍门外，更注重思想观点和思想方法。科研工作要有较大的贡献首先要选好课题。一是所选课题应是具有重要的理论或使用价值，而同时又是通过努力有可能解决的问题。二是要有自己的新点子，这样才能超越前人，出奇制胜。

“我是学工程的，但十分注意提高自己的理论水平。我认为，虽然从根本上讲试验和经验很重要，没有足够的试验和工作经验，无法解决重大的工程问题，但是积累经验是很费钱费时的事，所以应该充分发挥理论分析的作用，省去并非必要的实验。理论上的高度抽象和应用中的高度灵活，是互相促进的两个要求，应该统筹兼顾。搞工程课题研究，并不是越细致越精确越好，而是用最小的代价（经费、时间等）解决问题最好。

“我的许多创造性科研成果都反映了上述科学思想。其中最突出的一项成就‘胡－鹫津原理’全面反映了上述科研思想。

“事情的经过大致如下：我自学弹塑性理论后，深感该理论内容丰富，精度较高，原则上可以解决工程中的许多有关的力学问题。但可惜那套微分方程很复杂，很难精确求解，因而实际上该理论在工程中应用得很少。这种情况促使我萌生了一个想法，如何在该理论的基础上建立起既满足工程精度要求，又便于求解的近似理论或近似解法。经过学习与研究，我进一步认识到，根据变分原理求近似解最易发挥研究和工程设计人员的数学、力学基础理论和工程经验的综合优势。当时已有的变分原理允许近似地满足平衡方程或变形协调关系。在弹塑性理论中，除了平衡和变形协调两类关系外，还有第三类描述材料力学性质的本构关系。不精确满足本构关系的近似解是否都不满足工程精度，因而都是不能实用的近似解？实际情况正好相反。在工程中广泛应用、深受欢迎的梁、板、壳等理论，从弹塑性理论来衡量，恰恰是近似地满足本构关系而严格地满足平衡和变形协调关系。由此可见，当时的变分原理存在一定的不足：它不能容纳和统一工程中用之有效的许多近似满足本构关系的近似理论和近似解法，因而它也就不能帮助后人创建更多的同类近似理论和近似解法。因此，我下决心要创建一种新的变分原理，它允许平衡、变形协调和本构三大关系都近似满足。经过几年的刻苦钻研，我在《物理学报》1954年第3期上发表了题为《论弹性体力学与受范性体力学中的一般变分原理》一文，建立了弹塑性理论中以位移、应变、应力三类变量为独立自变量函数的变分原理，达到了预想中的目标。1955年，在美国留学的日本人鹫津久一郎在其博士论文中建立了相同的变分原理。后来国际同行为纪念我们两人的贡献，把该变分原理称为“胡–鹫津原理”。我以出奇的效率超过了美国的竞争者，为在国内土生土长的中国人赢得了荣誉。我之所以有如此的高效率、高速度，是因为较早地锻炼出了自学能力，并在大学中以及随后的工作岗位上自学了理科专业的一些课程。如果没有扎实的宽广的基础理论，虽选了一个好课题，也会因力不从心而解决不了问题。我在向人们介绍学习经验时，每次都强调培养自学能力，扩大理论基础，学以备用。

“我的学术思想活跃，研究探索过许多力学问题。我把值得探索而又有希望解决的问题记录在一张张卡片上，待问题解决或摸清确实无力解决后才把该张卡片抽掉。我手中这类卡片常有数十张之多。我在各向异性弹性力学空间问题、薄板大挠度问题、边界积分方程方面也有贡献。这些方面的学术研究也都具有上述思想观点上的特点。我的成就不靠天赋，靠多想多实践。多想生智慧，实践出真知，这是我培养自学能力的切身体会。

“我的上述论文发表后，立即得到多位力学名家的高度评价，例如钱伟长先生在其《弹性力学》(科学出版社，1956年)一书第133页中说：‘……胡海昌同志的工作有极大的价值’。但也有来自两方面的批评意见。有些侧重应用的人当时感到该论文太抽象，没有实用价值。但是事实上，随后国内外涌现出大量研究和应用变分原理的工作，国外在60—70年代形成了一个热潮，并一直延续到90年代。‘胡-鹫津原理’受到学术论文、专著、教科书广泛的引用和介绍。

“国内在50年代和80年代也出现过研究和应用变分原理的高潮，对我的上述工作的评价趋于一致。广义变分原理的研究1982年获得国家自然科学集体二等奖。1985年被《中国大百科全书·力学卷》列为中华人民共和国成立以来力学四大成就之一。这一成就表明可以做到理论上的高度抽象与应用上高度的灵活性二者巧妙的结合，并已得到国内外越来越多的人的赞同。

“对我的上述工作的另一方面的批评意见是此项工作不是‘顺推理’，而是一种‘凑合法’，即先猜想出一个结论，然后给予证明，言外之意是这类工作算不上高水平。对这种批评意见，我愉快地接受了，因为‘凑’是用主观去凑客观，代表当事人的愿望，‘合’是符合客观情况，指工作的效果；所以‘凑合’一词是对主观愿望和客观效果的全面肯定。

“在我的论文中数学式子较多，粗粗一看，还以为是以数学取胜，其实并非如此。我的数学基础较宽，我能根据对象的性质选用合适的数学。但是我仅仅会选用数学而已，并且选用的数学大多属于比较古老的数学。阅读我的论文，要看懂其中的数学并不难，但人们难于理解的是我怎么会想到研究这些问题，怎么会相信自己能解决这些问题，怎么会选用这些数学？这些问题不好理解是因为我的思想观点和方法比较独特。我不是以战术取胜，而以战略取胜。这里的战术和战略分别指推演技巧和思想观点。”

院士展望

“我历来很少谈展望，我对自己提过许多新点子，也作过美好的展望。但是实际做成或基本做成的只占少数，大多数是未能实现的空想。自己的点子自己执行，成功率尚且如此之低，让别人执行，那就更低了。

“科学研究主要是脑力劳动。初级的脑力劳动已可用计算机和其他自动化、智能化的机器完成。再过不久，中级的脑力劳动也可让机器去做。剩下必须由人亲自做的，都是些极其复杂的高级脑力劳动。科学的希望在人才，人才的优势在素质，素质的培养靠教育。素质教育要早抓，年纪大了，素质快定型了，再想培养优秀素质就难了。”

3. 做学问的学问

2015 年 1 月 11 日，由北京力学会及北京振动工程学会主办，北京航空航天大学承办的北京力学会第21届学术年会暨北京振动工程学会第22届学术年会在北京航空航天大学隆重召开。来自清华大学、北京大学、中国科学院力学研究所等30个高等院校、科研院所及工程设计单位的550名力学领域专家、学者和研究生参加了会议，与会报告人数逾400人。

在分组交流的同时，还召开了纪念著名力学家胡海昌先生座谈会，以纪念胡先生发表三类变量广义变分原理60周年。北京大学武际可教授、王大钧教授、苏先樾教授和袁明武教授，中国航天科技集团公司科技委副主任于登云，中国科学院数学与系统科学院崔俊芝院士，清华大学郑兆昌教授，北京航空航天大学王寿梅教授和张世基教授，北京东方振动和噪声技术研究所名誉所长应怀樵研究员等老前辈到会，回忆胡海昌及他对力学领域的重大贡献，也讨论了胡海昌做学问的学问。胡海昌的第一个博士生刘世宁先生在香港为本次座谈会撰稿，回忆了他和胡海昌在一起的点滴生活和工作。

这个座谈会的参加者，都是胡海昌的老熟人、老朋友，有的是从学生成为同事，有的是从同事成为学生。他们深情回忆了和胡海昌交往的日子，从不同阶段、不同角度回忆了这位平易近人的力学家的一些往事、趣事。他们有一个共同的遗憾，就是可惜当年没有趁胡海昌在世时，好好研究一下胡海

1980年2月，《中国大百科全书·力学》编委会合影留念（后二排右七为胡海昌）

昌“如何做学问”。北京大学王大钧教授说：“胡先生理解问题、思考问题、研究问题确实有很多与众不同的地方，这是他能取得别人未能取得的成绩的原因。”

胡海昌做学问有学问，武际可先生曾有一篇文章论及其治学风格。摘录如下（本书有删减）：

“回忆起胡海昌先生做学问的点滴往事，写在下面，也许有一点参考意义。

“首先，在研究问题的选题上，胡海昌先生更着重于基本理论问题。在他发表的论文中，虽然有一些直接解决工程应用问题的文章，但更具有长远影响力的，是一些探求一般规律的基本理论问题的论题。

“除了广义变分原理之外，胡海昌先生影响比较大的另外几项工作是关于各向异性弹性介质通解的工作、关于弹性力学边界积分方程的对偶提法和与王大钧合作关于弹性结构算子正定性的一般证明。此外他在振动理论和板壳问题方面也作出了很好的工作。

“在科学研究的选题上，我们一直是比较实用领先的，对于能够做出会叫会跳、能够直接应用的成果，评价很高。而对于比较抽象、距离实际相对远的成果，

1986年8月，胡海昌在包头市力学学会联合学术年会上讲话

不仅不会给以肯定，有时还会招来批判，说是脱离实际、故弄玄虚。这也可能就是我们的基础研究一直落后的原因。近年来，我们比较好的基础研究成果，大都是最先受到国外的肯定，后来才被国内推存的。陈景润在数论上证明的1+2成果、周培源的湍流理论以及胡海昌先生的广义变分原理，都是这样的。

“在国内并不重视基础研究的氛围下，胡海昌先生能够坚持重视基础研究的选题原则，是一种科学上的反潮流精神，是难能可贵的。其实只有坚持这种精神，独立思考而不人云亦云，我们的科学赶超世界水平才有希望。

“其次，胡海昌先生一直是立足于国内搞研究。在近代我国的科学发展史上，没有出过国而做出国外瞩目成果的学者，大概就数胡海昌先生了。在他

1986年11月，胡海昌（前排右三）参加华东固体力学学术交流会

跟年轻学生谈话中，经常说，出国本身不是目的，出国是为了要学习什么东西才是出国的目的。不仅如此，在他出名后，也很少出国进行学术交流。1984年，国际理论与应用力学年会，中国力学学会常务理事会推举他去做大会报告，他也婉言拒绝了。后来得知，当时他年迈的父亲身体欠佳，胡海昌先生遵从中国传统的道德‘父母在不远游’，一直守护在父亲身边，失去了一次做世界学术大会报告的机会。

“第三，胡海昌先生为了把主要精力致力于学问，尽量排除不必要的事情。一是尽量少开会或躲开不必要的凑热闹的会。记得上世纪八十年代，他在北大兼职并且被推举为系学术委员会委员。他叮嘱我，一般事情就不要通知我了，如果没有我，出席人过不了半数，表决会无效，这种情况下才通知我。二是他从不申请基金资助，这样既避免了写申请花费的时间，又避免了交账和评议花的时间。他是履行‘有所不为才能有所为’原则的典范。他常对研究生说，要提高效率，不要拼时间、开夜车。脑力劳动最重要的是保持一个清醒的头脑，开夜车、拼时间，把头弄得昏昏沉沉，效果会很差。”

她的女儿胡闰莓在2015年写给胡海昌的学生和同事王大钧的一封信中写得比较详尽：

“我自己虽然在成年后没有和我爸爸一起做过学问，而且其实我做的只是工程技术，不能称为‘学问’，但是我从小到大多年的观察和经历，加上近年的不断反思，对我爸爸的一些特点还是有一定体会的。我借此机会简单总结一下。需要说明的是，我的观察仅仅是从子女的角度，不可能很全面。

“我爸爸对数学问题的实际背景非常重视，而且经常有比常人更深的理解。这里‘实际背景’可能有些泛泛，不太准确，应该是‘几何意义’‘物理意义’‘工程背景’的总和。

“这一点我最初是在他辅导我准备高考时发现的。1977年恢复高考前我还在昌平插队，我爸爸得知要恢复高考时已经是1977年秋后冬初了，那时农闲，他叫我请假回家，帮我补习功课。但是我们完全不知道高考会考什么，他就根据他的猜测给我讲了不少数学和物理方面的内容。具体内容我已经忘了，可是有个印象很深刻，就是中学数学在他那里不分代数和几何，或者说代数和几何的界限不清晰。我在北大附中上中学，虽然是‘文革’时期，但有幸文化课还是学得比较多，而且附中当年的几个数学老师都是从北大来的（因家庭出身等问题被‘降职’到附中的），他们的水平非常高。可是中学学代数就是解方程，几何就是图形和证明题。但是我爸爸讲了很多方程的几何意义，还有函数曲线之类的东西。

由于是匆匆讲的，也没有参考书和习题，我当时不是特别明白。尽管如此，他讲的东西确实开阔了我的思路，并使我能够做出高考数学考试的最后一题。那题的具体细节我已经记不完整了，内容是有关一元二次方程的，题中涉及一个圆和一条直线，当它们有2个交点时，一元二次方程有2个不同的实数解，当它们相切时，有2个相等的实数解，当它们不相交时，方程无实数解。我当时在考场上本来是不知道该如何做那道题，差点放弃了，后来想起我爸爸讲的东西，才联想到了解题的方法。

"由于我高考数学'不幸'考得太好，就被分配去了北邮的数学师资班。于是在北邮学了四年数学。这中间我一般不在具体学习问题上寻求我爸爸的帮助（现在想想是很傻的，但是那时年轻，要独立）。我爸爸开始会过问一下我的学习，后来他看我能学下去，也就不特别具体操心。后来有两件事我印象比较深。一个是他和我谈起过线性代数，把矩阵概念和空间概念结合起来，这是在我正式修'线性代数'一课之前。他从解析几何讲到空间，又讲到N维空间，又到矩阵，给我很大启发。后来学线性代数一课时，很多同学觉得太抽象，我就没觉得，这得感谢我爸爸。另一个是我学'偏微分方程'一课，当时觉得特别难。有道作业题实在做不出，不得不去问他。结果他的回答让我大吃一惊。他说，不要去'解'，猜个答案好了。你看这个方程是这样这样，满足它的解大概就该是那样那样，设个边界条件，代进去试试，不行再调整一下，行了就行了。当时我的作业虽然交了，心里实在是留下很大的'震撼'，从来没有老师教过我'猜'答案的，而且后来我碰到问题自己也是无从猜起。

"本科四年，同学们常一起议论，学好数学需要逻辑分析能力，空间想象能力，和数值计算能力。但是数学问题的物理意义和实际背景，我们都顾不上关注，老师们也很少讲，或许讲了我也没有仔细听进去。现在反思那时的学习过程，就是学了很多概念和方法，但是没能make sense，没有找到感觉，关键是没有去找。'make sense'这个词语，我第一次听到是在加拿大念博士时，修概率论的课，老师在课堂上讲个概念，讲完问学生，make sense？我当时琢磨很久，什么叫make sense？为什么要make sense？他为什么不问understand？而问make sense？慢慢地我才体会到，数学在我这里，是understand，在我爸爸那里，是make sense。数学问题在他那里都是有实际意义的，他把它们都想通了，找到感觉了，因此他有sense，所以能'猜'，否则他也无从猜起。

"我爸爸非常注重用数学理论解决工程实际问题，数学对他来说是工具，解决工程问题才是他的目的。他数学很强，但是他从来不追求数学的高深或是所谓beauty，他心里想的是工程问题。只要工程问题得到解决，数学上'漂亮'与否无所谓。

"有几个例子可以说明。他多次和我说过，不要在初等数学上反复练习，没必要熟能生巧，要尽快进入高等数学，因为只有高等数学才'有用'。依他的观点，小学就该学代数，中学就该学微积分。学会了解方程，四则运算的难题就不难了，学会了微积分，才能开始'动态'地描述物理问题。没有必要浪费时间，要尽快学会掌握能'用'的工具。我在北大附中上初三的时候，正好赶上'文革'中一段'整顿'时期，老师们开始积极教文化课。有个数学老师组织了课外数学小组，要经过考试才能参加，我有幸通过考试参加了。那个老师主要讲的是数论方面的问题，我虽然不擅长，也觉得很有趣，回家和我爸爸一说，他大不以为然，让我不要去参加了。他说数论没有用。按照我爸爸在我中学和大学本科时给我‘灌输’的：数论没有用，速算法没有用，数理统计有用（可惜我学的时候觉得太没意思，没好好学，后来我也知道有用的时候自己再补），概率论有用，后来都证明是对的。

“最近为了给我爸爸的传记收集素材，我开始关注他过去的一些经历。田宗漱老师的回忆文章提起过，我爸爸在1957年时曾写过一篇批判《弹性力学》的文章。我很想知道他当年到底写了些什么，于是就到国家图书馆查到了这篇文章，是发表在《力学学报》1959年第2期上，题目就是《评弹性力学》。下面我摘抄两段：

“弹性力学是一门密切联系实际的科学，它的产生和发展首先是为了解决工程技术中的大量的强度分析问题。但是书（指《弹性力学》）中反映出来的弹性力学却变成了一门在某些基本假设下作纯逻辑推演的一门科学，可以把某些实际问题套进去时则套几个实际问题，套不进去时就干脆不管。

“书中也介绍了不少求解弹性力学问题的数学方法，但是用这些方法很少有希望能够解决实际问题，而在求解实际问题中具有广泛适用性的数字解法却又只字不提。

“当年我爸爸写这篇文章肯定是迫于政治压力的，绝对不可能完全出于学术上的讨论。然而50多年后我读这篇文章时，感觉上面的话是他的真实想法，而且他文章中的观点和他一生中的学术观点高度一致。

“在我上大学和研究生期间，我爸爸常对我说的一句话是‘牛刀杀鸡’。意思是不担心用的工具太强大，要努力去掌握强大的工具，以便更有效地解决问题。从另一个角度来理解这句话，也可以说，‘刀’不是用来收藏或欣赏的，是要用来‘杀鸡’的。

“我爸爸非常注重学外语，因为外语是他学术研究的重要工具。我爸爸一生就学、研究都在国内，这是他一个公认的与众不同之处，而且据我所知，他本人对这一点没有什么缺憾，他从没有说过‘当年我可惜没能出国’或‘要是能出国就会更好’之类的话。但是，这并不等于他认为可以不学外语，不看国外的文献、资料。他对外语非常非常重视，他本人能读英文和俄文的学术文献，还学过德语（20世纪50年代初他跟随钱伟长先生学习时的一个科目就是德语）。我整理他的遗物时，发现一本他在浙大上学时的学生证兼借书证，上面记录有他当年借阅过的书号。浙大图书馆的老师根据这些书号和图书馆保留下来的购书记录，还原了其中的63个书名，全部是英文书！这让我相当惊讶。因为他1946年考上浙大，在那之前的中学、小学时期基本上是在抗战期间，跟着我爷爷在浙南山区颠沛流离，非常艰苦。他什么时候学的英语？我猜他基本就是靠自学。

“我爸爸也很早就鼓励我自学英语。他的方法很特别。我刚上大一不久，那是1978年，我们77级学生的英语教材还是给工农兵学员用的，《Chairman Mao is a red sun in our hearts》(《毛主席是我们心中的红太阳》)，社会上还没有开始学英语的热潮。我爸爸给我一本英文原版书《Algebra》他年轻时买的一本旧书，但著者很有名。他让我读，我当时英语很差，中学时我对数理化还比较喜欢，算是学了一些，英语真是没有好好学。可是我爸爸说，没关系，数学书单词不多，语法简单，内容你已经懂了，英语边读边猜，看完这本书，英语就会大大提高。还真是这样。等这本书读得差不多了，他又从科学院图书馆给我借了一本《Matrix》，推荐我读。这次书的内容对我也是新的，等于是用英语来自学。有了第一本书的基础，这本书容易得多了。而且后来我学线性代数时发现这本书和教科书的讲法有所不同，所以对加深理解课程的内容很有帮助。后来我爸爸还给我借过有关傅立叶变换的书，也是在我正式修课之前。现在反思我爸爸这种鼓励我学英语方法的优缺点，有这么几点：首先我确实用很快的速度达到了阅读相关专业英语书和文献的目的，我对读外语文献没有'心理障碍'，虽然会碰到很多不认识的单词，但是我知道这很正常，查查字典好了，不会被'吓'得不敢读下去。相比我有些同学，到本科毕业时也没敢走进外文阅览室。其次我这样学出来的英语，只能读，听、说都不行，语法分析也不太行，可是语感比较好，就是尽管说不清语法，复杂的句子我能读懂。最后就是这种方法完全无助于英语考试，这显然也是我爸爸的一贯作风。

"总之，外语是一个很重要的工具，对学生如此，对研究者也是如此。读过外文文献的人都知道，一篇外文文献不仅仅是使用不同的语言来论述某个题目。使用不同语言的作者肯定是来自不同的教育背景和研究环境，因而对相同科目的观察角度、研究动机、研究方法都会有不同，对问题的提出和解决问题工具的使用也常常不同。所以，能读外文文献，对开阔思路特别有帮助，而且显然是越早读越好。我印象中'文革'前家里有很多外文书籍，有英文的也有俄文的。可惜这些书都没能熬过'文革'。

"我爸爸是个使命感很强的人，注意力非常集中，做任何事情都极其讲求效率。我爸爸很讲求效率，这一点他的很多朋友、同事、学生都有同感。我从小就被我爸爸灌输'抓紧时间''提高效率'，成人后我自己对讲求效率也有很多体会。我觉得，时间永远是不够用的，想做的永远多于能做的，我们只好把想做的事情排出优先级，先做优先级最高的。反思我爸爸的一生，他其实就是这么做的。当然他对‘优先级最高’有他的理解，未必和大多数人相同。

“我和刘锋作家采访柳春图老师时，柳老师讲过一件往事。当年钱学森先生做力学所所长的时候，我爸爸的研究室做过一个‘低水头发电’的题目。可是经过一段时间的工作，我爸爸觉得这个题目没有什么可搞的，特别是不需要让力学所的研究人员来搞。他觉得中科院力学所是国家的最高研究机构，更应该搞些相对高深的题目。为此我爸爸和柳老师一起去找钱所长谈。然而钱所长不同意，说，就是要你这个脱离实际的人来搞。我爸爸当时就回答，如果我脱离实际，你就让我一个人来搞好了，不需

1990年11月，胡海昌（右）和王大钧（左）清华大学力学系鉴定会上

要把这么多的人都耗在这里浪费了。

“这个例子的关键不在于他敢于‘冒犯’权威，而在于他对自己的定位和自己使命的理解。他的兴趣所在是解决工程中的问题，同时他也十分清楚，他的长处所在是利用数学工具解决工程理论问题而不是应用问题。现在反观他一生的学术活动，其实他是尽了很大努力这么做的。除了大环境他不能左右，凡是他自己能够选择的，他基本没有偏离这个定位和使命。其他的，名利、地位等东西，和他这个定位和使命没有什么关系，就确实不是他的追求。因此我体会他是一个使命感很强的人。使命感强，是个说到容易做到难的事。

“最后我想说说什么样的环境适合我爸爸这样的人生存发展，这是个我观察、反思了很久的问题。我的结论是：Leave him/her alone。对他那样的人，只要有个安全、平稳、宽容和相对舒适的生活环境和工作环境即可，当然负面的打压、限制、排挤很不好，但太多中性的管理和正面的培育、引导、扶持、呵护、宣传、鼓励等等也会事与愿违。这些措施都分散注意力，扼杀创新思维。

“反观我爸爸的一生，虽然幼年丧母，少年经历战乱，青年到中年经历‘反右’‘文革’等运动，大环境不能说是很好，但是他也有他幸运的地方。首先我

2004年10月，胡海昌在北京紫竹院公园

爷爷对他没有太高期许，所以他幼年没有来自家庭的压力，学习完全凭他自己的兴趣。大学在浙大也是个相对自由的学习环境，还遇到钱令希先生这样的好老师。1950年毕业后，又经钱先生推荐到北京而没有去治淮，除了钱先生知人善任以外，当时的浙大军代表‘很尊重教授的意见’(钱先生的原话)也是很关键的。在北京跟随钱伟长先生学习、研究，也是个自由的环境。而且他很早就评上副研究员，所以家里的生活一直衣食无忧。我妈妈‘碰巧’也不是个追求享乐的人，在收入和名利方面也从没有给我爸爸任何压力。他进入航天界，尽管不是个特别专业对口的平台，可是‘文革’后他可以相对自由地在大学兼职并能有时间做航天以外的研究，这些都是他幸运的地方。但是，不能否认的是，他的成就，都是在1957年之前和‘文革’结束以后取得的。”

4. 永远闪烁着求是光芒

1995年《力学与实践》编委会发起的关于《力学——迎接21世纪新的挑战》一文的讨论中，天津大学力学系贾有权在《21世纪的实验力学》一文中提到：

“力学人才的培养也受到双重性的影响，强调基础的一面，加强理论的学习是重要的，但绝不能忽视应用的一面。我国办了那么多力学专业，理论人才辈出，解决实际生产问题的人有多少呢？……现在我们各行各业都在改革，为什么我们的老专业不改革一下呢？应当加强机械、土木专业的力学课的分量，比单纯办力学专业强得多。从历史上看最有权威的力学专家多数为工科出身，少数为数学家。如流体力学大师普朗特就是学机械工程的。冯·卡门、铁木辛柯、冯元桢等，均是工学院出身。我国最有权威的学者钱学森、钱令希、张维、王仁、郑哲敏、胡海昌等教授都是学工的，很多老一代的力学家都是学工的出身。所以说改造工学院的课程，加强力学课的比重比单独办力学专业好。但这要克服工科专业的保守思想和专业保护主义。”

胡海昌去世之后，他的手稿、信件、论文等何去何从，女儿胡闰莓和家人给它找到了最好的归宿，那就是捐给胡海昌的母校——浙江大学，这件事浙江大学网有着详细的报道。

深爱母校冰心可鉴

——胡海昌院士后人向浙大图书馆捐赠手稿

“2012年11月7日，胡海昌院士的女儿胡闰莓女士向浙大图书馆捐赠了其父的手稿、信件、论文油印本等学术资料451件，以及文献摘录和索引卡片四盒。赠品中有胡老本人的31种手稿、论文抽印本145册、油印本16册、论文复印件56件、自印本3册、《胡海昌院士文集》、他人来信60封和浙江大学毕业证及注册证。此外，赠品多为学界友人寄来的论文抽印本和复印件。当我们郑重地接过被归类在29个不同主题的文件袋里的451件赠品时，不禁对胡老严谨的作风肃然起敬，这些珍贵的学术资料凝聚了胡老对母校的一片深情。

……

“60封他人书信里仅胡海昌恩师钱令希院士的信就有28封。它们记述了两人在这段持续50余年的师生情谊中共同探索科学真理的过程。其余来信对象有卞学鐄、徐皆苏、Eric Reissner、钟万勰院士、叶开沅、范家参等国内外知名力学专家。随信附来的梁立孚、徐恩彤、王耀礼等人的十余种论文稿更是学者间切磋变分原理研究的珍贵记录。

“仰望星空，在浩瀚太空里，那颗发现胡—鹫津原理的飞翔的心永远闪烁着求是光芒。”

5. 仰望星空

胡海昌生于乱世，慈母早逝，生活艰难，少逢战乱，常常随父亲的工作单位变动而变换生活环境，致使他的小学和初中教育频频更换学校，再加上身体欠佳，对于一般人来说，学业能否继续都成问题，但胡海昌在困难的环境中，始终对学习有着浓厚的兴趣，并摸索出一套行之有效的自学方法，这是天资聪颖。

他早年成名，一出手就达到世界力学的巅峰，是他实力的展现。随后他将所学知识运用于国家科研中，学以致用，做出了非凡的业绩，为国家贡献自己的才学，这是学成报国。

在撰写本书的过程中，笔者曾经两次到地处北华航天工业学院的航天人才培训中心参加中国宇航出版社召开的研讨会，期间和一位比较熟悉航天院士的作者有过一次对话，她说中国的“两弹一星”和航天事业不容易，有现在这样辉煌的成绩，应该感谢当时在国外留学的一大批科学家，他们对于新中国的建设功勋卓著，这些人中主要是留美的，后期有一些留苏的，她列举了很多人，从钱学森到王希季，从钱三强到孙家栋，等等。我们也说到胡海昌，他是没有出国留学的一个科学家，记得有一篇文章报道胡海昌先生，题目就是《我是留中国的》，文中胡先生并未对自己没有到国外留学而感到遗憾，其实在很长一段时间内胡海昌先生对于出国留学是有些抵触的，他不鼓励自己带出的学生出国，胡海昌先生曾说：

经过几十年的工作，感受最深的是中国人的素质并不差，外国人能做到的事情，我们也一定能够做到；外国人尚未做到的事情，我们在他们之前也可能做到。

事实证明，此言不虚，这是何等自信？！这就是民族自信吧！

2007年5月14日，时任国务院总理温家宝同志在同济大学建筑与城市规划学院钟庭报告厅向师生们作了一个即席演讲，其中讲到：“一个民族有一些关注天空的人，他们才有希望；一个民族只是关心脚下的事情，那是没有未来的。我们的民族是大有希望的民族！我希望同学们经常地仰望天空，学会做人，学会思考，学会知识和技能，做一个关心世界和国家命运的人。”我想用温家宝同志的《仰望星空》，作为本文的结束，把它献给那些曾经为中国的航天事业作出贡献的人们，献给本书的主人公胡海昌院士：

仰望星空

我仰望星空，
它是那样辽阔而深邃；
那无穷的真理，
让我苦苦地求索追随。

我仰望星空，
它是那样庄严而圣洁；
那凛然的正义，
让我充满热爱、感到敬畏。

我仰望星空，
它是那样自由而宁静；
那博大的胸怀，
让我的心灵栖息依偎。

我仰望星空，
它是那样壮丽而光辉；
那永恒的炽热，
让我心中燃起希望的烈焰、响起春雷。

胡海昌大事年表

1928年

4月25日，出生于浙江省德清县新市镇一个从事教育工作的小知识分子家庭。父亲胡葆良，母亲周罗英。

1934—1940年　6—12岁

先后在浙江省新市镇、方岩镇、碧湖镇上小学。

1941—1943年　13—15岁

先后在碧湖镇、景宁县浙江省立临时联合初级中学上初中。

1943—1946年　15—18岁

先后在南田镇、杭州市浙江省立临时联合高级中学（浙江省立杭州高级中学）上高中。

1946年　18岁

考入浙江大学土木工程系，师从结构力学家钱令希。

1950年　22岁

7月，从浙江大学毕业。

9月，分配到中国科学院数学研究所，先后任助理研究员、副研究员。

1952年　24岁

和陈小蘅结婚。

周培源在北京大学领导创办了中国第一个力学专业，即北京大学数学力学系力学专业。胡海昌应周培源先生之邀，为北京大学第一届力学专业的学生讲授弹性力学课。

1954年26岁

发表《论弹性体力学与受范性体力学中的一般变分原理》。该文创立了三类变量广义变分原理，对弹性力学、变分原理、力学中的数值方法产生了深远影响，被世界公认为“胡－鹫津原理”。

1956年　28岁

中国科学院力学研究所成立，胡海昌任该所助理研究员。

他参加的以钱伟长为首的集体研究成果“弹性圆薄板大挠度问题”获中国科学院自然科学奖二等奖。

其研究成果“横观各向同性弹性力学的空间问题”获中国科学院自然科学奖三等奖。

2月17日，钱学森提出了关于《建立我国国防航空工业的意见书》。《意见书》开列21位高级专家名单，胡海昌在列。

以后，直至1965年，胡海昌一直在中国科学院力学研究所工作，先后任副研究员、固体力学研究室主任，从事早期的火箭总体设计和壳体稳定性研究。

本年开始受聘在北京大学兼职教学。先后在清华大学、北京航空航天大学、中国科学技术大学和浙江大学兼职、讲课。

1957年　29岁

长女胡闰莓出生。

本年开始指导研究生。

1958年　30岁

父亲胡葆良退休到北京，全家团聚。

1964年　36岁

长子胡又农出生。

7月，任中国科学院力学研究所第十二研究室主任。

1965 年　37 岁

8 月，调中国科学院 651 设计院，负责我国第一颗人造地球卫星的总体设计工作。

1966 年　38 岁

1 月，参加空间飞行器的研究与设计，参与筹建 651 设计院。负责东方红一号卫星早期的总体和结构设计，担任“东方红一号”总体组第一任组长。负责东方红二号卫星早期的总体和结构设计。

历任空间飞行器总体设计部副主任、科学技术委员会主任、名誉主任等职。

1968 年　40 岁

次子胡德红出生。

进入七机部五院 501 部。

1970 年　42 岁

开始自学中医。

1978 年　50 岁

本年开始，先后担任第五、第六、第七、第八届北京市政协委员。

1979 年　51 岁

本年开始任北京大学、浙江大学兼职教授。

当选为中国力学学会理事（至 1984 年）。

1980 年　52 岁

5 月—1983 年 4 月，任中国空间技术研究院北京空间飞行器总体设计部研究员。

当选为中国科学院学部委员（后改称院士）。

任国务院学位委员会力学评议组成员。

参与创办《振动与冲击》并任首任主编。

1981年　53岁

专著《弹性力学的变分原理及其应用》获首届全国优秀科技图书奖。

被批准任博士研究生导师。

1982年　54岁

以胡海昌为首的5位力学家的研究成果“广义变分原理的研究”获国家自然科学奖二等奖，胡海昌为第一完成人。

1983年　55岁

4月—1985年8月，任中国空间技术研究院北京空间飞行器总体设计部科技委主任。

担任第六届北京市政协委员。

1985年　57岁

7月，胡海昌等部分振动界专家代表广大振动工程科技工作者的意愿，向中国科协提出申请成立中国振动工程学会。

8月，在上海召开了第一次筹备组会议，讨论了学会名称、性质、组织建设等问题，并开始以“中国振动工程学会（筹）”的名义开展活动；10月在北京召开了筹备工作会，决定成立筹委会。

8月—1991年6月，任中国空间技术研究院北京空间飞行器总体设计部科技委名誉主任。

1986年　58岁

从守恒积分出发，导出了力学上全新的一类边界积分方程。

3月，中国振动工程学会在南京召开了筹备组第二次扩大会议，成立以胡海昌为组长的47人组成的筹委会。

8月，任中国力学学会副理事长。

10月，国家科委批准成立中国振动工程学会。

当选为第七届北京市政协委员。

1987年　59岁

5月，中国振动工程学会在南京成立。同时，在南京召开了学会成立大会暨第一次全国会员代表大会，胡海昌任首届理事长并任《振动工程学报》首任主编。

10月，中国科协接纳中国振动工程学会。

任中国力学学会第三届副理事长（至1990年）。

与合作者共同开展的“线性弹性结构理论中两类算子的正定性和紧致性的研究”，获国家教委科学技术进步奖二等奖。

1990年　62岁

从本年起享受政府特殊津贴。

1991年　63岁

6月—2011年2月，任中国空间技术研究院技术顾问。

被航空航天工业部批准为有突出贡献的专家。

10月，中国振动工程学会理事会换届，胡海昌任第二届理事长。

1993年　65岁

1月，担任第八届北京市政协常委。

2月，担任第八届全国政协委员。

任中国航天工业总公司科技委顾问兼委员、中国空间技术研究院技术顾问、中国空间技术研究院总体设计部科技委名誉主任。

1994年　66岁

6月16日—19日，在北京参加国际振动工程学术交流会，任大会主席。

1995年　67岁

10月9日，父亲胡葆良去世，享年97岁。

1997年　69岁

获何梁何利基金1997年度科学与技术进步奖。

10月，赴美国探亲（至1998年9月）。

1998年　70岁

3月，担任第九届全国政协委员。

1999年　71岁

本年开始担任中国航天科技集团公司五院总体设计部科技委名誉主任，至2011年。

2011年　83岁

2月21日，因病逝世。

2012年

11月7日，女儿胡闰莓向浙江大学图书馆捐赠了胡海昌的手稿、信件、论文油印本等学术资料451件，以及文献摘录和索引卡片四盒。

2015年

妻子陈小蘅去世。

胡海昌学术著作总目录

一、学术论文

[1] 胡海昌. 桁架分析之通路法. 工程建设，1950，(3): 34-39.

[2] 钱令希，胡海昌. 空腹桁架应力分析的精简. 工程建设，1950，(5):35.

[2E] Tsien Ling-hi, Hu Hai-chang. On the stress analysis of open web trusses. Acta Scientia Sinica, 1952, 1(1):119-131.

[3] Hu Hai-chang. On the approximate solutions of boundary value problems at a point. Science Record, 1952, 5(1-4):59.

[4] Hu Hai-chang. Small deflection of plates and beams under tension or compression by eigen functions of buckling problems. Science Record, 1952, 5(1-4):69-75.

[5] 胡海昌. 横观各向同性体的弹性力学的空间问题. 物理学报，1953，9(2)，130-144.

[5E] Hu Hai-chang. On the three-dimensional problems of the theory of elasticity of a transversely isotropic body. Acta Scientia Sinica, 1953, 2(2):145-151.

[6] 胡海昌. 弹性地基上的连续梁的矩阵理论. 物理学报，1953，9(3):183-191.

[6E] Hu Hai-chang. On the matrix theory of continuous beams on elastic foundation. Acta Scientia Sinica, 1953, 2(3): 171-178.

[7] 胡海昌. 圆弧二边形柱体的扭转问题. 物理学报，1959，9(4): 238-254.

[7E] Hu Hai-chang. Torsion of prisms bounded by two intersecting circular cylinders. Acta Scientia Sinica, 1953, 2(4):269-281.

[8] 胡海昌. 弹性力学中的一个新的近似解法. 工程建设, 1953, (42):24.

[9] 胡海昌. 苏联在圆形薄板和圆形扁薄壳大挠度问题方面的贡献 // 弹性圆薄板大挠度问题. 中国科学院出版, 1954, 23-26.

[10] 胡海昌. 球面扁薄圆壳的跳跃问题 // 弹性圆薄板大挠度问题. 中国科学院出版, 1954: 76-97.

[11] 胡海昌. 球面各向同性体弹性力学的一般理论. 物理学报, 1954, 10(1): 57-69.

[11E] Hu Hai-chang. On the general theory of elasticity for a spherically isotropic medium. Scientia Sinica, 1954, 3(3):247-260.

[12] 胡海昌. 球面扁薄圆壳的跳跃问题. 物理学报, 1954, 10(2):105.

[12E] Hu Hai-chang. On the snapping of a thin spherical cap. Scientia Sinica, 1954, 3(4):437-461.

[13] 胡海昌. 横观各向同性的半无限弹性体的若干问题. 物理学报, 1954, 10(3):239-256.

[13E] Hu Hai-chang. On the equilibrium of a transversely isotropic elastic half space. Scientia Sinica, 1954, 3(4):463-479.

[14] 胡海昌. 论弹性体力学与受范性力学中的一般变分原理. 物理学报, 1954, 10(3): 259-289.

[14E] Hu Hai-chang. On some variational principles in the theory of elasticity and the theory of plasticity. Scientia Sinica, 1955, 4(1):33-54.

[15] 胡海昌. 在均布及中心集中载荷作用下圆板的大挠度问题. 物理学报,

1954, 10(4): 383-392.

[15E] Hu Hai-chang. On the large deflection of a circular plate under the combined action of a uniformly distributed load and a concentrated load at the center. Scientia Sinica, 1955, 4(2):251-261.

[16] 胡海昌. 苏联在薄板力学方面的贡献//弹性薄板小挠度平衡问题. 中国科学院出版，1955: 50.

[17] 胡海昌. 固定边矩形板的弯曲问题. 物理学报，1955, 11(1): 19-27.

[18] 胡海昌. 在体积力作用下横观各向同性弹性体的平衡问题. 物理学报，1955, 11 (3) :219-230.

[19] 胡海昌. 横观各向同性弹性体的振动问题. 物理学报，1955, 11(3): 231-238.

[19E] Hu Hai-chang. On the equilibrium and vibration of a transversely isotropic elastic body. Scientia Sinica, 1956, 5(1):1- 18.

[20] 胡海昌，解伯民. 弹性薄壁杆件的平衡与稳定问题的一般理论. 物理学报，1955, 11(4):339-357.

[20E] Hu Hai-chang , Shi Po-ming. On the equilibrium and stability of elastic thin walled cylinders. Scientia Sinica, 1956, 5(2):185-204.

[21] 胡海昌. 利用影响线和集体平衡法分析连续刚架. 土木工程学报，1955, 2(2):137-146.

[22] 胡海昌.顾及二级小量的开口截面弹性薄壁杆件的实用理论.物理学报，1956, 12(2): 127-138.

[23] 胡海昌. 弹性薄壁杆件的大扭转. 物理学报，1956, 12(2):139-151.

[24] 胡海昌. 开口截面弹性薄壁杆件的稳定性. 物理学报，1956, 12(2): 152-169.

[25] 胡海昌．各向异性的悬臂梁负担均布载荷的弯曲问题．物理学报，1956，12(4)：339-349．

[25E] Hu Hai-chang. On the theory of uniformly loaded anisotropic cantilever beams. Scientia Sinica, 1957, 6(1):21-31.

[26] 胡海昌．论圣维南问题中的位移以及弯曲中心与扭转中心．物理学报，1956，12(4)：350-359．

[27] 胡海昌．弹性动力学中的倒易定理及它的一些应用．力学学报，1957，1(1)：63-76．

[27E] Hu Hai-chang. On reciprocal theorems in the dynamics of elastic bodies and some applications. Scientia Sinica, 1958, 7(2):137-150.

[28] 胡海昌．简支于四角顶的矩形板的支座反力．力学学报，1957，1(1)：138-139．

[29] 胡海昌．关于弹性体固有频率的两个变分原理．力学学报，1957，1(2)：169-183．

[29E] Hu Hai-chang. On two variational principles about the natural frequencies of elastic bodies. Scientia Sinica, 1958, 7(3):298-312.

[30] 胡海昌，钟万勰．考虑剪应变的弹性薄壁杆件的振动理论．力学学报，1957，1(2)：193-203．

[31] Chien Wei-zong, Hu Hai-chang. On the snapping of a thin spherical cap. IXe Congres International de Mechanique, Tom VI, 1957: 309-320.

[32] Hu Hai-chang. On the equilibrium and vibrations of a transversely isotropic body. IXe Congres International de Mechanique,

Tom VI, 1957: 485-496.

[33] Hu Hai-chang, Tsoon Wan-shia. On the flexural vibrations of a pipe line containing flowing fluid. Proceedings of the 3rd Theoretical and Applied Mechanics, India, 1957: 203-216.

[34] 胡海昌．单跨及多跨弹性薄壁杆件的纵向稳定性．力学学报，1958, 2(1):66-68.

[35] 胡海昌．弹性系统动力稳定性理论中的一个变分原理．力学学报，1958, 2(1): 69-77.

[36] 胡海昌．评《弹性力学》．力学学报，1959, 3(2):188-190.

[37] 张厚玫，胡海昌，刘世宁，柳春图．从流体力学看水轮的效率和改进的措施．力学学报，1960, 4(1):55-65.

[38] 胡海昌．对《双曲抛物面壳的有限计算》一文的讨论．数学学报，1961, 11(4)．

[39] 胡海昌．四边简支矩形底球面扁壳楼盖的简化计算方法．力学学报，1962, 5(1): 31-38.

[40] 胡海昌．四边简支矩形底球面扁壳的热应力问题．土木工程学报，1962, 8(2):1-17.

[40E] Hu Hai-chang. Stresses and thermal stresses in a simply supported shallow spherical shell with rectangular base. Scientia Sinica, 1963, 7(3):425-430.

[41] 胡海昌．对《在不连续面分开的平行气流中振动的翼剖面》一文的意见．力学学报，1962, 5(3):198-199.

[42] 胡海昌．各向同性夹层板反对称小挠度的若干问题．力学学报，1963, 6(1): 53-60.

[43] 胡海昌. 弹性力学变分原理和有限元素法. 教育部高等学校1978年计算结构力学学术交流会论文集，第1集，1978，大连.

[44] 胡海昌. 能量法和局部效应. 力学学报，1979，(4):353~359.

[45] 胡海昌. 很多自由度体系的固有振动问题（约束模态综合法）. 航空学报，1980，(2): 28-35.

[46] Hu Hai-chang. On a variational principle in the theory of dynamic stability of elastic systems. Scientia Sinica, 1980, 23(9): 1110-1115.

[47] 胡海昌. 加快从静态设计到动态设计的过渡. 宇航学报，1980，(2):103-106.

[48] 胡海昌. 与夹层梁稳定性相联系的一个本征值问题. 应用数学和力学，1980，1(1): 55.

[48E] Hu Hai-chang. On a eigenvalue problem related to the buckling of sandwich beams. Applied Mathematics and Mechanics, 1980, 1(1):55-62.

[49] 胡海昌. 多自由线性阻尼系统的振动问题. 固体力学学报，1980，(1):30-37.

[50] 胡海昌. 以弹性力学平面问题为例谈对应用有限元素法的几点看法. 固体力学学报，1981，(1):39-47.

[51] 胡海昌. 参数小变化对本征值的影响. 力学与实践，1981，3(2):29-30.

[52] 胡海昌. 广义变分原理在近似解中的合理应用. 力学学报，1982，(1):1-17.

[52E] Hu Hai-chang. On the rational utilization of generalized variational principles for approximate solutions. Proceedings of

Symposium on Finite Element Methods, Science Press, Beijing China, 1982, Gordon and Brath Science Publisher, Inc., New York.

[53] 胡海昌. 圣维南原理和能量法. 北京航空学院科学报告会论文集(庆祝建校三十周年), 第五分册, 飞行器与力学类(上册), 1982:1-3.

[54] 王大钧, 胡海昌. 弹性结构理论中两类算子的正定性和紧致性的统一证明. 力学学报, 1982, (2):111-121.

[55] 王大钧, 胡海昌. 弹性结构理论中线性振动普遍性质的统一论证. 振动与冲击, 1982, (1):6-16.

[56] Wang Da-jun, Hu Hai-chang. A unified prove for the positive-definiteness and compactness of two kinds of operators in theories of elastic structures. Proceedings of the China-France Symposium on Finite Element Methods(Beijing 1982), Science Press, Bei-jing, 1983, 1014-1018.

[57] 胡海昌. 论几种本征值包含定理的内在联系. 固体力学学报,1983,(1):1-10.

[58] 胡海昌. 放大倍数和本征值的上下限. 振动与冲击, 1983, (2):1-8.

[59] 胡海昌. 略论 Hellinger. Reissner 和胡海昌－鹫津久一郎两种广义变分原理的联系. 力学学报, 1983, (3):301.

[60] 胡海昌. 广义变分原理和无条件义变分原理. 固体力学学报, 1983, (3):462.

[61] 胡海昌. 代数本征值的 Collatz 包含定理的推广. 力学学报, 1983, (5):429-433.

[62] 胡海昌. 加权残差法的几个理论问题. 合肥工业大学学报, 1983, (4):1-12.

[63] 胡海昌. 关于用里兹法求位移等量的收敛性条件. 力学学报，1984，16(1):36-42.

[64] 胡海昌. 对称矩阵的非正本征值数及其在本征值计数上的应用. 固体力学学报，1984，(3):313-317.

[65] 王耀礼，胡海昌. 关于经典板壳理论的合理假设问题. 南京建筑工程学院学报，1984，(1):106-118.

[66] Hu Hai-chang. Derivation of the classical plate bending theory from elasticity by varia- tional method. Computers and Structures, 1984, 19(1-2):71-73.

[67] 王大钧，胡海昌. 论弹性结构理论中两类算子的正定性和紧致性. 中国科学，A辑，1985，(2):146-155.

[67E] Wang Da-jun, Hu Hai-chang. Positive-definiteness and compactness of two kinds of operators in theories of elastic structures. Scientia Sinica, ser. A, 1985, 28(7): 727-739.

[68] 胡海昌. 等式约束二次极小值问题解法的改进. 计算结构力学及其应用，1985，2(3):107-109.

[69] 胡海昌. 用分解刚度法求固有频率和临界载荷的下限. 固体力学学报，1985，(2):141-150.

[70] 胡海昌. 关于拉格朗日乘子法及其他. 力学学报，1985，17(5):426-434.

[70E] Hu Hai-chang.On the method of Lagrange multiplier and others. Acta Mechanica Sinica, 1986, 2(2):129-137.

[71] 柳春图，胡海昌. Reissner型中厚板弯曲理论中的守恒积分. 太原重型机械学院学报，1985，6(2):1-6.

[72] 苏先樾，武际可，胡海昌．用有限元法分析旋转壳的一种单元．固体力学学报，1986，(1):50-59．

[73] Hu Hai-chang. On some fundamental problems of Ritz method. Proceedings of the Invitational China-America Workshop On Finite Element Methods, Chende, People' s Republic of China, June 2-6, 1986: 83-104.

[74] 胡海昌．解结构本征值问题的主次质量降阶法．固体力学学报，1986，(2):95-98．

[75] Shen Xinzhuo, Hu Hai-chang. A new integral equation for plane harmonic functions. Boundary Elements, ed. Du Qinghua, Pergamon Press, 1986: 111-118.

[76] 胡海昌．弹性力学中一类新的边界积分方程．中国科学，A 辑，1986，(11): 1170-1174．

[76E] Hu Hai-chang. A new type of boundary integral equation in elasticity. Scientia Sinica, ser. A, 1987, 30(4): 385-390.

[77] 胡海昌．线弹性理论中的集中载荷．力学与实践，1987，9(1):20-22．

[78] 胡海昌．从统计观点看有限单元法．力学学报，1987，19(2):193-196．

[79] 胡海昌．《振动工程学报》创刊词．振动工程学报（试刊第 1 期），1987 年，1-4．

[80] 苏先樾，武际可，胡海昌．旋转薄壳的大位移分析．中国科学，A 辑，1987，(4): 398．

[80E] Su Xianyue, Wu Jike, Hu Hai-chang. Large displacement analysis of thin shells of revolution. Scientia Sinica, ser. A, 1987, 30(10):1054-1068.

[81] 胡海昌. 弹性力学中的能量守恒原理和虚功原理. 力学与实践, 1987, 9(5):54-55.

[82] Shen xin-zhuo, Hu Hai-chang. A new boundary integral equation for plane harmonic functions. Acta Mechanica Sinica, 1987, 3(4): 335-343.

[83] 胡海昌. 平面无限域中调和函数的边界积分方程. 清华大学工程力学与工程热物理学术讨论会论文集, 1988: 49-56.

[84] 黄永刚, 胡海昌. 从一个力学模型分析临界载荷与约束的关系. 北京大学学报, 自然科学版, 1988, 24(1): 95-100.

[85] 胡海昌. 结构凝聚动刚度的有效简化方案. 振动工程学报, 1988, 1(3): 1-7.

[86] Shen Xin-zhuo, Hu Hai-chang. A new type of boundary integral equation in plane problem of elasticity. Proceedings of the 2nd China-Japan Symposium on Boundary Element Methods, ed. Du Qinghua and Tanaka, M., Tsinghua University Press, 1988: 281-288.

[87] 胡海昌. 调和函数边界积分方程的充要条件. 固体力学学报, 1989, 10(2): 99-104.

[87E] Hu Hai-chang. Necessary and sufficient condition for the correct formulation of boundary integral equations for harmonic functions. Acta Mechanica Solida Sinica, 1989, 2(2):213-219.

[88] Yong-jian Ren, Hao-jiang Ding , Hai-chang Hu. A new kind of mixed elements for shells of revolution subjected to arbitrary loads. Acta Mechanica Solida Sinica (English Edition), 1989, 2(4), 471-482.

[89] 胡海昌. 弹性力学广义变分原理在求近似解中的正确应用. 中国科学,

A辑，1989，(11)：1159-1166.

[89E] Hu Hai-chang. Necessary and sufficient conditions for correct use of generalized variational principles of elasticity in approximate solutions. Science in China, set. A, 1990, 33(2):196-205.

[90] 贺向东，陈德成，胡海昌. 从结构平稳随机响应中识别模态参数的多输入多输出时域方法. 振动工程学报，1989，2(4):58-64.

[91] 胡海昌. 对建模工作的建议//863航天高技术课题研究报告：载人航天器动力学研究文集：第一集. 载人航天器动力学研究组，1989：34-39.

[92] 胡海昌. 结构凝聚动刚度的有效简化方案//863航天高技术课题研究报告：载人航天器动力学研究文集：第一集. 载人航天器动力学研究组，1989：119-126.

[93] 任永坚，丁皓江，胡海昌. 一类新型受任意载荷的杂交旋转壳单元. 固体力学学报，1990，11(1):34-46.

[94] Ren Yongjian, Ding Haojiang , Hu Hai-chang. Finite element analysis of stress intensity factor for cracked plate / shell bending. Proceedings of the International Conference of Structural Engineering and Computation, Peking University Press, Beijing China, 1990: 188-194.

[95] 胡海昌，任永坚，丁皓江. 实旋转体轴对称变形的一种有限元新模式. 力学与实践，1990，12(2)：17-18.

[96] 胡海昌. 薄板弯曲理论中一个新的广义变分原理及其交替max，min性质. 力学学报，1990，22(4):392-401.

[97] 胡海昌，陈德成，贺向东. 固有频率集聚时处理振型的一个方法. 固体力学学报，1991，12(1):54-60.

[97E] Hu Hai-chang, Chen Decheng , He Xiangdong. On the strategy for processing modal shapes with the clustered natural frequencies. Acta Mechanica Solida Sinica, 1991, 4(2):127-137.

[98] 胡海昌. 各向异性和各向同性介质中反平面剪切波的相似性. 固体力学学报, 1991, 12(3):261-264.

[98E] Hu Hai-chang. Analogy between anti-plane shear waves in anisotropic and isotropic media. Acta Mechanica Solida Sinica, 1991, 2(1):34-37.

[99] 任永坚, 朱位秋, 丁皓江, 胡海昌. 具有随机参数的含裂纹板弯曲应力强度因子的统计分析. 力学学报, 1991, 23(3):339-346.

[100] 季海波, 武际可, 胡海昌. 分叉问题的几何描述及其计算方法. 中国科学, A辑, 1991, (9):947-954.

[100E] JI Hai-bo, WU Ji-ke, HU Hai-chang. Geometric description and computational method for bifurcation. Science in China, ser. A, 1992, 25(5):597-606.

[101] He W J, DING, H J, Hu H C. Stress intensity factor evaluation via displacement correlation technique in finite element method. Proceedings of the IV Asian Pacific Conference on Strength Evaluation(APCS), International Academic Publishers, 1991, 1: 431-436.

[102] He Wenjun, Ding~Haojiang, Hu Hai-chang. Improved BHS element in finite element method analysis of the fracture problem. Engineering Fracture Mechanics, 1992, 41(3): 387-392.

[103] 胡海昌. 等价变分原理泛函之间的联系. 固体力学学报, 1992, 13(2):148-153.

[103E] Hu Hai-chang. On the connections between the functionals of equivalent variational principles. Acta Mechanica Solids Sinica, 1992, 5(2): 175-182.

[104] 胡海昌. 平面调和函数的充要的边界积分方程. 中国科学, A辑, 1992, (4): 398-404.

[104E] Hu Hai-chang. Necessary and sufficient boundary integral equation for plane harmonic functions. Science in China, ser. A, 1992, 35(7): 861-869.

[105] 胡海昌. 边界积分方程的若干基本理论问题//杜庆华. 力学在工程中的应用. 北京: 中国林业出版社, 1992: 8-18.

[106] Hu Hai-chang. A necessary and sufficient set of boundary integral equations with indirect unknowns for plate bending problem. Acta Mechanica Sinica, 1992, 8(2): 127-135.

[107] Hu Hai-chang. Over-determined boundary value problems of Helmholtz equation. in《Advances in Engineering Mechanics》, dedicated to Professor Theodore H. H. Pian in Celebration of His 70th Birthday, Ed. Zhu Dechao, Chen Dapeng and Yuan Minwu, Peking University Press. 1992:1-6.

[108] 胡海昌. 论Helmholtz方程的一类边界积分方程的合理性. 振动工程学报, 1992, 5(3):183-192 .

[108E] Hu Hai-chang. On the rationality of a class of boundary integral equations for the Helmholtz equation. Journal of Vibration Engineering, Special English Issue, 1994: 1-10.

[109] 何文军, 丁皓江, 胡海昌. 平面调和函数充分必要的直接变量的边界元方法//计算力学理论与应用: 第三届全国计算力学会议论文集. 中国力学

学会计算力学委员会编，科学出版社，1992：312-315.

[110] He Wen-jun, Ding Hao-jiang, Hu Hai-chang. Application of sufficient and necessary boundary element method in numerical analysis of 2D electromagnetic problems. Proceedings of the International Conference on Electromagnetic Field Problems and Applications, International Academic Press, 461.

[111] 胡海昌. 弹性薄板弯曲理论中充要的间接变量边界积分方程. 上海力学，1993，14(1):1-11.

[112] 胡海昌. 中厚板弯曲理论一种更精确的解耦方案//黄克智，徐秉业. 固体力学及其工程应用：张维教授八十寿辰纪念文集. 北京：清华大学出版社，1993:85.

[113] 胡海昌. 各向异性和各向同性介质的反平面剪切问题的相似. 上海力学，1993，14(2):64.

[114] 王文亮，胡海昌. 重特征值的小参数法. 复旦学报（自然科学版），1993，32(2)：168-176.

[115] He Wen-jun, Ding Hao-jiang, Hu Hai-chang. Numerical comparison of two boundary integral methods for plane harmonic functions. Acta Mechanica Sinica, 1993, 9(4): 312-319.

[116] 胡海昌. 边界积分方程的若干基本理论问题. 力学与实践，1993，15(6):1-15.

[117] 刘中生，王大钧，胡海昌. 密频模态空间的可控性度量及其可控主向量的确定. 柔性结构的振动控制学术讨论会论文集，1994，83-86.

[118] Liu Z S, Hu H C, Wang D J. Effect of small variation of support location on natural frequencies. Proceedings of the International

Conference on Vibration Engineering, Beijing China. International Academic Publishers, 1994.

[119] 刘中生，王大钧，胡海昌．重频模态可控可观性的度量与主模态概念．力学学报，1994，26(4):424-431．

[120] He Wen-jun, Ling D S, Ding Hao-jiang, Hu Hai-chang. Sufficient and necessary boundary integral analysis of simply support plates. Theory and Applications of Boundary Element Methods, 335-340(Proceedings of the 6th China-Japan Symposium on Boundary Element Methods, Nov.9-12, 1994, Shanghai China)．

[121] Liu Zhong-sheng, Wang Da-jun, Hu Hai-chang, Yu Min. Measures of modal controllability and observability in vibration control of flexible structures. Journal of Guidance, Control and Dynamics, 1994, 17(6):1377-1380.

[122] 胡海昌．充分必要适定的边界积分方程．机械强度，1995，17(2):3-6．

[123] 胡海昌，刘中生，王大钧．约束位置的修改对振动模态的影响．力学学报，1996，28(1):23-32．

[124] 刘中生，胡海昌，王大钧．约束位置小修改对固有频率的影响．振动工程学报，1996，9(2):138-144．

[125] He Wen-jun, Ding Hao-jiang, Hu Hai-chang. Non-equivalence of the conventional boundary integral formulation and its elimination for plane elastic problem. Computers and Structures, 1996, 59(6):1059.

[126] He Wen-jun, Ding Hao-jiang, Hu Hai-chang. Degenerate scales and boundary element analysis of two dimensional potential and

elasticity problems. Computers and Structures, 1996, 60(1):155-158.

[127] He Wen-jun, Ding Hao-jiang, Hu Hai-chang. Non-equivalence of the conventional boundary integral formulation and its elimination for two-dimensional mixed potential problems. Computers and Structures, 1996, 60(6):1029-1035.

[128] He Wen-jun, Ding Hao-jiang, Hu Hai-chang. A necessary and sufficient boundary integral formulation for plane elastic problems. Communications in Numerical Methods in Engineering, 1996, (12):413-424.

[129] Liu Zhong-sheng, Hu Hai-chang, Wang Da-jun. New method for deriving eigenvalue rate with respective to support location. AIAA Journal, 1996, 34(4):864-866.

[130] Hu Hai-chang. A necessary and sufficient system of boundary integral equations with direct unknowns for plate bending problem. In:The Advances in Computational Mechanics. a book dedicated to professor Qian Lingxi in celebration of 80th Anniversary of his birthday, International Academic Publishers: 25-31.

[131] 刘中生，胡海昌，王大钧．连续系统动柔度的混合展开．振动工程学报，1996，9(3):276-280.

[132] 胡海昌．弹性力学平面问题的等价的边界积分方程 // 杜庆华．力学与工程应用：第六卷．中国林业出版社，1996：1-5.

[133] 王国庆，江爱民，丁皓江，胡海昌．各向异性势问题的随机边界积分方程．计算结构力学及其应用，1996，13(1)：41-45.

[134] 胡海昌，丁皓江，何文军．弹性力学平面问题的等价的边界积分方程．中国科学，A 辑，1996，26(11)：1009-1014.

[134E] HU Hai-chang, DING Hao-jiang, HE Wenjun. Equivalent boundary integral equations for plane elasticity. Science in China, ser. A, 1997, 40(1):76-82.

[135] Liu Z S, Hu H C. Eigenpair derivative with respective to boundary shape. AIAA Journal, 1997, 35(1): 167-171.

[136] 王国庆，何文军，丁皓江，胡海昌．平面弹性力学充要的随机边界元．应用力学学报，1997，14(1)：1-4．

[137] 胡海昌，丁皓江，凌道盛，何文军．弹性力学平面问题的等价的边界积分方程（续）．浙江大学百年校庆暨七十周年系庆，土木工程论文集，1997：27-32．

[138] 胡海昌．《设备故障诊断手册：机械设备状态检测和故障诊断》的序．徐敏等主编，西安交通大学出版社，1998．

[139] 胡海昌．介绍《板壳断裂力学》一书，力学与实践，1999，21(6):72．

[140] 刘中生，胡海昌．特征值问题的边界形状灵敏度，力学学报，1999，(1):58-67．

[141] Liu Zhong-sheng, Hu Hai-chang, Huang , Cheng. Derivative of buckling load with respective to support locations, Journal of Engineering Mechanics, vol.126, No.6, June 2000, pp. 559-564.

[142] 胡海昌．工程振动问题分类及若干核心问题．胡海昌文集，2007．

二、专著

[1] 钱伟长，林鸿荪，胡海昌，叶开沅．弹性柱体的扭转理论．北京：科学出版社，1956．

[2] 胡海昌．弹性力学的变分原理及其应用．北京：科学出版社，1981．

[3] Hu Hai-chang. Variational principles of theory of elasticity with

Applications. Beijing China:Science Press, Gordon and Breath, Science Publisher, Inc, New York, 1984.

[4] 胡海昌，胡闰莓. 变分学. 北京：中国建筑工业出版社，1987.

[5] 胡海昌. 多自由度结构固有振动理论. 北京：科学出版社，1987.

三、译著

[1] 列赫尼茨基C F. 各向异性板. 胡海昌，译. 北京：科学出版社，1963.

[2] 詹涅里杰Y，巴诺夫柯. 弹性薄壁杆件静力学. 胡海昌，解伯民，译. 北京：科学出版社，1955.

参考文献

[1]《当代中国的航天事业》编辑委员会．当代中国的航天事业[M]．北京：中国社会科学出版社，1986.

[2]《中国空间技术研究院25年史》编辑委员会．中国空间技术研究院25年史．

[3] 胡海昌．胡海昌院士文集[M]. 北京：中国宇航出版社，2008.

[4] 王大钧，曲广吉，等．工程力学进展[M]. 北京：北京大学出版社，1998.

[5] 杨照德，熊延岭．钱骥[M]. 北京：金城出版社，2011.

[6] 葛能全．魂牵心系原子梦：钱三强传[M]. 北京：中国科学技术出版社，2013.

[7] 刘屏．王淦昌[M]. 石家庄：河北少年儿童出版社，2001.

[8] 殷允岭．孙家栋[M]. 石家庄：河北少年儿童出版社，2001.

[9] 祁淑英，魏根发．钱学森[M]. 石家庄：花山文艺出版社，1997.

[10] 贾宏图．于维汉传[M]. 北京：高等教育出版社，2012.

[11] 唐国东，华强．翱翔太空——中国载人航天之路[M]. 上海：上海交通大学出版社，2012.

[12] 中国社会科学院科研局组织编选．陈友琴集[M]. 北京：中国社会科学出版社，2014.

[13] 中国航天科技集团公司科学技术委员会，航天档案馆．天之骄子——胡海昌画传，2014.

[14] 潘家铮．春梦秋云录——浮生散记（第三版）[M]. 北京：中国水利水电出版社，2012.

后 记

年逾不惑，早已不是初生牛犊，但这一次接手写胡海昌院士的传记，我感到自己的不成熟。胡院士的理论，我一点也不懂；胡院士所做的工作，我一点也不懂。虽然我写过几本传记，但那些与这次不同，有的传主是我的老师，有的传主是我研究十余年的乡贤。难题摆在面前，总要想办法克服。最感谢的是胡院士的女儿胡闰莓，一直帮助我联系采访对象，陪同我采访，并用优美的文字写出自己对于父亲的认知，在我遇到困难时，帮助翻译了胡院士的自传材料中的英文专业术语，她的鼓励和帮助让我增强了信心，增加了动力。

接手这本书的写作很偶然，在北京参加中国传记文学学会的颁奖会，认识了中国宇航出版社的范占英主任，她知道我的老师陈新曾经策划过一套《两弹一星功勋科学家》丛书，由河北少年儿童出版社出版，在社会上引起很大的反响。现在中国宇航出版社要出版《中国航天院士传记丛书》，陈老师把我推荐给范主任。不久，范主任问我愿意不愿意写胡海昌院士，我此前并不知道胡海昌院士，但是从网上搜取了一些他的资料后，我决定接受这个任务。

我随即从网上购买了《胡海昌院士文集》，书拿到手之后，我才发现自己的浅薄，翻开文集，大篇幅的英文和数学微积分、矩阵符号，顿时感到头脑发懵，好似又在高考的考场上了。但我并未因此而退却，我想这样一个人是值得写的。我不断搜集资料，到北京进行了三次采访。每一次采访，都是一次震撼。随着收集材料的增多，采访的深入，我对能写这样一个人物感到无比自豪，同时也有隐隐的压力。

胡海昌院士是一个在国际上享有盛誉的力学家，他在20多岁发表的论文，奠定了他的学术地位，被称为“胡－鹫津原理”，这样的人不可多得，压力是怕把握不好，写不好。他长期从事人造地球卫星的研究工作，并在保密管理相当严格的单位，他不可能有日记留存下来，其二，他人已逝，他的夫人久卧病床，丧失了与人沟通的能力，他的材料搜集相当艰难。

贾宏图在《中国工程院院士传记：于维汉传》后记中写道：

“采访一位已去世的老人三十年、四十年、五十年，甚至六十年前的故事，自然十分困难，但我也有意想不到的收获。我在笔记本上写下这样的话：感人的故事和细节，都潜伏在历史和生活的深处，就看你能不能走进并耐心地倾听。”

我们遇到的困难是一样的。

他是一位让人“高山仰止”的英雄，又是一个活生生的人。

储瑞耕在《人物传记的历史价值和人格引导意义》一文中说：

“我有一个观点，在众多的书籍出版中，人物传记有它鲜明的突出的优长：其一，它记录和反映了历史——杰出人物的个人生活史、事业史、生命史，从一个又一个的生动侧面折射了社会、民族、国家的前进历史；其二，它具有人格引导意义，引导我们，尤其是年轻人，向着人格的高标准努力。

“一个作家写作优秀的人物传记，要有鲜明的立场，要有蓬勃的创作热情，要有深入生活调查采访的作风，要有在浩繁的资料中选取和加工整理的认真精神，还要有娴熟的文章功夫和高超的表达技巧。”

只能从外围入手，采访他的家人、学生、同事。在北京的一次采访后，我接到中国空间技术研究院科技委秘书长卢春平的一个电话，她给我提供了田宗漱女士的电话。初次通话，田宗漱就提出写一写胡海昌院士在国外学术界的影响，电话中她还说了很多，听得出她是一个对胡院士很了解且充满激情的人。我想缺少的正是这一部分，真可谓天助我也。不久之后，田教授的文章寄来了，无论是标题还是内容，都非常好。

在此，我想说我是幸运的，在胡海昌院士的档案中发现了两份他手写的汇报材料，他30岁之前的经历，基本很清晰了。

随后是艰难的收集材料的过程，采访还算顺利，诸多资料汇集起来，我心中略微有了点底。经过一年多断断续续的写作，这部书就呈现出来。

我要说的只有两点：其一，最早和胡院士的女儿接触的时候，我们谈到过不写胡院士晚年对于气功的研究和修炼，但在写胡海昌院士传记的过程中，我接触到几位对气功有些研究的人，他们的一些经历我深感兴趣，对于人类未知的领域，我想还是不要妄下结论。我只想保留一些真实的文字，不做过多的评价。其二，胡院士夫妇和女儿的通信，我引用了不少，主要原因在于，对今天的人来说，写信已几乎成了奢侈的活动，一纸家书，颇为珍贵，胡院士夫妇和他们的女儿女婿，都是高级知识分子，他们的家书都算得上是珍品，书中除了与他们干系不大的内容，基本上原样照录，其中内容，读者自会品味，不再赘述。

这本书能写成，要感谢卢春平女士、张秋梅女士、田宗漱女士、戚发轫院士、柳春图先生，北大的教授：武际可、王大钧、陈德诚、苏先樾，大连理工大学的钟万勰教授，浙江大学的高明先生，胡先生的女儿胡闰莓、儿子胡又农、胡德红，还应该特别感谢中国宇航出版社编辑老师的帮助，我尊敬的文友、河北省文联《当代人》杂志的总编郭文岭女士，帮我把关，对我进行鼓励，在此一并致谢！

刘锋